Basiswissen Multimed
Band 2: Lernen

D1665543

Kognitive Grundlagen multimedialer Informationssysteme

Modul 0: Einführung
Was ist Multimedia? Wer braucht „Wissen" über Multimedia Lernen? Warum? Wozu Multimedia Lernen? Wozu Multimedia über das Internet?

Modul 1: Informations-Organisation im menschlichen Gehirn
Neuronale Repräsentation von Information (Zentraler Baustein: Neuron – Neuronenetze – neuronale Netze) – Informations-Organisation im Gehirn (Aufbau - Hemisphären) – Gedächtnis (Experimente – Gedächtnismodelle – Einspeicher-Modell – Mehrspeichermodell – Modelle variabler Verarbeitungstiefe) – Vergessen

Modul 2: Wissens-Organisation und Informatik
Wissen versus Information (Wissen – Denken – Können) – Wissensgesellschaft – Wissensmanagement – Theorien des Wissens – Konstruktivistische Wissenstheorie – Vom deklarativen zum prozeduralen Wissen (Deklaratives Wissen (Faktenwissen) – Konzeptuelles Wissen (Konzeptwissen) – Prozedurales Wissen (Problemlösewissen) – Wissensorganisation im Gedächtnis (Assoziationstheorie – Semantische Netzwerke – Schemata und Skripts – Experten versus Novizen) – Problemlösen – Wissensverarbeitung (Künstliche Intelligenz – Expertensysteme)

Modul 3: Lernen und Lerntheorien
Lernen und Computer – Wichtigkeit der Lerntheorien – Hauptströmungen (Behaviorismus – Klassische Konditionierung – Konnektionismus (Übung – Effekt – Lernbereitschaft) – Mathematische Lerntheorie – Operantes Konditionieren (Instrumentelles Lernen) – Kritik am Behaviorismus (Vorteile versus Nachteile) – Anwendungen – Kognitivismus – Kritik am Kognitivismus (Vorteile versus Nachteile) – Anwendungen – Vom Kognitivismus zum Konstruktivismus – Konstruktivistische Settings – Kritik am Konstruktivismus (Vorteile versus Nachteile) – Anwendungen – Intentionales versus inzidentielles Lernen

Modul 4: Lernen mit dem Computer
Entwicklung des computerunterstützten Lernens – Teil I: 3000 v. Chr. bis 1945 (Frühe Informationssysteme – Gutenbergs Revolution – Lernmaschinen (Ramelli) – Mechanische Lernhilfen (Aikins – Pressey)) – Teil II: 1945 bis 1975 (MEMEX – die Revolution von Vannevar Bush – Skinners Programmierte Unterweisung – PLATO – Erste Probleme des computerunterstützten Unterrichtes – Futuristische Ideen (Crowder – Sensorama von Heilig – Augment von Engelbart – XANADU von Nelson – Hypertext von van Dam)) Teil III: 1975 bis heute (Intelligente Tutorielle Systeme (ITS) – Dynabook von Kay – Mikrowelten – Constructivists Educational Technology (CET) – HyperCard von Atkinson – HM-Card von Maurer – Virtuelle Universitäten)

Modul 5: Lernen mit Software: Mediendidaktik
Anforderungen an Softwareentwickler – Metaphern der Lerntheorien – Typen von Software (Softwareklassifikationen – Lerntheoretische Paradigmen (Klassifikation nach Hauptströmung)) – Mediendidaktik – Didaktische Konzepte

Modul 6: Arbeiten mit Software: Einflüsse
Motivation (Motivationstheorien – Motive – Emotion) – Aufmerksamkeit (Theorien – Konzentration – Orientierung – Humor) – Arousal – Stress – Soziale Effekte (Einstellung – Interaktion in (virtuellen) Gruppen – soziale Motivation)

Andreas Holzinger
Basiswissen Multimedia Band 2: Lernen

Meiner Frau Angela
und meinen
Töchtern Katharina und Barbara
herzlichst gewidmet

Ing. MMag. Dr. Andreas Holzinger

Basiswissen Multimedia Band 2: Lernen

Kognitive Grundlagen
multimedialer Informationssysteme

Vogel Buchverlag

Andreas Holzinger, geb. 1963 in Graz. Radio- und Fernsehtechniker, Industrietä-
tigkeit in der Informationstechnik, Werkmeister für Industrielle Elektronik und
Lehrlingsausbilderprüfung. College of Further Education Bournemouth, England,
1985/1986 mit Schwerpunkt Computertechnik. Höhere Lehranstalt für Nachrichtentechnik und Elektronik. 1987 bis 1991 Assistent für Elektrotechnik. Verleihung
der Standesbezeichnung „Ingenieur" für Nachrichtentechnik, 1991. Diplom als
Lehrbeauftragter in der Erwachsenenbildung, 1992. Studien der Nachrichtentechnik, Physik und Psychologie sowie Medienpädagogik und Soziologie an der TU
und Uni Graz. Arbeiten über computergestützten Mathematikunterricht. EDV-
Beauftragter an der Universität. Promotion mit „summa cum laude" auf dem Gebiet der Kognitionswissenschaft. Seit 1998 Lektor am Institut für Informationsverarbeitung und computergestützte neue Medien der TU-Graz. Seit 1999 Vorstands-
assistent am Institut für medizinische Informatik, Statistik und Dokumentation.
Konsulent des österreichischen Wissenschaftsministeriums. Mitglied im wissenschaftlichen Beirat des Mediendidaktikpreises 2000. Österreichischer Experte in
der Europäischen Union im Bereich Multimedia (eEurope). Zahlreiche Publikationen und Vorträge im In- und Ausland. Organisator von Fachkongressen. Mitglied
u.a. der IEEE Computer Society (USA), der American Association for the Advan-
cement of Computers in Education (AACE), der DGP (Deutsche Gesellschaft für
Psychologie), der OCG (Österreichische Computer Gesellschaft), der GMW
(Deutsche Gesellschaft für Medien in der Wissenschaft), der BMT (Österreichische Gesellschaft für Biomedizinische Technik).

Dr.Holzinger forscht, arbeitet und lehrt derzeit in den Gebieten:
Informationssysteme – Multimedia – Human-Computer-Interaction – Internet/
Intranet – Intelligente Tutorielle Systeme.

Homepage: http://www-ang.kfunigraz.ac.at/~holzinge
E-mail: andreas.holzinger@kfunigraz.ac.at

Die Deutsche Bibliothek – CIP-Einheitsaufnahme

Holzinger, Andreas:
Basiswissen Multimedia / Andreas Holzinger. – Würzburg : Vogel
Bd. 2. Lernen: kognitive Grundlagen multimedialer Informationssysteme. – 1. Aufl. – 2000
    ISBN 3-8023-1857-9

ISBN 3-8023-1857-9
1. Auflage. 2001
Umschlaggrafik: Michael M. Kappenstein, Frankfurt/M
Satz: Reproduktionsfertige Vorlagen des Autors

> *„Adults worry a lot these days. Especially, they worry about how to make other people learn more about computers. They want to make us all "computer-literate". Literacy means both reading and writing, but most books and courses about computers only tell you about writing programs."*

MARVIN MINSKY, *1984, Media Lab, Massachusetts Institute of Technology*

Geleitwort

Marvin Minsky, geb. 1927, internationaler Computerpionier am Media Lab und Gründer (mit John McCarthy) des AI Lab am MIT (Massachusetts Institute of Technology), ehemaliger Präsident der American Association for Artificial Intelligence

Multimedia und Internet, Hypertext und Hypermedia – spannende Begriffe an der Schwelle zum nächsten Jahrtausend. Ähnlich wie vor 2500 Jahren zu Beginn der Schriftkultur stehen wir heute am Beginn der Einführung neuer Informations- und Kommunikationsmittel, die unsere Kultur nachhaltig beeinflussen und verändern.

Multimedia besteht gegenwärtig aus der Verbindung von Ton, Bild und Interaktion. Hinter diesen Begriffen verbirgt sich mehr, als oft gesehen wird: Es geht nicht nur um Text, Sprache, Musik, Bilder und Videoclips, sondern auch um andere Arten von Darstellungsformen wie Diagramme, technische Zeichnungen, kartografische Materialien, grafische Formelwerke aus so verschiedensten Gebieten von der Mathematik bis zur Chemie, um dreidimensionale Modelle und Umgebungen, um die Visualisierung auch hoch-dimensionaler Vorgänge und um grundsätzliches Neues: das Arbeiten mit abstrakten Bildern und Filmen, das – obwohl heute noch kaum sichtbar – eine neue Qualität der Archivierung von Information und Emotion ergeben wird. Auch an Techniken zur Verarbeitung von Geruchs-, Geschmacks- und Tastinformationen wird bereits gearbeitet. Multimedia umfasst schlussendlich alle Medien, die von den menschlichen Sinnen erfasst werden können.

Multimedia als Teilgebiet des Faches Informationssysteme hat innerhalb der Informatik einen besonderen Stellenwert: Einerseits durch die Wichtigkeit im praktischen Einsatz, andererseits durch den hohen interdisziplinären Charakter. In diesem Bereich ist es nicht nur möglich, sondern notwendig, alles zusammenzufassen, was die Produktivität und den Inhalt menschlicher Arbeit und menschlichen Wissens in der Interaktion zwischen Mensch und Computer verbessern kann.

Einmal mehr wird dadurch die Bedeutung der Informatik als Basis für unsere moderne Informationsgesellschaft offensichtlich. Rasante Entwicklungen führen zu immer einfacherem und schnellerem Zugang zu Information. Kleine mobile Geräte, die Informationen immer und überall verfügbar machen, sind bereits auf dem Markt. Doch das ist erst die Spitze des Eisberges. Das Handy, das in Wahrheit ein vollwertiger Computer, ein Bildtelefon, eine Kamera, ein Zahlungsmittel, ein ortskundiger Führer und vieles mehr ist, wird in wenigen Jahren aus unserem Leben nicht mehr wegdenkbar sein.

Manchmal erheben sich auch kritische Stimmen gegen die Einführung dieser „Neuen Medien". Einige Argumente sind stichhaltig: Es gibt keine Entwicklung ohne zumindest potentielle Nachteile. Faktum ist aber, dass wir bereits von diesen Medien umgeben sind und noch sehr viel mehr auf uns zukommt.

Mit dem Einsatz dieser „Neuen Medien" entstehen aber prinzipiell neue Chancen, neue Berufe, neue Industriezweige – neues Wachstum!

Die nachfolgenden Generationen müssen dadurch bereits an der Basis entsprechend breit – entsprechend interdisziplinär ausgebildet werden.

Oft ist in unserem Europa der Informationsgesellschaft von „lebenslangem Lernen" die Rede. Für Dr. Holzinger ist „lebenslanges Lernen" kein Schlagwort. 1978 als Radio- und Fernsehtechnikerlehrling (Auszubildender) in die Informationstechnik eingestiegen, arbeitet, forscht und lehrt er derzeit erfolgreich an der Universität Graz und der TU Graz. In seiner europaweiten Tätigkeit als Experte auf dem Gebiet Multimedia, als Mitglied internationaler Fachgesellschaften und durch seine vielfältige Präsenz auf internationalen Fachkongressen schaut er auch über seinen „Tellerrand" hinaus.

Beim Bau eines Hauses beginnt man üblicherweise mit dem Fundament. Je fester und stärker dieses Fundament ist, desto größer und höher kann dieses Haus gebaut werden. Dr. Holzinger beschäftigt sich stets mit den neuesten Entwicklungen auf dem Gebiet Multimedia und „Neue Medien", ohne aber das Fundament, das „Basiswissen" zu vernachlässigen – wie wir in diesem Buch sehen.

Mit klaren Lernzielangaben, didaktisch sorgfältig aufbereitetem Lernmaterial und Prüfungsfragen mit Lösungen in jedem Modul eignet sich das Buch nicht nur zur Begleitung von Unterrichtseinheiten, Kursen und Vorlesungen, sondern auch zum Selbststudium und auch als Nachschlagewerk. Im deutschen Sprachraum gibt es bis dato kein vergleichbares fächerübergreifendes Werk.

Das Buch wendet sich an alle, die mit den „Neuen Medien" zu tun haben. Wir wünschen ihm – im Interesse einer interdisziplinären Informatik – eine große Verbreitung und gratulieren Dr. Holzinger zu diesem weiteren Meilenstein auf seiner beachtenswerten Karriere.

O.Univ.Prof. DDr. Hermann Maurer, Vorstand, Institut für Informationsverarbeitung und Computergestützte Neue Medien (IICM), TU Graz,
O.Univ.Prof. Dr. Günther Gell, Vorstand, Institut für medizinische Informatik, Statistik und Dokumentation (IMI)), Uni Graz,
O.Univ.Prof. Dipl.Ing. Dr. A Min Tjoa, Präsident, Österreichische Computer Gesellschaft (OCG), Vorstand, Institut für Softwaretechnik (IFS), TU Wien.

Heinz Zemanek, geb. 1920, österreichischer Computerpionier, Gründer der österreichischen Computergesellschaft (OCG), IBM-Fellow, ehemaliger Präsident der International Federation for Information Processing (IFIP)

Vorwort

„Multimedia" als Teilgebiet des Faches Informationssysteme hat faszinierende Eigenschaften, die mich seit 1978 – seit Beginn meiner beruflichen Tätigkeit in der Informationstechnik – stets beeindruckt haben.

Dabei herrscht in Europa die einstimmige Meinung, dass wir erst am Beginn der „Informationsgesellschaft" stehen. Multimedia und Internet – die neuen Medien – werden in Zukunft in allen Bereichen immer einflussreicher.

Vor allem in der Basisausbildung wird folglich eine interdisziplinäre Ausbildung immer wichtiger, um Europas Jugend für das „Digitalzeitalter" bestmöglich vorzubereiten. Die Engländer sprechen zutreffend von „computer literacy".

Bestrebungen dieser Art sind enorm wichtig, um ein gemeinsames Europa stark, kompetent und wettbewerbsreif zu machen. Beispielsweise ist ein erklärtes Ziel der Initiative „eEurope", dass bis zum Jahr 2003 alle Schülerinnen und Schüler bereits beim Verlassen ihrer Schule „digital literate" sein sollen. Darüber hinaus sollte jede Hochschule und jede Universität ein „Multimediales Lernzentrum" sein.

eEurope: http:// europa.eu.int/ comm/ information_society /eeurope

Von vielen Ländern gibt es schon aktive Bestrebungen, diese ehrgeizigen Ziele zu erreichen, beispielsweise in Österreich die Aktivitäten des Bundesministeriums für Bildung, Wissenschaft und Kultur (bm:bwk), des Bundesministeriums für Wirtschaft und Arbeit (bm:wa) mit der Initiative Multimedia Business Austria (www.mba.at) oder in Deutschland die „Initiative Informationsgesellschaft Deutschland" (www.iid.de) des Bundesministeriums für Bildung und Forschung (bmb+f) und das Aktionsprogramm (www.bmwi.de/multimedia.html) des Bundesministeriums für Wirtschaft und Technologie (bmwi).

Solche Initiativen sind grundsätzlich zu befürworten, denn mit einem Fachgegenstand „Multimedia" – so abgedroschen dieses Wort einigen auch erscheinen mag – besteht prinzipiell die Möglichkeit, Basiswissen für die zukünftige Informationsgesellschaft unter diesem Titel fächerübergreifend zusammenzufassen.

Dieses Buch ist aus einer interdisziplinären Lehrveranstaltung an der TU Graz entstanden. Der modulare Aufbau erlaubt einen individuellen Einsatz in verschiedensten Lehrveranstaltungen verschiedenster Bildungseinrichtungen – für alle Berufe, die mit „neuen Medien" zu tun haben.

Ein Vorwort ist auch eine gute Gelegenheit Dank auszusprechen.
Mein Dank gilt vielen: Den Universitätsprofessoren Günther Gell, A Min Tjoa und Peter Baumgartner. Ganz besonders Herrn Universitätsprofessor Hermann Maurer, nicht nur für die Ermöglichung der Durchführung meiner neuen Vorlesung und für das dabei in mich gesetzte Vertrauen, sondern vor allem für seine vorbildhafte wissenschaftliche Unterstützung. Gerne denke ich daran zurück, wie Hermann Maurer mich das erste Mal auf eine Konferenz in den „internationalen Ring" geschickt hat.
Weiters gilt mein Dank meinen direkten Kolleginnen und Kollegen, den Kolleginnen und Kollegen an anderen Instituten und natürlich allen meinen Studentinnen und Studenten. Insbesondere danke ich den vielen Menschen in verschiedenen Ländern, die mich auf irgendeine Weise unterstützt haben. Seien es fruchtbare Diskussionen, kritische Rezensionen, sorgfältige Durchsicht von Manuskriptteilen (wie beispielsweise Hedwig Lang, Alexander Hofer, Siegfried Holzinger, ...), hilfreiche Hinweise, reger E-Mail-Wechsel oder einfach nur spannende Gespräche, in denen die Wichtigkeit und die Zukunft dieser Thematik offenkundig wurde. Schließlich bedanke ich mich beim Vogel Buchverlag in Würzburg für die angenehme Zusammenarbeit. Interessant fand ich auch Kommentare von „Nicht-Informatikerinnen" und „Nicht-Informatikern", die mir didaktische Probleme von Lernenden aus nichttechnischer Profession aufzeigten.

Eine einzelne Aufzählung würde den Rahmen eines Vorwortes sprengen. Ihnen allen gilt mein aufrichtigster Dank.

Der größte Dank gilt meiner Frau Angela und meinen kleinen Töchtern Katharina und Barbara, die mich unterstützt haben, während meiner Arbeiten einiges entbehren und mich stets zwischen meterhohen Bücherstapeln und Computern hervorholen mussten.

Was auch immer gemacht wird, zeitüberdauerndes Basiswissen bildet das Fundament. Das will dieses Buch ermöglichen!

Graz   Andreas Holzinger

Inhaltsverzeichnis

Modul 0: Einführung Basiswissen Multimedia

Modul 1: Informations-Organisation im menschlichen Gehirn

Modul 2: Wissens-Organisation und Informatik

Modul 3: Lernen und Lerntheorien

Modul 4: Lernen mit Computern

Modul 5: Lernen mit Software: Mediendidaktik

Modul 6: Arbeiten mit Software: Einflüsse

Modul 0: Einführung
Basiswissen Multimedia

„It's a PC. It's a TV. It's Multimedia!" **Business Week, October 9, 1989**

Liebe Leserin, lieber Leser, vor Ihnen liegt der zweite von insgesamt drei Bänden der Vogel-Lehrbuchreihe „Basiswissen Multimedia".

Die folgende Einführung gibt einen kurzen Überblick über den logischen Aufbau und den didaktischen Hintergrund. Dabei stellen wir zunächst einige Fragen: Was ist Multimedia, wer braucht „Wissen" über Multimedia, wozu Multimedia und wozu Multimedia über das Internet?

Was?
Wer?
Wozu?

1 Was ist Multimedia?

An der Schwelle zum 21. Jahrhundert ist ein Wort in aller Munde: *Multimedia*. Was verbirgt sich aber hinter diesem Wort?

Alter Wein in neuen Schläuchen? Bereits in den 50er Jahren wurde bei Diavorträgen mit neuartigen Überblendtechniken mehrerer Projektoren und Begleitton der Begriff „Multimedia" populär. 1995 wurde dieses Wort von der Gesellschaft für deutsche Sprache zum „Wort des Jahres" in Deutschland gewählt ([2], [W1]). Das Wort ist praktisch in **alle Lebensbereiche** vorgedrungen – auch wenn es ganz unterschiedlich verwendet wird. Und darin liegt auch ein Problem, denn Multimedia ist eines der am häufigsten *missbrauchten* Schlagworte.

Bild 0.1 Das Zauberwort Multimedia ... (aus [W1])

Die wörtliche Bedeutung ergibt sich aus dem lateinischen multus = „viel, vielfach, mehrer..." und medium = „Einrichtung zur Vermittlung von Informationen" (Informationssystem).

Obgleich das Wort „Multimedia" aufgrund der Überstrapazierung dieses Begriffes bei vielen verpönt ist und müdes Abwinken bewirkt, verbirgt sich doch hinter diesem Begriff eine unheimlich große Fülle an **Basiswissen,** fundamental und wichtig für die Ausbildung in allen Bereichen, die sich mit **„Neuen Medien"** – und dem ständig populärer werdenden Internet – beschäftigen.

Basiswissen in Multimedia ist für viele neue Berufe grundlegend

Wirklich spannend wird Multimedia durch den Einsatz leistungsfähiger und preiswerter Computer. Das Bild des Computers als digitale Rechenmaschine hat sich nachhaltig verändert. Extrem preisgünstige multimediale Lernsoftware verwandelt heute praktisch jedes Wohnzimmer in ein **interaktives Lernzentrum.**

Weltweit kommt laufend neue Software (davon ein großer Teil Lernsoftware) auf CD-ROM auf den Markt. Bereits 1993 (also in der „Urzeit" der „Neuen Medien") wurden in Deutschland damit über 100 Millionen DM umgesetzt.

Multimedia – zukünftig ein starker Wachstumsbereich

Als Umsatz im Multimedia-Bereich in Deutschland wurden seriöse Schätzungen von 270 Milliarden (!) DM für das Jahr 1998 angegeben – und die übereinstimmende Auffassung, dass es sich um einen starken Wachstumsbereich handelt:

„Der Markt, der sich mit dem Zauberwort Multimedia verbindet, wächst exponentiell und wird weiter wachsen. Eine Unternehmensberatungsfirma hat bis zum Jahre 2000 allein für Deutschland die Entstehung von 2 Millionen neuen Arbeitsplätzen prognostiziert. Ob man den Optimismus in diesem Maße teilt oder nicht: sicher werden viele Berufe künftig mit Multimedia zu tun haben ([1]). "

Multimedia umfasst den Einsatz von Audio (Sprache, Klänge, Musik, ...), Video (Text, Grafik, Standbilder, Animationen, Filme, ...) und Interaktivität (über Tastatur, Maus, Touchpad, Screentouch, ...).

Bild 0.2 Verschiedene Möglichkeiten medialer Angebote

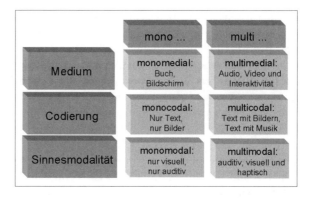

Multimedia: Chance zur fächerübergreifenden Arbeit

Multimedia ist wahrscheinlich auch deshalb so spannend, weil es per se (an sich) die Chance auf **Interdisziplinarität** und **fächerübergreifende Kooperation** eröffnet.

In der Informatik beispielsweise standen Fragen der Didaktik, Pädagogik und Lernpsychologie nur selten im Mittelpunkt des Interesses.

Auf wissenschaftlichen Kongressen trifft man auch heute noch dynamische Informatik-Professoren, die Lernprogramme entwickeln, die Frage der didaktisch-pädagogisch-psychologischen Basis ihres Schaffens aber achselzuckend an Pädagogen, Psychologen und Soziologen weiterreichen ([2]).

16

Allerdings haben reine Psychologen und Pädagogen oftmals keinen Zugang zur technologischen Basis – oder wollen diesen auch gar nicht haben.

Forschung und Lehre auf dem Gebiet „Multimedia" muss demnach **interdisziplinär** erfolgen.

Interdisziplinarität: Verbindung von Informatik und Kognitionswissenschaft

2 Wer braucht „Wissen" über Multimedia Lernen? Warum?

Die Ausbildung von InformatikerInnen, TelematikerInnen (das Studium der Telematik [W4, W5] wurde Mitte der 80er Jahre dank einer Initiative der Professoren HERMANN MAURER und HANS LEOPOLD an der Technischen Universität Graz begründet als Kombination aus Informatik, Nachrichtentechnik und Elektronik) und Software-IngenieurInnen an Fachhochschulen und Technischen Universitäten ist grundsätzlich ausgezeichnet – aber hauptsächlich auf „technische Inhalte" konzentriert. Das ist eine Tatsache. Jede Software – nicht nur ausschließlich Lernsoftware – wird von Menschen benutzt. Das ist auch eine Tatsache.

Software wird von Menschen benutzt !

Technikerinnen und Techniker sollen auch ein Basiswissen zum Thema **Mensch-Maschine-Interaktion**, insbesondere ein *Grundverständnis für den Menschen selbst,* für sein Gedächtnis, seine Wissensorganisation, sein Lernverhalten und deren bestmögliche Implikationen für den Einsatz des Computers als Lern- und Arbeitsmedium, haben.

HCI – Human Computer Interaction

Dieses Grundwissen muss aber erst einmal angeboten werden.

Diese Buchreihe ist aus einer interdisziplinären (modular aufgebauten) Lehrveranstaltung im Ausmaß von 2+1 Wochenstunden am IICM (Institut für Informationsverarbeitung und computergestützte neue Medien) an der TU Graz entstanden [W2].

modularer Aufbau ermöglicht individuellen Einsatz in Lehrveranstaltungen

Multimedia erfährt dabei prinzipiell eine Dreiteilung in

1) Multimedia-**Technik**

2) Multimedia-**Lernen**

3) Multimedia-**Design**

Diesem logischen Aufbau folgt dieses Buch (Bild 0.3):

Bild 0.3 Aufbau der Buchreihe „Basiswissen Multimedia"

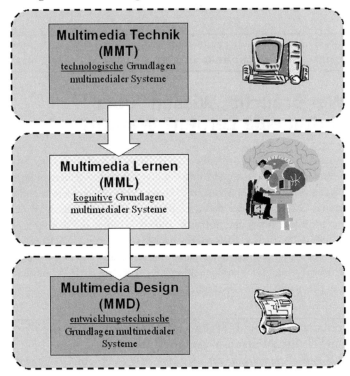

Multimedia Technik **(MMT)** behandelt **technologische Grundlagen** multimedialer Informationssysteme. Die Themen umfassen Grundlagen von Information und Kommunikation (IuK), Signale, Audio-, Bild- und Videotechnik (unter besonderer Berücksichtigung der Psychophysik der Sinne) und technologische Grundlagen von Multimedia via Internet.

Multimedia Lernen **(MML)** behandelt **kognitive Grundlagen** multimedialer Informationssysteme. Die Themen umfassen Grundlagen der Informationsorganisation im menschlichen Gedächtnis, Wissensorganisation, Lerntheorien, historische Entwicklung des computerunterstützten Lernens, Mediendidaktik und das Arbeiten mit Lernsoftware (Einflüsse wie Motivation, Aufmerksamkeit und Arousal (Anregung, Aktivierung)).

Multimedia Design **(MMD)** behandelt schließlich **entwicklungstechnische Grundlagen** multimedialer Informationssysteme. Die Themen umfassen Grundlagen des Software-Engineering und Projektmanagement, Gestaltungsgrundlagen (Mensch-Maschine-Dialog, Typografie, Bildgestaltung, Audiogestaltung, Interaktion) und schließlich das enorm wichtige Gebiet der Beurteilung von Software (Evaluation).

Die Aufteilung dieser Schwerpunkte in der konkreten Vorlesung (mit MML als Kern) erfolgt ungefähr in 20-60-20, weil gerade im Bereich des „multimedialen Lernens" die größte Ausbildungslücke zu finden ist. Andererseits erlaubt der hohe interdisziplinäre Charakter des Gegenstandes nicht die Weglassung von konkreten Themen aus Technik und Software-Engineering.

Für eine Basisausbildung sollten für MMT, MML und MMD jeweils 2+1 Wochenstunden vorgesehen werden

---

Wichtig ist die Vermittlung von möglichst zeitüberdauerndem **Basiswissen** und die Vermeidung von – zwar interessantem, aber manchmal äußerst kurzlebigem – Spezialwissen.

Europaweit herrscht eine einstimmige Meinung, dass der Bereich Multimedia in unserer Informationsgesellschaft immer wichtiger werden *wird* – wir sind erst am Anfang dieser Entwicklung. Neue Berufe benötigen neue Ausbildungsgrundlagen – neues Basiswissen.

eEurope - eLearning

Der modulare Aufbau dieses Lehrbuches erlaubt ein Höchstmass an Flexibilität, um Studierende und Lehrende optimal zu unterstützen.

Jedes Modul kann einzeln und bedarfsorientiert eingesetzt werden. Der grosse Vorteil liegt aber in der hohen **Interdisziplinarität**. Mit den drei Bänden wird praktisch das gesamte Basiswissen über Multimedia abgedeckt, das derzeit verstreut in vielen einzelnen Büchern und Artikeln mühsam zusammengesucht werden muss.

Bei Bedarf kann über die ausführlichen Literaturangaben und die begleitenden Seiten im Internet spezielle und tiefergehende Information beschafft werden.

Basiswissen Multimedia soll in der Ausbildung *aller* Berufe, die mit den „Neuen Medien" zu tun haben als **Grundlage** dienen.

---

3 Wozu Multimedia Lernen?

Eine weit verbreitete Annahme lautet:

„Multimedia spricht mehrere Sinneskanäle des Menschen an ... und darum verbessert sich das Behalten".

Folgendes Bild 0.4 zeigt die populärste Darstellung aus dem Bereich der Medienpädagogik und Instruktionspsychologie. Viele Publikationen und

Vorträge stützen sich gerne (unreflektiert) auf diese naive Annahme.

Bild 0.4 Diese naive Annahme wird oft als
„Beweis" für die Wirk-
samkeit von Multimedia
verwendet

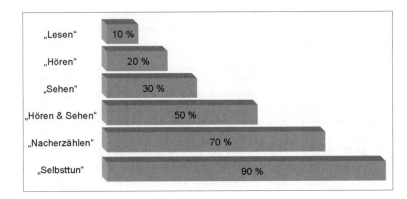

Allerdings ist eine solche Darstellung problematisch. Wahrscheinlich sind deshalb auch keine wissenschaftlichen Quellen für diese Abbildung auffindbar. In Bild 0.4 geraten nämlich Sinnesmodalität und Codierung durcheinander: Sehen und Hören sind **modalitätsspezifische Aktivitäten**, Lesen und Nacherzählen jedoch **codespezifische Aktivitäten** [3].

Summierungstheorie
Realismustheorie

Diese Annahme basiert nämlich auf einer naiven Summierungstheorie der Beteiligung der Sinneskanäle, die sich wiederum auf eine historische sehr einfache Realismustheorie stützt. In dieser Theorie wird angenommen, dass der reale Gegenstand höherwertig gegenüber seiner symbolischen Darstellung ist.

Hier in diesem Buch „Basiswissen Multimedia Band 2: Lernen" werden diese Phänomene grundlegend behandelt.

Ein Faktum ist, dass die Zahlenangaben in Bild 0.4 zu relativieren sind.

Es muss kritisch hinterfragt werden, was genau gemeint ist mit „Lesen", „Sehen", usw. – unterschiedliche Wahrnehmungssituationen lassen kaum vergleichbare Werte zu.

Beim Einsatz von Multimedia ist der Kommunikationsablauf komplizierter, da die kommunikative Kompetenz bei den Benutzerinnen und Benutzern höher sein muss.

Nürnberger Trichter
ist auch durch
Multimedia nicht
realisierbar

Für den Bereich des mulitmedialen Lernens muss gleich vorweg gesagt werden, dass Multimedia den „Lernerfolg" nicht *direkt* verbessern kann.
Der – vielgesuchte – Nürnberger Trichter ist auch duch Einsatz von Multimedia nicht realisierbar.

20

Aber durch verstärkte **Motivation**, verbesserte **Aufmerksamkeit** und höheres **Arousal** (Anregung) kann durch Einsatz von Multimedia eine intensivere Beschäftigung mit dem Lerninhalt erzielt und damit – über diesen Umweg – doch ein direkter Erfolg für das Lernen und Behalten erreicht werden [5].

Außerdem können durch Simulationen am Bildschirm – beispielsweise im Bereich der Mathematik – Dinge sichtbar gemacht werden, die im traditionellen „Kreide-Unterricht" an der klassischen Tafel einfach nicht darstellbar sind [4].

4 Wozu Multimedia über das Internet?

Der momentan – und insbesondere in Zukunft – spannendste Ansatz ist Multimedia via **Internet**, d.h. die Darbietung von Text, Grafik, Audio, Video und Interaktion (!) in einer **Hypermedia-Applikation** innerhalb eines Standard-Browsers (Bild 0.5).

> Das WWW (World Wide Web) ist wahrscheinlich das erfolgreichste **vernetzte Informationssystem** in der Geschichte der Menschheit. Einer der zentralen Vorteile ist sicherlich die leichte Bedienbarkeit des Interfaces.

Bild 0.5 Ein Browser ermöglicht den Umgang mit Hypermedia-Daten

Durch die Einführung von WWW-Browsern wurde das „Anklicken" als Konzept von Hypermediasytemen (Hypermedia-Informationssysteme) unter nahezu allen Computer-Anwendern weltweit bekannt.

Die Konzepte erscheinen neu und einzigartig. Wir sollten jedoch nicht vergessen, dass Systeme wie Memex, Augment, Xanadu, Zog, Owl, MUPID und andere Prä-WWW-Hypertext-Systeme viel zur Erforschung und Entwicklung heutiger Hypermedia- und Multimediasysteme beigetragen haben.

Durch die Bedeutung des Internets ist naturgemäß auch der Bedarf an neuen Technologien in der **Telekommunikation** gestiegen. Beispielsweise wird mit moderner ADSL-Technologie (Asymmetric Digital Subscriber Line) die Nutzung herkömmlicher Zweidraht-Telefonleitungen für Multimedia-Anwendungen im Hochgeschwindigkeitsbereich unterstützt. Ebenso wird die Nutzung von vorhandenen Kabel-TV-Netzen als Breitbandmedium für multimediale Anwendungen überlegt. ATM (Asynchronous Transfer Mode) stellt völlig neue Lösungsansätze für die Realisierung universeller Breitbandnetze dar.

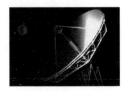

Bild 0.6 Die Bedeutung von Satellitenkommunikation steigt

Ebenso steigt durch das rasante Wachstum des Internets die Bedeutung von Nachrichtensatelliten. Multimedia wird künftig via Satelliten effizient verteilt werden. Das ist insbesondere für Bereiche wie Tele-Medizin, Tele-Ausbildung und Videokonferenzen von großer Bedeutung, denn die Übertragungsgeschwindigkeit ist auf extraterrestrischen Nachrichtenwegen höher als derzeit in „verstopften" konventionellen Leitungen.

Zitierte und weiterführende Literatur zu dieser „Einführung":

[1] LEHNER, FRANZ; BRAUNGART, GEORG; HITZENBERGER, LUDWIG, ED. (1999): *Multimedia in Lehre und Forschung: Systeme - Erfahrungen - Perspektiven (Gabler Edition Wissenschaft: Information-Engineering und IV-Controlling).* Wiesbaden: Gabler. 108f.

[2] OBERLE, THOMAS; WESSNER, MARTIN (1998): *Der Nürnberger Trichter: Computer machen lernen leicht!? (Forum Beruf und Bildung; Bd. 10).* Alsbach: LTV-Verlag Leuchtturm.

[3] ISSING, LUDWIG J.; KLIMSA, PAUL (1997): *Information und Lernen mit Multimedia.* 2. Auflage. Weinheim: Psychologie Verlags Union. 68f.

[4] HOLZINGER, ANDREAS (1997): Computer-aided Mathematics Instruction with Mathematica 3.0. *Mathematica in Education and Research, Volume 6, No. 4,* 37-40. Santa Clara (CA): Telos-Springer.

[5] HOLZINGER, ANDREAS (1999): Multimedia - eine interdisziplinäre Disziplin innerhalb des Faches Informationssysteme. *GMW FORUM, Zeitschrift der Gesellschaft für Medien in der Wissenschaft,* 4/99, 18-20. Siegen: Gesellschaft für Medien in der Wissenschaft GMW e.V., Universität Siegen.

Internet-Links zur Einleitung:

[W1] http://www.geist.de/gfds/verlag-D.html (Leitseite der „Gesellschaft für deutsche Sprache", Wiesbaden, D)

[W2] http://www-ang.kfunigraz.ac.at/~holzinge/mml (Startseite der Lehrveranstaltung „Multimedial Learning" an der TU Graz, A)

[W3] http://www-ang.kfunigraz.ac.at/~holzinge/multimedia (Startseite des vorliegenden Lehrbuches mit aktualisierten Literatur- und Linksammlungen zu jedem Modul, Universität Graz, A)

[W4] http://www.telematik.edu (Studienrichtungsvertretung und Basisgruppe Telematik an der TU Graz, A)

[W5] http://www.tiv.tu-graz.ac.at (Telematikingenieurverband an der TU-Graz, A)

Modul 1:
Informations-Organisation
im menschlichen Gehirn

*„Die größte Herausforderung der Neurowissenschaften besteht darin,
zu verstehen, wie das Gehirn die bemerkenswerte
Individualität hervorbringt,
die für das menschliche Verhalten typisch ist."*

**Eric Kandel,
James Schwartz und
Thomas Jessell
(1995)**

Am Anfang jeder Beschäftigung mit dem menschlichen Lernen steht die **„menschliche Hardware"**. Das Gehirn – bestehend aus Neuronen – und die funktionelle Einheit Gedächtnis sind die kognitiven Grundlagen für **Denken** und **Lernen**. Nun können wir unser system- und signaltheoretisches Basiswissen aus Band 1 auf biologische Strukturen anwenden. Ein weiteres Ziel ist, dieses Wissen bei der Gestaltung von Software in Band 3 umzusetzen.

Neuron

Gehirn

Gedächtnis

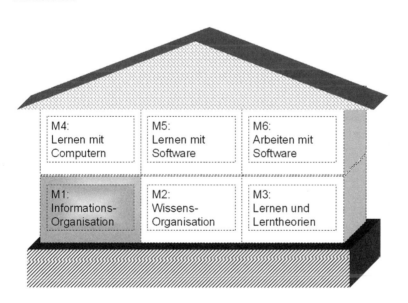

Das Studium des Lernens ist ein faszinierendes Forschungsgebiet im Überlappungsbereich zwischen **Neurobiologie** (Wissenschaft vom Gehirn) und der **kognitiven Psychologie.** Lernen ist ein fundamentaler Vorgang, ein *Prozess,* durch den Organismen sich mit der Umwelt auseinandersetzen und behaupten können.

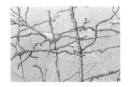

Bild 1.1 Nervensysteme sind hochkomplexe Netzwerke

Die Mehrzahl der Neurobiologen geht heute davon aus, dass Lerninhalte auf Zellebene über die wechselnde Stärke von Synapsen-Verbindungen im Gehirn gespeichert werden: je stärker die Verbindung, desto effektiver der Informationsaustausch zwischen zwei Synapsen und desto effektiver das Lernen. Da die menschliche Großhirnrinde rund **100 Billionen Synapsen** enthält, ließe sich darüber eine Menge Information speichern.

Die Verbindung der analytischen Vorgehensweise der Ingenieurswissenschaft **Informatik** mit dem Wissen der **Kognitionswissenschaft** ist wahrscheinlich einer der größten Herausforderungen der Computerwissenschaft mit dem Ziel einer optimalen Gestaltung jeder Mensch-Maschine Kommunikation (Human-Computer-Interaction).

Die Beschäftigung mit Aufgaben der **Informationsverarbeitung** von Nervenzellen erfordert naturgemäß grundlegende biologische Kenntnisse. Dabei sind **system- und signaltheoretische Ansätze** vertreten, die in Richtung **Biokybernetik** gehen.

Kybernetik = Lehre von Regelungs-vorgängen unter Einbeziehung der Informationstheorie, siehe z.B. [W6]

Unsere Möglichkeiten sind dabei *sehr begrenzt* vor dem Hintergrund der Komplexität – selbst einfacher – Nervensysteme.

25

1 Neuronale Repräsentation von Information

1.1 Zentrales und peripheres Nervensystem

Nervensysteme bestehen aus einem *Geflecht von Nervenzellen* (siehe Kapitel 1.2) und gliedern sich in zwei Teile: das **zentrale Nervensystem** (ZNS) und das **periphere Nervensystem** (PNS):

Bild 1.2 Aufbau von Nervensystemen. Das zentrale Nervensystem (ZNS) ist der übergeordnete Teil

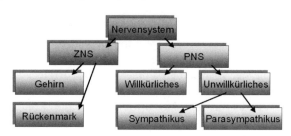

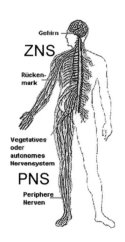

Bild 1.3 Das Nervensystem des Menschen

Zum ZNS gehören das Gehirn und das Rückenmark. Das PNS teilt sich in ein willkürliches Nervensystem, das alle willentlichen Muskelbewegungen (Motorik) steuert und in ein unwillkürliches (vegetatives) Nervensystem. Das vegetative Nervensystem steuert beispielsweise Verdauung, Herzschlag usw. Dazu bedient es sich nochmals zweier unterschiedlicher Systeme: Der Sympathikus hat anregende und mobilisierende Funktionen, wohingegen der Parasympathikus beruhigende bzw. bremsedne Funktionen hat.

Informationsverarbeitung erfolgt bei Lebewesen durch das ZNS. Die „Dateneingaben" zum ZNS kommen aus vielen Millionen **Sensoren**, die auf Licht, Schall, Geruch, Berührung, Geschmack (Umweltreize) und gewisse interne Reizmuster reagieren (siehe Band 1). Diese Daten werden vom zentralen Nervensystem bearbeitet, gegebenenfalls gespeichert oder zur Koordination der Motorik (Bewegungsaktionen) verwendet. Bereits in der Bewegung erhält es ständig neue Umweltdaten. Die Informationsverarbeitungsvorgänge im ZNS sind **Regelungsvorgänge** und laufen zyklisch ab. Das Gehirn hat bei allen diesen Prozessen eine dominierende Rolle.

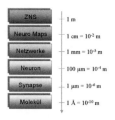

Bild 1.4 Einige Größenverhältnisse im menschlichen Nervensystem, in Anlehnung an Squire (92), 459

Eine grundlegende Frage ist natürlich, wie das Gehirn diese Informationsverarbeitung realisiert. Zunächst verschaffen wir uns einen Überblick über die Größenverhältnisse (Structural levels of organization) im Nervensystem (Bild 1.4).

Digitalrechner verarbeiten große Mengen einfacher, aber präziser Daten. Unser Gehirn löst solche Aufgaben vergleichsweise schlecht. Dafür ist das Gehirn allerdings zum Problemlösen fähig. Eine Echtzeitverarbeitung großer und **unpräziser Datenmengen**, die beispielsweise von den visuellen, auditiven, olfaktorischen und taktilen Sensoren anfallen, ist möglich.

Das Gehirn ist – gegenüber Computern – zur **Problemlösung** und **Echtzeitverarbeitung unpräziser Datenmengen** fähig.

Softwareingenieure sind interessiert, Probleme nicht durch mühsames Programmieren, sondern durch automatisierte Lernprozesse zu lösen. Dies führt zu den Gebieten neuronaler Netze (nachgebildeter Neuronen) und künstliche Intelligenz (artificial intelligence).

1.2 Zentraler Baustein: Das Neuron

Eine Aufgabe des Gehirns ist die Aufnahme, Verarbeitung und die Beantwortung nervaler Erregungen (Reize). Die dazu notwendigen Grundbausteine des Gehirns und des ZNS sind Neuronen (nerve cells). Das Gehirn besteht aus bis zu 100 Milliarden solcher Neuronen. Diese Zahl wird oft verglichen mit der Zahl der Sterne in unserer Galaxie. Jedes einzelne Neuron besitzt wiederum rund 10 000 Verbindungen zu Nachbarneuronen. Damit besitzt das Gehirn bis zu 10^{15} Neuronen-Verbindungen.

Neuronen und ihre Verbindungen bilden ein Neuronen-Netzwerk

Neuronen vermitteln Informationen in Form diskreter Signale – den so genannten Aktionspotentialen.

Neuronen haben in Neuronennetzwerken verschiedenste Aufgaben. Manche dienen zur Aufnahme von Umweltreizen (Sinneszellen), manche steuern Muskelzellen (Motoneurone) und manche dienen ausschließlich zur Weiterleitung von Informationen (Interneurone). Trotz dieser unterschiedlichen Funktionen und des dadurch bedingten verschiedenartigen biologischen Aufbaus haben alle Neurone gewisse Gemeinsamkeiten. Es gibt keinen grundlegenden Unterschied in der Anatomie oder der Funktionsweise der Neuronen von Säugetieren zu denen primitiver Lebewesen. Was den Menschen von anderen unterscheidet, ist die Anzahl seiner Neuronen und die Komplexität der Verbindungsstruktur. Ein Wurm hat z.B. weniger als 300 Neuronen und relativ wenige Synapsen.

1.2.1 Funktionaler Aufbau eines Neurons

Unter funktionellen Gesichtspunkten kann ein einzelnes Neuron (Bild 1.5) in folgende vier Bestandteile zerlegt werden:

Dendriten (receiving processors, siehe 1 in Bild 1.5) – dienen zur Reizaufnahme und stellen die Verbindung zu anderen Zellen her. Manche Neurone verfügen über hochkomplexe Dendritenbäume, andere hingegen sind mit nur wenigen dieser Neuronenfortsätze ausgestattet.

Soma (cell body, 2) – der Zellkörper eines Neurons enthält die klassischen Lebensfunktionen einer Zelle und definiert auch die Reizschwelle (signal threshold) der Zelle.

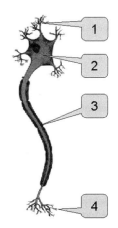

Bild 1.5 Der funktionale Aufbau eines Neurons

Axon (nerve fibre, 3) – stellt eine leitende Verbindung zu anderen Neuronen her, damit es mit Sinnesorganen, Muskeln und Zellen anderer Bereiche des Körpers Informationen austauschen kann. Ein Axon kann bis zu 1500 mm lang sein.

Synapsen (4) – die Enden stellen Verbindungen zu anderen Zellen her.

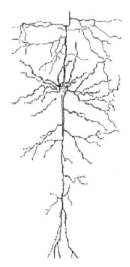

Neuronen bestehen aus vier funktionalen Elementen: den Dendriten, dem Soma, dem Axon und den Synapsen.

Diese vier Elemente bilden die minimale funktionale (biologische) Struktur, die auch bei künstlichen Neuronen als informationsverarbeitende Elemente verwendet werden.

Reize (stimuli) werden über die Sinnesorgane aufgenommen (siehe Psychophysik in Band 1). Solche **Rezeptoren** nehmen physikalische Umweltreize (Licht, Schall, Temperatur, Druck usw.) auf und codieren sie entsprechend, damit diese als Signale über die Nervenbahnen an das Gehirn weitergeleitet werden können. Die Neuronen empfangen die Reize aus den jeweiligen Sensorzellen und senden Signale an andere Neuronen oder auch an Effektorgane wie etwa Muskeln oder Drüsen.

Bild 1.6 Die Dendriten versuchen eine Oberflächenmaximierung zu erreichen, um möglichst viele Synapsen-Verbindungen herstellen zu können

Etwa 10 % aller Neuronen dienen der Eingabe (afferent) und Ausgabe (efferent). Die restlichen 90 % sind mit anderen Neuronen verknüpft, die zusammen ein **Neuronennetzwerk** (*nicht* neuronales Netz!) bilden und Informationen übertragen.

Die eigentliche Signalleitung eines Neurons geschieht an dessen Zellmembran. Das Neuron ist – wie andere Zellen auch – mit Zellflüssigkeit gefüllt. Ein elektrisches Potential wird durch **unterschiedliche Ionenkonzentration** zwischen deren Außenseite und Innenseite aufgebaut.

Bei einer Ionenleitung wird durch die Wanderung von Ionen (eines Elektrolyten) in einem elektrischen Feld der Transport elektrischer Ladungen bewirkt

Ladungsträger in Neuronen sind **Ionen** – nicht Elektronen.

1.2.2 Informationsverarbeitung im Neuron

1. Informationsaufnahme

Mit den **Dendriten** wird die jeweilige Information aus der Umwelt aufgenommen. Damit möglichst *viele* Informationen aufgenommen werden können, haben Dendriten eine stark verästelte Struktur (Oberflächenmaximierung, siehe Bild 1.6). Die übertragbare Reizstärke an der Synapse kann durch chemische Einwirkungen (z.B. Alkohol, Drogen) beeinflusst werden.

2. Informationsverarbeitung

Die eigentliche Informationsverarbeitung erfolgt im **Zellkern** des Zellkörpers. Vom Ergebnis dieser Informationsverarbeitung hängt es ab, ob am Beginn des Axons so genannte **Aktionspotentiale** entstehen (Bild 1.7). Diese Aktionspotentiale sind relativ starke Spannungsschwankungen mit Spannungen zwischen etwa –100 mV und +50 mV.

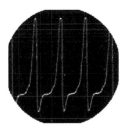

Bild 1.7 Typischer Verlauf eines Aktionspotentials

3. Informationsweiterleitung

Die Aktionspotentiale breiten sich als Signale mit relativ hoher Geschwindigkeit (mehrere m/s) vom Axonhügel (dem Beginn des Axons) bis zu den synaptischen Enden des Axons (Synapsen) aus. Die Signalweiterleitung erfolgt praktisch verlustlos. Betrug das Aktionspotential am Axonhügel beispielsweise +50 mV, so hat es, wenn es an der Synapse angekommen ist, immer noch eine Amplitude von +50 mV.

Gegenüber technisch simulierbaren Neuronen ist die Signalleitung über die Ionenflüsse der Neuronen relativ langsam, ein Vergleich mit technischen Bauelementen ist nur hinsichtlich der Funktionalität und der Größenverhältnisse zulässig (Bild 1.8).

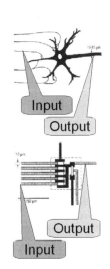

4. Informationsübertragung

An den Synapsen werden die elektrischen Signale (Aktionspotentiale) in chemische Signale umgewandelt. Diese stehen dann wieder als Ausgangsreize für andere Neuronen zur Verfügung.

Das **Ruhepotential** einer Nervenzelle beträgt zwischen –100 bis –50 mV. Die Außenseite der Membran ist positiv, die Innenseite negativ geladen: Wird das Membranpotential negativer, so sprechen wir von **Hyperpolarisierung.** Eine Depolarisierung liegt umgekehrt dann vor, wenn das Membranpotential steigt, z.B. von –70 mV auf –30 mV – wobei das Membranpotential in diesem Beispiel noch immer negativ ist. Es geht nur um die **Potentialdifferenz.**

Bild 1.8 Vergleich zwischen Halbleiterchip-Element und Neuron (nur Abmessungen und Funktionalität ist vergleichbar, nicht die Funktion selbst), verändert nach Mainzer (97), 76

Beim Zustandekommen des Ruhepotentials spielen vier Sorten von Ionen eine wichtige Rolle: die positiv geladenen Natrium- und Kaliumionen sowie die negativ geladenen Chloridionen, außerdem große organische Anionen. Das Cytoplasma des Neurons enthält sehr viele Kaliumionen sowie organische Anionen, während das Außenmedium eher einer Natriumchloridlösung gleicht: viele Natrium- und Chloridionen.

Die Membran der Nervenzelle ist hauptsächlich für Kalium- und Chloridionen durchlässig (permeabel), so dass wir die anderen Ionen vernachlässigen können. Aufgrund der herrschenden Konzentrationsgradienten diffundieren nun Kaliumionen von innen nach außen sowie Chloridionen von außen

diffundieren = eindringen

nach innen. Es kommt zu einem Einstrom negativer und zu einem Aus-strom positiver Ladungen. Infolgedessen lädt sich die Membraninnenseite der Nervenzelle negativ auf und die Membranaußenseite positiv; es bildet sich eine Membranspannung bzw. ein Membranpotential. Je größer diese Membranspannung nun ist, desto schwieriger wird es für die Kaliumionen, nach außen zu diffundieren; sie werden von der negativen Innenseite zurückgehalten. Das Gleiche gilt mit umgekehrtem Vorzeichen für die Chloridionen. Schließlich ist das Membranpotential so groß, dass praktisch gar keine Ionen mehr diffundieren. Es ist ein Gleichgewichtszustand erreicht. Die Membranspannung, die man zu diesem Zeitpunkt messen kann, nennt man Ruhepotential.

Das Ruhepotential trägt natürlich noch *keine* Information. Erst zeitvariante Veränderungen können Informationen von einer Nervenzelle zur anderen tragen (vgl. Band 1, Signale). Diese Veränderungen des Ruhepotentials sind die Aktionspotentiale. Fassen wir folgendes Basiswissen über die Funktion eines Neurons zusammen:

1. Durch Reizung eines Neurons bildet sich eine **Depolarisierung**, deren Stärke von der Reizintensität abhängig ist.

2. Erreicht die Depolarisierung einen bestimmten Schwellenwert, kommt es zur Auslösung eines **Aktionspotentials.**

Aktionspotential gehorcht dem „Alles-oder-Nichts-Prinzip"

Die Amplitude des Aktionspotentials hängt *nicht* von der Reizintensität ab. Entweder erzeugt der Reiz ein Aktionspotential (in voller Höhe) oder es entsteht kein Aktionspotential.

Bei näherer Betrachtung eines einzelnen Aktionspotentials fallen folgende sieben Phasen (Bild 1.9) auf (U_M = Membranspannung):

1. Ausgangspunkt: Ruhepotential.

2. Depolarisierung, das Membranpotential wird positiver.

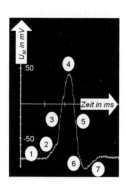

3. Aufstrich, starke ansteigende Flanke des Membranpotentials.

4. Peak, höchster Signalwert des Membranpotentials wird erreicht.

5. Abstrich, stark abfallende Flanke des Membranpotentials.

Bild 1.9 Signalverlauf über die Zeit von einer Aktionspotential-änderung

6. Hyperpolarisierung, das Membranpotential fällt unter den Ruhewert.

7. Regeneration des Ruhezustandes.

Ein Aktionspotential entsteht – elektrochemisch – dadurch, dass sich die Natriumkanäle der Axonmembran plötzlich öffnen. Durch die einströmenden Natriumionen kommt es zu einer Depolarisierung der Membran, und dadurch steigt das Membranpotential auf positive Spannungswerte von etwa +30 mV und mehr.

Ungefähr 1 Millisekunde nach den Natriumkanälen öffnen sich die Kaliumkanäle. Es strömen nun Kaliumionen aus der Zelle aus. Das Membranpotential sinkt dadurch wieder auf den Ruhewert zurück (Repolarisierung) und darüber hinaus ganz ab (Hyperpolarisierung).

Die ständig arbeitende „Natrium-Kalium-Pumpe" sorgt dafür, dass während der Phase 7 die ursprünglichen Konzentrationsverhältnisse wiederhergestellt werden.

1.3 Neuronale Netze

Im Gegensatz zur Neurologie (Lehre von Nervensystemen) werden in der Informatik **Neuronen-Element-Modelle** benutzt, die naturgemäß *nicht* alle Aspekte eines natürlichen Neurons exakt beschreiben, sondern nur eine sehr grobe Verallgemeinerung darstellen. Die sich daraus ergebenden Netze sind deshalb auch *keine* Neuronen-Netze, sondern nur „neuronale" (neuronen-ähnliche) Netze. Neuronale Netze weisen Grundelemente auf, die als „building blocks" bezeichnet werden:

1. Das **Neuron** (Zelle, Element, unit) in einem künstlichen neuronalen Netz ist eine formalisierte Entsprechung eines biologischen Neurons.

Zur *funktionellen Beschreibung* solcher Neuronen werden meistens folgende Bestandteile verwendet:

a) Der **Aktivierungszustand** (activation state) definiert den aktuellen Zustand des Neurons.

b) Die **Propagierungsfunktion** (propagation function) beschreibt das Verhalten eines Neurons im Hinblick auf die Informationsverarbeitung. Im Allgemeinen werden die Inputs der vorgeschalteten Neuronen – entsprechend der Gewichtung der Eingangskanten – aufsummiert.

c) Die **Aktivierungsfunktion** (activation function) legt fest, wie ein Aktivierungszustand zum Zeitpunkt t in einen Aktivierungszustand zum Zeitpunkt $t+1$ übergeführt wird.

d) Die **Ausgabefunktion** (output function) legt den Ausgabewert eines Neurons fest, u.a. in Abhängigkeit vom aktuellen Aktivierungszustand.

Neurologie
(Neuronen-Netze)
↔
Informatik
(Neuronale Netze)

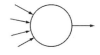

Bild 1.10 Typisches „Schaltzeichen" für ein künstliches Neuron

2. Der **Netzwerkgraph** (topology) eines neuronalen Netzes kann als gerichteter Graph aufgefasst werden, dessen Kanten die gewichtete Verbindung zwischen einzelnen Neuronen darstellen. Der Netzwerkgraph beschreibt die Topologie des Netzes.

3. Die **Lernregel** (learning rule) gibt an, nach welcher Strategie ein Netz im Hinblick auf die vorliegenden Daten „trainiert" werden kann.

Beispielsweise können über einfache Soll-Ist-Vergleiche beim so genannten überwachten Lernen Rückschlüsse auf den bisherigen Erfolg des Trainingsprozesses gezogen werden, die dann bei der Neuberechnung von Kantengewichtungen berücksichtigt werden.

Bild 1.11 Die Funktionalität eines künstlichen Neurons; *a* **stellt die Aktivierungsfunktion,** *w* **die Gewichtungsfunktion und** *o* **die Outputfunktion dar, in Anlehnung an Krause, (93), 40**

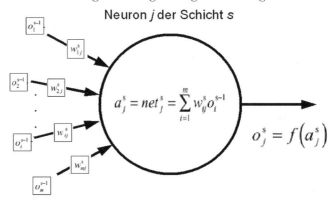

Neuron *j* **der Schicht** *s*

$$a_j^s = net_j^s = \sum_{i=1}^{m} w_{ij}^s o_i^{s-1}$$

$$o_j^s = f\left(a_j^s\right)$$

2 Informations-Organisation im Gehirn

**Brain,
Cerebrum
Encephalon**

Das Gehirn ist das zentrale Organ für alle geistigen Funktionen (Denken, Lernen). Es wurde phylogenetisch (entwicklungsgeschichtlich) durch stetige Massenzunahme und Ausdifferenzierung verschiedener Hirnbereiche praktisch zum entscheidenden Kulturfaktor in der Entwicklung des Menschen. Wir beschäftigen uns im Folgenden nur mit den Grundlagen, die zum Verständnis des Moduls „Lernen" notwendig sind.

2.1 Aufbau des Gehirns

Das menschliche Gehirn gliedert sich zunächst in drei Hauptteile:

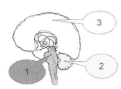

Bild 1.12 Die drei Hauptteile des Gehirns

1. Das (entwicklungsgeschichtlich) älteste **Stammhirn** (brain stem, medulla oblongata, 1 in Bild 1.12), zuständig für lebenswichtige Körperfunktionen (Atmung, Herzschlag, Verdauung usw.) und instinktive Verhaltensweisen. Dieser Teil des Gehirnes ist mit allen anderen Lebewesen, z.B. Eidechsen, Krokodilen und Vögeln gleich und wird deshalb auch als „Reptiliengehirn" bezeichnet.

2) Das **Kleinhirn** (little brain, cerebellum, 2 in Bild 1.12) ist zentral für Bewegungskoordination, Muskeltonus und Gleichgewicht.

3) Das (entwicklungsgeschichtlich) jüngste **Großhirn** (great brain, cerebrum, 3 in Bild 1.12) ist der funktionell interessanteste Teil und macht etwa 85 Prozent der gesamten Gehirnmasse aus. Es ist das Zentrum der Informationsverarbeitung und enthält *funktionale Einheiten* wie

Das Großhirn ist das Zentrum der Informationsverarbeitung

- Gedächtnis,
- Bewusstsein und
- Intellekt.

Mit seiner großen Oberfläche und der hoch entwickelten *äußeren Schicht* (Großhirnrinde, Neocortex) unterscheidet sich das menschliche Gehirn deutlich von anderen Lebewesen. Das Großhirn ist in Längsrichtung durch eine Furche in eine rechte Hälfte und eine linke Hälfte geteilt. Die beiden **Hemisphären** sind durch den **Gehirnbalken** (Corpus callosum, 2 in Bild 1.13) verbunden, durch den wichtige Informationen ausgetauscht werden.

Das Gehirn ist eine rund 1500 Gramm schwere Masse aus rosa-grauem Gewebe. Es besteht aus etwa zehn Milliarden Neuronen, die untereinander verknüpft sind.

Das Gehirn ist nicht Urheber von Gedanken und Empfindungen, sondern als das Zentrum des Nervensystems ein rein körperliches Element, das Signale empfängt und erzeugt. Verstand und Gedächtnis aber sind Fähigkeiten des Geistes, der individuellen Person, nicht körperliche Elemente.

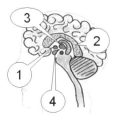

Der **Hypothalamus** (1 in Bild 1.13) ist der interessanteste Gehirnteil für die Beobachtung psychophysikalischer Zusammenhänge (siehe Band 1). Im **Thalamus** (3), der Eintrittstelle der Sehnerven (Band 1, Modul 4), die einschließlich der Retina (Netzhaut) Bestandteil des Gehirns sind, sammeln sich alle sensorischen Bahnen. Hier werden die Informationen „emotional gefärbt" bevor sie im Neocortex (3 in Bild 1.12) zum „Erlebnis" werden. Auch die elektrische Aktivität des Großhirns und damit die Aufmerksamkeit und die Wachheit werden vom Thalamus gesteuert.

Bild 1.13 Neben den drei Hauptteilen des Gehirns existieren einige „Nebenteile"

Die **Hypophyse** (4) ist für die Hormonausschüttung verantwortlich und damit maßgeblich für **Emotionen**.

Empfindungen entstehen an den jeweiligen Sinnesorganen. Diese werden als Wahrnehmungen im Gehirn „interpretiert".

2.2 Hemisphären

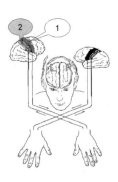

Bild 1.14 Körperregionen sollen über Kreuz entsprechenden Gehirnregionen zugeordnet sein, verändert nach Springer & Deutsch (85), 3

Das Großhirn ist in Längsrichtung anatomisch durch eine Furche symmetrisch in eine rechte und eine linke Hälfte geteilt. Diese beiden Hirnhälften werden Hemisphären genannt und sind durch den Gehirnbalken (Corpus callosum) miteinander verbunden.

Es befinden sich im Gehirn zwei motorische Zentren (zur Bewegungskoordination, 1 in Bild 1.14), zwei sensorische Zentren (2 in Bild 1.14), zwei Sehzentren und zwei Hörzentren. Diese Symmetrie wird aber nicht konsequent durchgehalten: Das Gehirn entwickelt altersabhängig eine eindeutige Arbeitsteilung zwischen diesen Hemisphären. So liegt beispielsweise zu 90 % das aktive Sprachzentrum (Sprechen) in der linken Hemisphäre. Das passive Sprachzentrum (Sprachverstehen) liegt in der rechten Hemisphäre (vgl. z.B. VESTER, (87), 22).

split-brain-patients

Ausgehend von Untersuchungen an Patienten mit Hirnfunktionsstörungen wurde deutlich, dass die beiden Gehirnhälften Informationen sehr unterschiedlich verarbeiten.

Die Symmetrie des Gehirns zeigt sich teilweise auch an anderen Körperteilen: Augen, Ohren, Arme, Beine, Nieren usw. Die rechte Hemisphäre soll für die Funktionen der linken Körperseite, und die linke Hemisphäre für die rechte Körperseite zuständig sein. Diese Auffassung ist jedoch umstritten.

Achtung: Das Gehirn wird bei der Bezeichnung (L/R) von vorne (aussen) gesehen (siehe Bild 12)

Die Informationsverarbeitung in den Hemisphären erfolgt unterschiedlich. Über das Corpus callosum erfolgt ein Informationsaustausch zwischen rechter und linker Hemisphäre.

Während die linke Hemisphäre Informationen **seriell** verarbeitet (sich also an Reihenfolgen hält und damit naturgemäß langsamer ist), geht die rechte Hemisphäre **parallel** vor. Durch Parallelverarbeitung ist z.B. die Erfassung komplexer Bilder und eine gleichzeitige Informationsverarbeitung möglich.

Bild 1.15 Hierarchien in den Hemisphären, nach Springer & Deutsch (85), 236

Linke Hemisphäre	Rechte Hemisphäre
verbal	non-verbal
sequentiell	parallel
zeitlich	räumlich
digital	analog
logisch-analytisch	ganzheitlich-synthetisch
rational	intuitiv
westliches Denken	östliches Denken

Allerdings werden durch das westliche Schul- und Studiensystem eher links-hemisphärische Fähigkeiten trainiert. Rechtshemisphärische Talente (wie Kreativität) werden insbesonders durch die Ausrichtung auf das serielle Erfassen von Wissensinhalten (Faktenwissen) sehr begrenzt.

Die rechte Hemisphäre ist zwar emotional und unkoordiniert – kann aber sehr rasch arbeiten und sehr viele Informationen gleichzeitig aufnehmen.

Erst in **synchroner Zusammenarbeit** mit der linken Hemisphäre (die strukturiert, analysierend und kombinierend vorgeht), kann das enorme Potential an Denkmöglichkeiten genutzt werden.

„Linkes Denken"	„Rechtes Denken"
konvergent	divergent
intellektuell	intuitiv
abstrakt	konkret
vertikal	horizontal
analytisch	synthetisch
diskret	kontinuierlich

Bild 1.16 Das Denken erfolgt in den jeweiligen Hemisphären völlig unterschiedlich

Jeder Mensch verfügt über rechts- und linkshemisphärische Fähigkeiten und Bewusstseinszustände. Lebendiges und dauerhaftes Lernen bedarf der Beteiligung beider Seiten, der linken und der rechten Hemisphäre.

Alle Lernmethoden sollten so strukturiert sein, dass diese die Beteiligung *beider* Gehirnhäften (Hemisphären) zulassen.

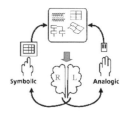

Nur durch diese Koordination kann eine entsprechende Synchronität der beiden Hemisphären erreicht werden, was als Voraussetzung für ein weiteres intellektuelles und kreatives Wachstum notwendig ist.

Im Software-Engineering müssen diese Kenntnisse bei der Erstellung von Programmen – besonders bei der Gestaltung von Benutzerschnittstellen – berücksichtigt werden (siehe Band 3).

Bild 1.17 Input-Devices (Eingabegeräte) und GUI (Graphical User Interface = Benutzerschnittstelle), verändert nach Helander, 87

Die funktionale Bevorzugung (laterale Asymmetrie) von paarig angelegten Organen (Augen, Ohren, etc.) ist prinzipiell auf die seitenbezogene Zuordnung des ZNS zurückzuführen. Besonders deutlich tritt diese laterale Asymmetrie bei den Händen hervor: Rechts- und Linkshändigkeit mit Auswirkung auf die Geschicklichkeit.

3 Gedächtnis

Das Gehirn ist die biologische, das Gedächtnis die funktionale Einheit

Das Gedächtnis ist eine **funktionale Einheit** (nichts „Angreifbares") mit der Fähigkeit, erlerntes Wissen wieder abzurufen und entsprechend auf schon früher aufgetretene Reizsituationen zu reagieren.

Lernen ist ein Prozess
↔
Gedächtnis ist eine Funktion

Lernen und Gedächtnis gehören zur Individualität eines Menschen, können aber auch überindividuelle Funktionen ausmachen, die durch kulturelle Inhalte von Generation zu Generation weitergegeben werden.

Gedächtnisverlust heißt, die Verbindung zu seiner Individualität, seiner Vergangenheit und seiner Umwelt zu verlieren.

Probleme des Gedächtnisverlustes manifestieren sich z.B. durch die Alzheimer-Krankheit, die vorwiegend ab dem 60. Lebensjahr auftritt und das Kurzzeitgedächtnis betrifft.

Die vier wichtigsten Funktionen des Gedächtnisses sind:

* **Überzeitlichkeit** – das Gehirn verarbeitet ständig große Mengen an Ereignissen aus der Vergangenheit, die enorm wichtig sind (Erfahrungen).
* **Einprägen** (encoding) – Einspeicherung von Inhalten.
* **Behalten** (retention) – dauerhaftes Halten der gespeicherten Inhalte.
* **Abruf** (retrieval) – Wiedergabe der gespeicherten Inhalte.

3.1 Erste Gedächtnisexperimente

Bild 1.18 Die ersten Gedächtnisexperimente sind untrennbar mit dem Namen Hermann Ebbinghaus verbunden, aus Squire (92), 151

HERMANN EBBINGHAUS (1850 – 1909) war der erste empirische Gedächtnisforscher (Bild 1.18). Er führte seine Experimente im Selbstversuch durch, um Gesetze des Lernens und Vergessens zu erforschen.

Als Lernmethode verwendete EBBINGHAUS rhythmisches Wiederholen, als Lernmaterial sinnfreie Silben (Logatome).

Logatom, aus gr.: logos = „Wort" und atomos = „unteilbar"; willkürlich zusammengesetztes Testwort

EBBINGHAUS *wollte ja vor allem das Erlernen neuer Assoziationen untersuchen, deshalb musste er Material verwenden, das weder mit bereits vorhandenem Wissen noch untereinander assoziiert war.*

Lernen besteht zwar nicht nur aus dem Wiederholen des Lernmaterials, rhythmisches Wiederholen ist aber *ein* Aspekt, der beim praktischen Lernprozess eine wichtige Rolle spielt – und experimentell gut kontrolliert werden kann.

Nach EBBINGHAUS muss umso öfter wiederholt werden, je mehr Material gelernt werden soll. Dieser Zusammenhang ist zwar monoton steigend, aber nicht linear.

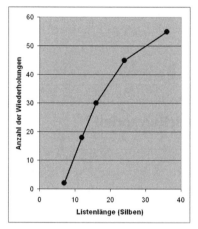

Bild 1.19 Lernaufwand im Verhältnis zur Menge des zu lernenden Materials (monoton, nicht linear steigend)

Als weiteren Befund fand EBBINGHAUS, dass die Behaltensleistung nicht linear, sondern exponentiell über die Zeit erfolgt.

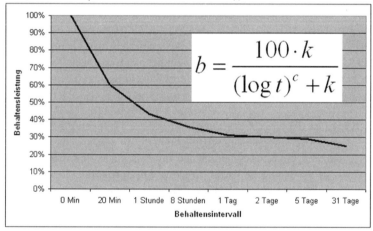

$$b = \frac{100 \cdot k}{(\log t)^c + k}$$

Bild 1.20 Die Retentionsfunktion (Behaltensleistung) über die Zeit, auch als *die* klassische „Vergessenskurve" bezeichnet"

In der von EBBINGHAUS experimentell ermittelten Formel (Bild 1.20) lauten:
b ... Behaltensleistung in % des Gesamtlernmaterials
k ... Konstante mit $k = 1{,}26$
c ... Konstante mit $c = 1{,}58$

3.2 Gedächtnismodelle

Allgemein wird davon ausgegangen, dass die Speicherung von Information im Gedächtnis in der Reihenfolge Encodierung – Speicherung – Abruf abläuft.

Encodierung (Verschlüsselung); Gegenbegriff: Decodierung

37

Um vereinfachte und auf wesentliche Komponenten reduzierte Abbilder der Realität zu bekommen, werden Modelle verwendet. Gedächtnismodelle beruhen auf Theorien und sollen Erklärungsansätze liefern. Allerdings sind diese Theorien sehr umstritten. Von den vielen Modellen, die im Laufe der Zeit hervorgebracht wurden, haben drei nähere Bedeutung:

- Einspeichermodell,
- Mehrspeichermodell und
- Modell einer variablen Verarbeitungstiefe.

3.2.1 Einspeichermodell

Die antike Philosophie (z.B. ARISTOTELES um 330 v. Chr.) stellte sich das Gedächtnis als eine Art Wachstafel vor und bezeichnete das Abspeichern von Informationen als **Engrammieren** (Einprägen). Diese Festschreibung entspricht einer Konsolidierung (Festigung) von **Gedächtnisspuren** und wurde auch später von Assoziationisten (LOCKE, HOBBES) im 17. und 18. Jahrhundert noch unterstützt.

3.2.2 Mehrspeichermodell

Das populärste Modell stellt die grundlegende Unterteilung in ein Kurzzeit-gedächtnissystem und ein Langzeitgedächtnissystem dar. Schon WILLIAM JAMES (1890) unterschied zwischen einem primären und einem sekundären Gedächtnis: Informationen im *primären* Gedächtnis sind bewusst, sie zu reproduzieren gelingt ohne Mühe.

Allerdings ist die Anzahl von **Items** (merkbare Elemente), die auf diese Weise im Gedächtnis gehalten werden können, auf einige wenige begrenzt. Im sekundären Gedächtnis befindliche Informationen sind dagegen nicht bewusst, sie wiederzugeben setzt oft aktive **Suchprozesse** voraus. Es gibt aber Evidenz (experimentelle Beweise) dafür, dass die Kapazität dieses Gedächtnissystems nahezu „unbegrenzt" ist und dass dessen Gedächtnisinhalte (von Krankheiten, Unfällen usw. abgesehen) prinzipiell nicht verloren gehen (vgl. ANDERSON 1988).

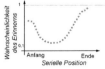

Bild 1.21 Der serielle Positionseffekt: Items am Anfang und am Ende einer Liste werden leichter behalten; gilt auch z.B. im Unterricht: First and last impressions are most lasting

Diese Modelle werden gestützt durch das Auftreten des seriellen Positionseffektes (serial position effect, Bild 1.21).

Bei Mehrspeichermodellen haben drei Ansätze nähere Bedeutung:

1. WAUGH & NORMAN (1965) haben vorgeschlagen, das Gedächtnis in **„primary memory"** und **„secondary memory"** zu unterteilen. Gelangt eine Information in das Gedächtnis, so gelangt diese zunächst in das „primary

memory" (Primärspeicher) mit einer Kapazität von etwa 5 bis 9 Items. Nur durch **Wiederholung** (rehearsal) gelangen die Informationen in das „secondary memory" (Sekundärspeicher). Dort werden sie dauerhaft gespeichert.

2. ATKINSON & SHIFFRIN (1968) führten die Begriffe „short term memory" **(Kurzzeitgedächtnis, KZG)** und „long term memory" **(Langzeitgedächtnis, LZG)** ein und erweiterten den Ansatz um ein „ultra short term memory" **(Ultrakurzzeitgedächtnis, UKZG)**, das auch als **„sensory register"** (sensorisches Register) bezeichnet wird.

3. COWAN (1988) hingegen meinte, dass das KZG und das LZG *nicht* explizit getrennt sind, sondern eine Einheit bilden, wobei das KZG den momentan **aktiven Teil** darstellt.

Am populärsten innerhalb der Mehrspeichertheorien ist das Modell 2 von ATKINSON & SHIFFRIN. Dieses Modell zeigt sehr stark eine „Trichterfunktion" (Bild 1.22):

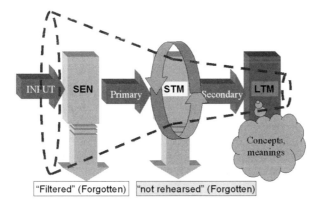

Bild 1.22 Trichtermodell nach Ansätzen von Atkinson und Shiffrin; to rehearse heißt „wiederholen"

Das sensorische Register dient als „Filter": Nur jene Informationen, denen Aufmerksamkeit geschenkt wird, gelangen ins KZG und werden einer weiteren Verarbeitung zugeführt.

Die Kapazität dieses Registers wurde u.a. von SPERLING *(1963) ermittelt, der nach sehr kurzer tachyskopischer (kurzzeitiger) Darbietung eines Quadrates aus drei mal drei Wörtern nicht nur die einfache Reproduktion abfragte (Leistung etwa 4 bis 5 Wörter), sondern den Vpn (Versuchspersonen) nach der Darbietung durch einen Ton mitteilte, welche Reihe sie aufzusagen hätten. Sie konnten immer alle drei Wörter einer Reihe nennen, hatten also das ganze Quadrat im sensorischen Register. Die visuelle Erinnerung im sensorischen Register (Ikon) hält ca. 0,5 s vor, die auditive (Echo) mehrere Sekunden.*

Die unterschiedlichen Eingenschaften der funktionalen Teile im Mehrspeichermodell von ATKINSON & SHIFFRIN können folgendermaßen zusammengefasst werden (Bild 1.23):

Bild 1.23 Die Eigenschaften der einzelnen Bereiche im Mehrspeichermodell

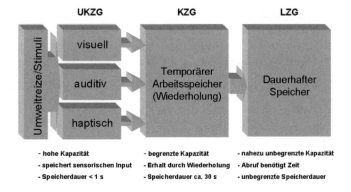

Die einzelnen Teile haben folgende Funktionalität:

a) **Ultrakurzzeitgedächtnis** ... ist für die kurzfristige, aber relativ vollständige und ganzheitliche Aufnahme von Umweltreizen verantwortlich. Die Speicherdauer beträgt weniger als eine Sekunde.

b) **Kurzzeitgedächtnis** (auch Arbeitsgedächtnis) ... durch selektive Aufmerksamkeit werden nur einige wenige (subjektiv) relevante Informationen in das Kurzzeitgedächtnis transferiert. Dort bleiben sie etwa 15 bis 45 Sekunden lang erhalten. Untersuchungen von MILLER (1956) haben gezeigt, dass das Kurzzeitgedächtnis eine feste Kapazität von **7 (± 2) „Chunks"** aufweist.

Ein „Chunk" ist eine Informationseinheit, die auf einmal von einem Individuum in das Kurzzeitgedächtnis aufgenommen werden kann (Unterschied z.B., ob Kind oder Experte)

Chunks sind Informationseinheiten, die unterschiedlich komplex und intraindividuell sehr verschieden sein können.

So stellt beispielsweise ein Wort wie „Apfel" eine Einheit dar. Dagegen entspricht eine (sinnlose) Folge von fünf unzusammenhängenden Buchstaben („rzewk") fünf Chunks (außer jemand würde diese Buchstabenkombination schon kennen und ihr eine Bedeutung zugeordnet haben, z.B. Tiername). Im Kurzzeitgedächtnis werden die Informationseinheiten ständig durch neue verdrängt – außer diese werden durch Wiederholen (memorieren) in das Langzeitgedächtnis transferiert.

c) **Langzeitgedächtnis** ... hat eine hohe Kapazität und ist zur dauerhaften Speicherung großer Informationsmengen konzipiert. Informationen können jedoch durch Störungen verloren gehen. Ein Hauptproblem ist das Wiederfinden der Informationen in hinreichender Zeit. So lässt sich erklären, dass ein beträchtlicher Teil unseres Wissens nur passiv, aber *nicht aktiv* vorhanden ist, d.h., es kann zwar erkannt, aber bei Bedarf nicht wiedergegeben werden (z.B. beim Sprachenlernen).

Ein Erweiterungsvorschlag von BADDELEY nimmt eine weitere Unterteilung des Kurzzeitgedächtnisses vor. Er unterscheidet die Komponenten zentrale Aufmerksamkeitskontrolle sowie einen

* **visuell-räumlichen** und einen
* **sprachlich-akustischen** Speicher im Kurzzeitgedächtnis.

Die **zentrale Aufmerksamkeitskontrolle** verteilt dabei die begrenzte Aufmerksamkeitskapazität auf die beiden Speicher und lenkt die selektive Aufmerksamkeit auf die ebenfalls getrennten (davor liegenden) sensorischen Register.

SANFORD und GARROD unterscheiden noch weiter: Nach ihrem Modell sind im Kurzzeitgedächtnis nicht nur neue Informationen *aktiv* (expliziter Fokus), sondern es kann auch vorher bereits bekanntes Wissen (Vorwissen) aus dem Langzeitgedächtnis ins Kurzzeitgedächtnis übernommen werden (impliziter Fokus). Weiters wird im Langzeitgedächtnis das

* **episodische Gedächtnis** vom
* **semantischen Gedächtnis** unterschieden.

Das episodische Gedächtnis umfasst Erinnerungen an konkrete eigene Erfahrungen, das semantische Gedächtnis dagegen allgemeines Wissen (Weltwissen), das nicht direkt an eigene Erfahrungen anknüpft. Separat davon gibt es in diesem Modell ein prozedurales Gedächtnis, in dem Handlungsabläufe gespeichert werden.

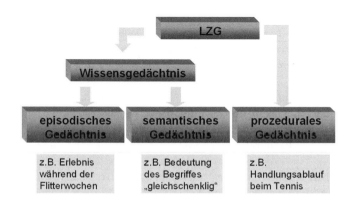

Bild 1.24 Unterteilung des Langzeitgedächtnisses in verschiedene Bereiche

3.2.3 Modelle variabler Verarbeitungstiefe

Unter Bezugnahme auf Ergebnisse von Experimenten ist rasch Kritik an den Mehrspeichermodellen, ja sogar an der prinzipiellen Zweiteilung des Gedächtnisses, erhoben worden.

Eine Beeinträchtigung des KZG sollte eine Beeinträchtigung des LZG nach sich ziehen, was aber widerlegt werden konnte. Auch sind Beeinträchtigungen des LZG keinesfalls so absolut, wie man lange Zeit glauben wollte (vgl. MILNER 1970). Beispiel:

Mehrspeicherkonzeptionen zufolge wird der „Recency-Effekt" (vgl. serieller Positionseffekt, Bild 1.21) auf den Abruf aus dem primären (aber auch aus dem sekundären) Gedächtnis zurückgeführt. Eine Untersuchung von BJORK & WHITTEN (1974) zeigte, dass diese Interpretation anfechtbar ist: Sie boten ihren Probanden Wortlisten unter *vier* experimentellen Bedingungen dar: a) unmittelbare Reproduktion nach Listendarbietung, b) Reproduktion nach Distraktortätigkeit von 30 Sekunden, c) unmittelbare Reproduktion nach Darbietung, jedoch Lösen von Rechenaufgaben 12 Sekunden vor und nach Darbietung eines jeden Items und d) Reproduktion erst nach 30 Sekunden Distraktortätigkeit, ansonsten wie c). Die Distraktortätigkeit vor und nach Darbietung eines jeden Items sollte den Mehrspeicherkonzeptionen zufolge zum Zusammenbruch des Recency-Effektes führen. Stattdessen zeigte sich sowohl unter Bedingung c) als auch d) ein deutlicher Recency-Effekt, den die Autoren als Tendenz der Vpn (Versuchspersonen) interpretieren, die letzten dargebotenen Items als erste wiederzugeben, wenn man so will: ein **„Last-in-first-out-Prinzip".**

Distraktor = Ablenkitem

Ganz ähnlich zeigte sich auch, dass die Untersuchungen zu phonologischen versus semantischen Ähnlichkeitseffekten die Realität zu sehr vereinfachten. BADDELEY (1990), S. 64) fasst die Ergebnisse hierzu wie folgt zusammen:

„Within laboratory tasks, it was becoming increasingly clear that the nature of the task would determine whether or not a subject would use semantic coding. [...] In short, subjects will encode verbal material meaningfully if they can do in the time available, and will reflect this by showing semantic similarity effects. If not, they rely on phonological coding and show phonological similarity effects."

Die Kritik kulminierte schließlich in dem von CRAIK & LOCKHART (1972) propagierten **Levels-of-processing-Ansatz,** demzufolge für die Behaltensleistung *keinesfalls* hypothetische Speicherstrukturen als vielmehr die *Art und das Ausmaß der* **Elaboration** *des Itemmaterials* ausschlaggebend sind.

Elaboration = tiefe, gedankliche Auseinandersetzung

Beispielhaft sei hier nur eine Untersuchung von HYDE & JENKINS (1973) angeführt, nach der eine Gruppe eine Liste von Wörtern dahingehend zu überprüfen hatte (oberflächliche Verarbeitung), ob diese jeweils einen bestimmten Buchstaben enthalten oder nicht, während die andere Gruppe die gleichen Items in Bezug auf deren Angenehmheit zu überprüfen hatten (tiefere Verarbeitung). Tatsächlich zeigte sich eine bessere Reproduktionsleistung für das elaborierter (tiefer) verarbeitete Material.

CRAIK & TULVING (1975) beziehen sich auf die Speicherung von Informationsblöcken in Form von Wörtern, die je nach „Auftreten" unterschiedlich „tief" im Gedächtnis gespeichert werden. Die Tiefe nimmt vom bloßen Aussehen des Wortes über den Klang bis hin zum semantischen Inhalt zu. Gestützt wird diese These durch Experimente, in denen Sätze gelesen werden. Die Versuchspersonen werden entweder gebeten, die Sätze inhaltlich zu bewerten oder z.B. das Auftreten des Buchstabens „e" zu zählen.

Das Erfassen des Sinnzusammenhanges (Bedeutung) erfordert mehr kognitive Anstrengung, die Verarbeitung ist tiefer, und es erfolgt ein besseres Behalten (als bei formaler Betrachtung).

Durch Elaboration kommt es zu **tieferer Verarbeitung** und damit zu besser organisierter Speicherung.

Durch intensives Beschäftigen mit dem Wort wird es besser von anderen unterscheidbar und damit besser organisiert, was bessere Recall-Möglichkeiten bringt.

3.3 Vergessen

Wie im Kapitel 3.1 besprochen, machte EBBINGHAUS die ersten Versuche über das Gedächtnis und stellte dabei fest, dass Vergessen nicht linear über die Zeit, sondern *exponentiell* erfolgt (Bild 1.17).

Über die Vorgänge im Gehirn während des „Vergessens" gibt es natürlich wieder verschiedenste Theorien – zwei davon sind sehr populär:

• Theorie der verblassenden Gedächtnisspur und
• Interferenz- und Überlagerungstheorie.

Die **Theorie der verblassenden Gedächtnisspur** stützt sich darauf, dass eine „Gedächtnisspur" einfach mit der Zeit verblasst und verschwindet. Diese Theorie lässt sich allerdings rasch widerlegen: Wenn diese richtig wäre, dann würde umso mehr vergessen werden, je mehr Zeit seit dem zu erinnernden Ereignis vergangen ist. Dies kann experimentell aber nicht bestätigt werden. Auch wenn wir an lange zurückliegende Ereignisse denken (z.B. Erlebnisse in der Kindheit), können wir uns durchaus an sehr präzise Details wiedererinnern. Keine dieser Gedächtnisspuren kann also (durch die Zeit) „ausgelöscht" sein.

Die **Interferenz- und Überlagerungstheorie** geht davon aus, dass das Vergessen erfolgt, indem ständig *neue Eindrücke* die alten Gedächtnisspuren überlagern und so den **Zugriff** auf alte Informationsinhalte *erschweren*. Diese Theorie scheint das Vergessen besser zu erklären. Es werden demnach bestimmte Informationsinhalte „vergessen", weil diese von (natürlich subjektiv) interessanteren und wichtigeren Inhalten überlagert werden.

Stress (siehe Modul 6) fördert das Vergessen. Zu hohe Konzentrationen des Stresshormons Cortisol können die Informationsübertragung in den Neuronen im Gehirn reduzieren. Ausgehend vom Hypothalamus (siehe Bild 1.13) signalisiert ein Botenstoff der Nebenniere, Cortisol auszuschütten. Dieses Stresshormon hat wichtige Funktionen: In Gefahrensituationen bereitet es den Körper darauf vor, entweder zu kämpfen oder zu fliehen.

Damit es aber nicht zum Dauerstress kommt, wirkt das Stresshormon auf den Hypothalamus zurück und stoppt damit seine eigene Produktion. Allerdings können krankhafte Veränderungen in diesem Regelungssystem Dauerstress bewirken – mit negativen Auswirkungen auf das Gedächtnis.

Auch Alkohol, Medikamente und Drogen können das Vergessen beeinflussen. Vermutet wird auch ein Einfluss der Ernährungsgewohnheiten auf das Gedächtnis. Vor allem eine Mangelernährung kann das Gedächtnis verschlechtern. Depressionen wirken sich ebenfalls auf das Gedächtnis negativ aus.

Ältere Menschen klagen häufig über ein nachlassendes Gedächtnis, vor allem über Schwierigkeiten beim Einprägen neuer Informationen. Solche Störungen sind natürliche Alterungsprozesse und individuell sehr verschieden, wobei die Ursachen dafür noch unklar sind. Vermutlich werden die Inhalte nicht mehr tief genug verarbeitet oder dass alte Menschen die Fähigkeit verlieren, unbewusst „Gedächtnistricks" anzuwenden.

Erkenntnisse über altersspezifische Gedächtnisunterschiede müssen bei der Erstellung von Software beachtet werden.

Der Abbau des Gedächtnisses im Alter könnte eine Anpassung an die sich wandelnden Aufgaben sein. In jungen Jahren ist das schnelle Aufnehmen und Behalten von Informationen wichtig, denn Kinder müssen viel Neues lernen – vom Erkennen der Eltern über die Nahrung bis zum Lesen und Schreiben. Dafür wird ein schneller Speicher mit viel Platz benötigt. Später nimmt die Erfahrung im Umgang mit **neuen Eindrücken** zu. Jetzt werden vermehrt Strategien angewendet, um Informationen zu **filtern:** Wichtiges wird von Unwichtigem getrennt. Erwachsene sind in der Lage, aus der Fülle der auf ihn einströmenden Eindrücke diejenigen auszuwählen und abzuspeichern, die er für wesentlich erachtet. Diese Erkenntnisse sind sehr wichtig bei der Erstellung von Software für Kinder.

4 Modulkurzzusammenfassung

Digitalrechner (Computer) verarbeiten große Mengen einfacher, aber präziser Daten. Unser Gehirn löst solche Aufgaben vergleichsweise schlecht. Dafür ist es aber zum **Problemlösen** und einer **Echtzeitverarbeitung unpräziser Datenmengen** fähig.

Die Grundbausteine des Gehirns und des zentralen Nervensystems (ZNS) sind die **Neuronen.** Diese bestehen aus *vier* funktionalen Elementen, den Dendriten, dem Soma, dem Axon und den Synapsen. Das Aktionspotential gehorcht dem „Alles-oder-Nichts-Prinzip".

In der Neurologie spricht man von **Neuronen-Netzen,** in der Informatik von **neuronalen Netzen.** Zur funktionellen Beschreibung von künstlichen Neuronen werden die *vier* Begriffe Aktivierungszustand, Propagierungsfunktion, Aktivierungsfunktion und Ausgabefunktion unterschieden.

Das **Gehirn** gliedert sich in Stammhirn, Kleinhirn und Großhirn. Das **Großhirn** (cerebrum) enthält (funktional) **Gedächtnis,** Bewusstsein und Intellekt. Mit seiner großen Oberfläche und der hoch entwickelten äußeren Schicht, der **Großhirnrinde** (Neocortex), unterscheidet sich das menschliche Gehirn deutlich von anderen Lebewesen. Empfindungen entstehen an den jeweiligen Sinnesorganen, diese werden als **Wahrnehmungen** im Gehirn interpretiert.

Die beiden **Gehirnhälften** verarbeiten Informationen recht unterschiedlich: Die **linke Hemisphäre** ist logisch-analytisch und rational, dagegen ist die **rechte Hemisphäre** ganzheitlich-synthetisch und intuitiv (Achtung: Das Gehirn wird bei der Bezeichnung von vorne außen gesehen). Lernmethoden sollten so strukturiert sein, dass sie die Beteiligung **beider Hemisphären** zulassen.

Das **Gedächtnis** ist nur eine funktionale Einheit (nichts „Angreifbares") mit der Fähigkeit erlerntes Wissen abzurufen und auf Reizsituationen zu reagieren. Bei den Gedächtnismodellen wird zwischen Einspeichermodell, Mehrspeichermodell und Modell der variablen Verarbeitungstiefe unterschieden. Das populärste Mehrspeichermodell des Gedächtnisses besteht aus **Ultrakurzzeitgedächtnis** (sensorisches Register), **Kurzzeitgedächtnis** und **Langzeitgedächtnis.** Das sensorische Register dient dabei als Filter: Nur jene Informationen, denen Aufmerksamkeit geschenkt wird, gelangen weiter in das Kurzzeitgedächtnis. Ein **Chunck** (mit der Kapazität von 7 ± 2 Einheiten) ist eine Informationseinheit, die auf einmal von einem Individuum in das Kurzzeitgedächtnis aufgenommen werden kann (Achtung: diese Einheiten können verschieden „umfangreich" sein).

5 Modulanhang

5.1 Literatur

5.1.1 Bücher

ALLMANN, WILLIAM F. (1990): *Menschliches Denken – künstliche Intelligenz: Von der Gehirnforschung zur nächsten Computer-Generation.* München: Droemer Knaur.

BLAKESLEE, THOMAS R. (1991): *Das rechte Gehirn: das Unbewußte und seine schöpferischen Kräfte.* 3. Auflage. Braunschweig: Aurum-Verlag.

BONO DE, EDWARD (1971): *Laterales Denken: Ein Kursus zur Erschließung ihrer Kreativitätsreserven.* 2. Auflage. Reinbek bei Hamburg: Rowohlt.

BÖSEL, RAINER M. (1999): *Gehirn und Denken: Das multimediale Tutorial zur kognitiven Neuropsychologie.* CD-ROM. Göttingen: Hogrefe.

DÖRNER, DIETRICH; VAN DER MEER, ELKE (1995): *Das Gedächtnis: Probleme – Trends – Perspektiven.* 1. Auflage. Göttingen, Bern, Toronto, Seattle: Hogrefe-Huber.

EBBINGHAUS, HERMANN (1992): *Über das Gedächtnis: Untersuchungen zur experimentellen Psychologie (Bibliothek klassischer Texte).* Neuauflage der 1. Auflage von 1885. Darmstadt: Wissenschaftliche Buchgesellschaft.

GERKE, PETER R. (1987): *Wie denkt der Mensch? Informationstechnik und Gehirn.* Berlin, Heidelberg, New York: Springer.

KANDEL, ERIC R.; SCHWARTZ, JAMES H.; JESSEL, THOMAS M. (1995): *Neurowissenschaften: Eine Einführung.* Heidelberg, Berlin, Oxford: Spektrum Akademischer Verlag.

KLIVINGTON, KENNETH A. (1992): *Gehirn und Geist (The science of mind).* Heidelberg, Berlin, Oxford: Spektrum Akademischer Verlag.

KOLB, BRYAN; WHISHAW, IAN Q. (1993): *Neuropsychologie.* Heidelberg, Berlin, Oxford: Spektrum Akademischer Verlag.

MIETZEL, GERD (1998): *Wege in die Psychologie.* 9. Auflage. Stuttgart: Klett-Cotta.

PIAGET, JEAN; INHELDER, BÄRBEL (1974): *Gedächtnis und Intelligenz.* Olten und Freiburg i. Br.: Walter-Verlag.

SPRINGER, SALLY P.; DEUTSCH, GEORG (1995): *Linkes/Rechtes Gehirn; (Left brain, right brain).* 3. Auflage. Heidelberg, Berlin, Oxford: Spektrum Akademischer Verlag.

THOMPSON, RICHARD F. (1994): *Das Gehirn: Von der Nervenzelle zur Verhaltenssteuerung.* 2. Auflage; Heidelberg, Berlin, Oxford: Spektrum Akademischer Verlag.

VESTER, FREDERIC (1987): *Denken, Lernen, Vergessen (dtv-Taschenbuch 1327)*. 14. Auflage. Reinbek bei Hamburg: Rowohlt.

WESSELLS, MICHAEL G. (1990): *Kognitive Psychologie*. München: Ernst Reinhardt.

5.1.2 Artikel

HUBEL, DAVID H. (1979): Das Gehirn: Wie arbeitet das menschliche Gehirn? *Spektrum der Wissenschaft*, 11/79, 37 56.

NAUTA, WALLE J. H.; FEIRTAG, MICHAEL (1979): Die Architektur des Gehirns. *Spektrum der Wissenschaft*, 11/79, 69-79.

5.1.3 Books in English

ASHCRAFT, M. H. (1989): *Human memory and cognition*. New York: Harper & Row.

BADDELEY, A. D. (1999): *Essentials of human memory*. Hove (UK): Psychology Press.

COHEN, G. (1989): Memory and the real world. Hove (UK): Erlbaum.

FOSTER, J.; JELICIC, M. (1999): *Memory: Systems, Process, or Function?* New York: Oxford University Press.

KANDEL, E. R. (1976): *Cellular Basis of Behavior*. Freeman and Company.

KANDEL, E. R. (1978): *A cell-biological approach to learning*. Grass Lecture. Society for Neuroscience, USA.

MARKOWITSCH, HANS J., ED. (1988): *Information Processing by the Brain: Views and Hypotheses from a Physiological-Cognitive Perspektive*. Toronto: Hans Huber Publishers.

SPRINGER, SALLY P.; DEUTSCH, GEORG (1985): *Left Brain, Right Brain*. 2nd Ed., New York: Freeman.

TREVARTHEN, COLWYN (1990): *Brain circuits and functions of the mind: Essays in honour of Roger W.Sperry*. Cambridge (UK): Cambridge University Press.

WESSELLS, MICHAEL G. (1982): *Cognitive Psychology*. New York: Harper & Row.

5.1.4 Articles in English

HUBEL, DAVID H. (1979): The Brain: Introducing an issue about neurobiology and its central problem: How does the human brain work? *Scientific American*, Vol. 241, No. 3, September 1979, 39-47.

STEVENS, CHARLES F. (1979): The Neuron. *Scientific American*, Vol. 241, No. 3, September 1979, 49-59.

5.1.5 Journals

Brain and Cognition (ISSN: 0278-2626) | Academic Press Inc.

Brain and Language (ISSN: 0093-934X) | Academic Press Inc.

Neurobiology of Learning and Memory (ISSN: 1074-7427) | Academic Press Inc.

5.2 Internet-Links:

[W1] http://www.aans.org/pubpages/patres/brainquiz.html (Interaktives Gehirn-Quiz, American Association of Neurological Surgeons, Park Ridge, IL, USA)

[W2] http://coglab.psych.purdue.edu/coglab (On-Line Experimente, Kognitions-Labor an der Purdue Universität, West Lafayette, IN, USA)

[W3] http://coglab.psych.purdue.edu/modom (Modelle des Gedächtnisses an der Purdue Universität, West Lafayette, IN, USA)

[W4] http://www.well.com/user/smalin/miller.html (Original von Miller (1957): „The magical number seven plus minus two", S. Malinowski, Berkeley, CA, USA)

[W5] http://www.regiosurf.net/supplement (Ergänzung zum Buch „Wege in die Psychologie von Mietzel mit Experimenten in Deutsch, Duisburg, D)

[W6] http://www.kyb.tuebingen.mpg.de (Max Planck Insitut für Biokybernetik, Tübingen, D)

5.3 Prüfungsfragen

Fragen-Typ 1: Dichotome Ja/Nein-Entscheidungen:

01	Unser Gehirn kann auch unpräzise Daten in Echtzeit verarbeiten und komplexe Probleme lösen.	❏ Ja ❏ Nein
02	Die Neuronen von Säugetieren und primitiven Lebewesen sind grundverschieden.	❏ Ja ❏ Nein
03	Die Amplitude des Aktionspotentials hängt von der Reizintensität der vorhergehenden Sinneszelle ab.	❏ Ja ❏ Nein
04	Mit Hilfe neuronaler Netze wird versucht, „neuronen-ähnliche" Funktionen nachzubilden.	❏ Ja ❏ Nein
05	Das Stammhirn wird auch als „Reptiliengehirn" bezeichnet und ist hauptsächlich für Gedächtnis, Bewusstsein und Intellekt zuständig.	❏ Ja ❏ Nein
06	Empfindungen entstehen an den jeweiligen Sinnesorganen, die erst im Gehirn als „Wahrnehmungen" (subjektiv) interpretiert werden.	❏ Ja ❏ Nein
07	Die Informationsverarbeitung in den beiden Hemisphären erfolgt bis auf wenige Ausnahmen identisch.	❏ Ja ❏ Nein
08	Das Mehrspeichermodell des Gedächtnisses ist das populärste Modell und ist allgemein anerkannt.	❏ Ja ❏ Nein
09	Ein Chunk nach Miller ist eine allgemein feststehende Informations-einheit.	❏ Ja ❏ Nein
10	Stress fördert Vergessen, da eine zu hohe Konzentration des Hormons Cortisol die Informationsübertragung in den Neuronen reduziert.	❏ Ja ❏ Nein

Fragen-Typ 2: Mehrfachauswahlantworten (Multiple Choice):

01	Neuronen können funktional in folgende Teile zerlegt werden ...
	☐ a) ... Dendriten.
	☐ b) ... Soma.
	☐ c) ... Cytoplasma.
	☐ d) ... Element.
02	Das Großhirn ...
	☐ a) ... ist das Zentrum der nervalen Informationsverarbeitung.
	☐ b) ... enthält funktionale Einheiten, z. B. Muskeltonus und Gleichgewicht.
	☐ c) ... macht beim Menschen rund 85% der Gesamtmasse des Gehirns aus.
	☐ d) ... enthält den großflächigen Neocortex.
03	Die rechte Hemisphäre ist ...
	☐ a) ... emotional und unkoordiniert
	☐ b) ... verbal orientiert
	☐ c) ... intuitiv
	☐ d) ... analytisch
04	Die Kenntnis der Hemisphärenasymmetrie ...
	☐ a) ... kann direkt auf Eingabe-Geräte und GUIs angewandt werden.
	☐ b) ... hat direkte Auswirkungen auf die Struktur von Lernprogrammen.
	☐ c) ... hat hauptsächlich biologische Auswirkungen.
	☐ d) ... hat wenig Bedeutung, da beide Hemisphären gleichartig koordiniert sind.
05	Hermann Ebbinghaus ...
	☐ a) ... führte erstmals Gedächtnisexperimente mit Versuchspersonen durch.
	☐ b) ... verwendete für seine Experimente klassischen Lernstoff.
	☐ c) ... verwendete als Lernmethode rhythmisches Wiederholen.
	☐ d) ... fand, daß die Behaltensleistung konstant über die Zeit abnimmt.
06	Bei Mehrspeichermodellen gilt ...
	☐ a) ... die Unterteilung in primary memory und secondary memory.
	☐ b) ... die Unterteilung in Ultrakurzzeit-, Kurzzeit- und Langzeitgedächtnis.
	☐ c) ... diese werden durch das Auftreten des seriellen Positionseffektes gestützt.
	☐ d) ... das Langzeitgedächtnis hat eine begrenzte Kapazität.
07	Das Kurzzeitgedächtnis ...
	☐ a) ... wird auch Arbeitsgedächtnis genannt und hat unbegrenzte Kapazität.
	☐ b) ... weist eine Kapazität von 7 ± 2 Chunks auf.
	☐ c) ... werden Informationen ständig durch neue Informationen verdrängt.
	☐ d) ... beinhaltet das prozedurale Gedächtnis.
08	Ein Chunk ...
	☐ a) ... ist eine Informationseinheit mit konstanter Bedeutung.
	☐ b) ... kann auf einmal in das Kurzzeitgedächtnis aufgenommen werden.
	☐ c) ... ist unabhängig von individuellem Wissen.
	☐ d) ... kann unterschiedlich komplex und intraindividuell verschieden sein.

5.4 Lösungen

Lösungen zu Fragen-Typ 1:

01 Ja; 02 Nein; 03 Nein; 04 Ja; 05 Nein; 06 Ja; 07 Nein; 08 Nein; 09 Nein; 10 Ja;

Lösungen zu Fragen-Typ 2:

Richtig sind: 01 a) b); 02 a) c) d); 03 a) b) c); 04 a) b); 05 c) 06 a) b) c); 07 b) c); 08 b) d)

5.5 Timeline: Informations-Organisation

330 v. Chr. ARISTOTELES: „Wachstafel"-Theorie des Gedächtnisses, Gedächtnisinhalte werden engrammiert („eingestanzt").

1630 DESCARTES fasst die Organfunktionen des Hirns als Problem der Physik auf.

1791 GALVANI behauptet, dass die durch Elektrizität induzierte Reizung durch die Nerven übertragen wird.

1809 GALL ist der erste Hirnforscher, der die Gesamtheit der kognitiven Funktionen dem Gehirn (insbesondere der Rinde des Großhirns) zuschreibt.

1855 BAIN erklärt das Gehirn als Gefüge von Nervenfasern: Erregungen werden wie in einem Telegrafennetzwerk transportiert. Er vergleicht Nervenfasern mit Kupferleitungen und hält die Anzahl der Verbindungen wichtig für kognitive Leistungen.

1861 BROCA formuliert auf Grund von Obduktionen seiner Patienten: „Nous parlons avec l'hemisphère gauche!" (Wir sprechen mit der linken Hemissphäre).

1876 WERNICKE lokalisiert ein Sprachzentrum im Gehirn und meint, dass sich nur die elementaren geistigen Funktionen auf einzelne Bereiche des Cortex beschränken.

1879 GOLGI stellt mit seiner Färbetechnik die Grundgestalt einzelner Neuronen dar.

1885 EBBINGHAUS veröffentlicht die ersten experimentellen Ergebnisse über systematische Untersuchungen des Gedächtnisses.

1900 CAJAL sieht das Neuron als zentralen Bauteil des Gehirns.

1924 BERGER gelingt die Darstellung eines EEG (Elektroenzephalogramm) – und damit der erste „Blick" in ein lebendes, aktives Gehirn.

1943 WARREN MCCULLOCH und WALTER PITTS haben die Idee, ein Element (Neuron) zu definieren, das (in Anlehnung an biologische Neuronen) Aktivierungszustände in Abhängigkeit von den Eingaben erreicht und diese Zustände über gewichtete Verbindungen als Ausgabe an andere Neuronen weitergibt.

1949 DONALD O. HEBB entwickelt die allgemeine Form der (noch heute verwendeten) Hebb' schen Lernregel für ein einzelnes Neuron.

1950 TURING stellt das Postulat auf, dass jede kognitive Leistung durch eine sequentiell arbeitende Maschine nachvollzogen werden könne.

1958 MILLER, GALANTER und PRIBAM leiten ein Zeitalter der „Computer-Metapher" ein, das vor allem die Kybernetik in den Vordergrund stellt.

1964 ECCLES behauptet, dass das Kleinhirn wie ein Analogcomputer arbeitet: Komplexe Erregungseingaben werden in neue Erregungsausgaben transformiert.

1980 Die Entwicklung der Hirnforschung wird grundlegend verändert, durch Einsatz neuer EEG-Techniken zur Aufzeichnung von Hirnströmen und vor allem durch die Positronen-Emissions-Tomographie (PET) und die funktionelle Kernresonanz-Spektroskopie (fNMR, „Functional Imaging").

Modul 2:
Wissens-Organisation und Informatik

„Das menschliche Gedächtnis ist kein einheitliches Ablagesystem, sondern untergliedert sich in funktionale Subsysteme mit verschiedenen Wissensformen und mentalen Repräsentationen. In unseren Köpfen gibt es nicht nur eine Sorte Wissen, sondern verschiedene Wissensformen, die je nach Aufgabe und Anforderung unterschiedlich genutzt werden können.“

Engelkamp 1990, zitiert von Ballstaedt, Angewandte Kognitionswissenschaft an der Uni Tübingen

Lernziele

Nochmals müssen wir den Unterschied zwischen Information und Wissen klären und die Wichtigkeit von Wissensmanagement für unsere Wissensgesellschaft erkennen. Mit dem Verständnis verschiedener **Wissenstheorien** und der Unterscheidung verschiedener **Wissensarten** wenden wir uns der **Wissens-Organisation** zu. Das ist grundlegend, um Problemlösen und maschinelle Wissensverarbeitung zu ermöglichen.

Wissensmanagement

Wissenstheorien

Problemlösen und maschinelle Wissensverarbeitung

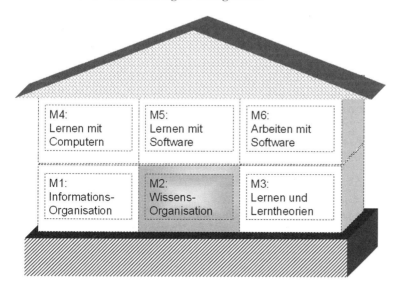

Wissen und Information wachsen exponentiell. Dabei sind wir erst am Anfang einer so genannten „Wissensgesellschaft": Immer schneller wird handlungsrelevantes Wissen notwendig, um spezifische Probleme zu lösen. Computer haben dabei einen wesentlichen Anteil. Wissensrecherchen werden in Zukunft durch vernetzte Computer via Internet immer schneller und durch effiziente Suchmaschinen auch immer brauchbarer.

Bild 2.1 Wissensmanagement beginnt schon sehr früh ...

Wissen ist zweifelsohne ein *entscheidender* industrieller **Produktionsfaktor** unserer Zeit. Ohne zielorientierte Anwendung von vorhandenem Wissen sind Innovation und Optimierung von Produkten oder Serviceleistungen nicht möglich. Wissen ist in einer Organisation an vielen verschiedenen Orten „gespeichert". In den Gehirnen der Mitarbeiter genauso wie in Datenbanken von Computern. Über den Erfolg eines Unternehmens im globalen Wettbewerb entscheidet, wie nun das vorhandene Wissen möglichst *schnell* und *richtig* eingesetzt wird.

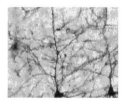

Bild 2.2 Intelligente Wissensorganisation: die Selbstorganisation des menschlichen Gehirns als Vorbild

Wissensmanagement heißt, das Wissen im Bedarfsfall *rasch* und einfach zugänglich und vor allem auf ein konkretes Problem anwendbar zu machen. Es müssen aber auch Strategien entwickelt werden, wie und an welchen Stellen das Wissen gezielt *adaptiert* und *erweitert* werden kann. Wissensmanagement ist also nicht in erster Linie ein reines Informatik-Problem.

Neue Informations- und Kommunikationstechnologien (IKT) stellen aber ein bislang nicht gekanntes Potential zum Umgang mit Information und Wissen bereit, allerdings mit dem potentiellen Nachteil, einer schier ungebremsten **Wissensflut** ausgesetzt zu sein, die naturgemäß ein Gefühl der Orientierungslosigkeit verbreitet.

Orientierungslosigkeit: Was ist wichtig? Was sollen wir wissen und wozu?

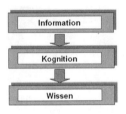

Bild 2.3 Von der Information über die Kognition zum Wissen

1 Wissen versus Information

1.1 Wissen

Wissen ist ein anderer „Stoff" als Geld, Maschinen oder Personal. Wissen ist auch mehr als Information. Erst durch *kognitive Prozesse* wird Information zu Wissen verarbeitet (Bild 2.3). Werden die Begriffe genauer definiert und hierarchisch angeordnet, ergibt sich eine Hierarchie wie in Bild 2.4. Hier werden auch die unterschiedlichen Aufgaben von Informationsmanagement und Wissensmanagement deutlich.

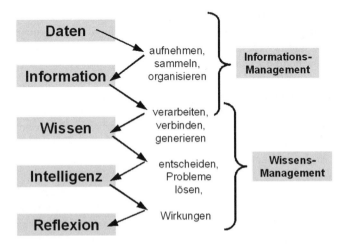

Bild 2.4 Die Aufgaben von Informationsmanagement und Wissensmanagement

Es gibt traditionsgemäß eine Fülle verschiedener Definitionen für den Begriff „Wissen". Der sehr verschiedenartige Gebrauch dieses Begriffes macht es sehr schwierig zu sagen, was Wissen „wirklich" sein soll.

In der Philosophie wird seit ARISTOTELES der Begriff „Wissen" traditionell an drei Forderungen geknüpft: Wenn *p* weiß, dass *x*, dann muss gelten:

Wissen und Wissensrepräsentation stellen Zentralbegriffe und Hauptarbeitsgebiete der Kognitionswissenschaft dar

- *x* ist tatsächlich der Fall (Wissen ist in dieser Definition immer wahr),
- p glaubt, dass *x* der Fall ist und
- p kann Gründe angeben, warum *x* der Fall ist.

In der Psychologie ist Wissen lediglich ein (relativ) dauerhafter **Inhalt des Langzeitgedächtnisses** (vgl. Modul 1, Gedächtnis). In der Kognitionswissenschaft ist Wissen eine Menge von systeminternen Repräsentationen (Wissensinhalten), die zusammen mit Inferenztechniken (logische Schlußfolgerungen) ein kognitives System (beispielsweise unser Gehirn) zum aktiven **Problemlösen** (Bewältigung intelligenter Handlungen) befähigt.

In der Informatik ist „Wissen" der Inhalt einer „Wissensbasis" eines Informationssystems.

Es existiert eine Fülle von Spezialisierungen des Wissensbegriffes:

Wissenschaftliches Wissen ist die Menge der in einer (wissenschaftlichen) Sozietät („scientific community") akzeptierten Behauptungen. Nach MATURANA (1984) erfüllt wissenschaftliches Wissen im wesentlichen die Bedingung, dass dieses Wissen ein System charakterisiert, das ein zu erklärendes Phänomen erzeugt.

In traditioneller (behavioristischer) Form heißt Wissen die Menge von **Eigenschaftszuschreibungen:**

„Ich weiß, dass ein Apfel grün sein kann, ... dass er nicht blau sein kann, ... dass er aber durchaus blau sein kann, wenn er entsprechend beleuchtet oder bemalt ist, ... usw."

Eine Eigenschaftszuschreibung kann als mentale Operation verstanden werden. Eine **mentale Operation** ist ein elementarer (atomarer) Schritt einer kognitiven Tätigkeit (z.B. denken, erinnern, wahrnehmen, usw.).

Eigenschaftszuschreibung als mentale Operation

Es gibt noch eine große Anzahl von gebräuchlichen Spezialisierungen des Begriffes „Wissen", hier nur eine Auswahl:

Allgemeines Wissen (general knowledge), kulturspezifisches Alltagswissen (common sense knowledge). Dessen Prüfung liegt die Idee des Turing-Tests (siehe Kapitel 6.4) zugrunde.

Deklaratives Wissen (declarative knowledge), Faktenwissen, Kenntnis von Sachverhalten (siehe Kapitel 3.2).

Fachwissen (domain knowledge), bereichsspezifisches Wissen.

Fehlerhaftes Wissen (inappropriate knowledge), falsche Auffassungen von Lernenden („buggy rules").

Fehlerhaftes Wissen kann sich oft über einen langen Zeitraum etablieren (z.B. Erde ist eine Scheibe)

Konzeptuelles Wissen (conceptual knowledge), Konzeptwissen, Wissen über innerbegriffliche Relationen usw. (siehe Kapitel 3.3).

Meta-Wissen (meta knowledge), Wissen höherer Ordnung, Wissen darüber, wie Wissen eingesetzt werden kann.

Normatives Wissen (normative knowledge, norms), ethische Prinzipien, Gesetze, Datenschutzbestimmungen usw.

Prozedurales Wissen (procedural knowledge), Wissen, das in Handlungen (Problemlöseprozessen) eingesetzt werden kann (siehe Kapitel 3.4).

Unsicheres Wissen (uncertain knowledge), Wissen, das sich auf mehr oder weniger wahrscheinliche Sachverhalte bezieht (siehe Kapitel 3.5).

Weiters wird zwischen Wissen und Können unterschieden. Ich kann Radfahren, aber wenn ich sagen soll, was ich dabei tue, dann weiß ich es nicht. In der Literatur wird häufig von impliziten (inhärentem) oder stillschweigenden (tacit) Wissen gesprochen.

1.2 Denken

Eine erste psychologische Konzeption des Denkens in der neuzeitlichen Wissenschaft wurde von den Empiristen des 17. und 18. Jahrhunderts entwickelt. Das grundlegende Modell stammt von LOCKE (1689): Der Geist (Seele, Verstand) setzt sich aus einzelnen, nicht weiter zerlegbaren Elementen, den „einfachen Ideen", zusammen, die sich durch „Sensation" und „Reflexion", d.h. durch Sinneseindrücke und innere Wahrnehmung, dem zunächst von Vorstellungen freien Geist (tabula rasa) einprägen. Die geistige Tätigkeit (das Denken) besteht nun darin, aus den einfachen Ideen mittels Kombination, Inbeziehungsetzen und Abstraktion „komplexe Ideen" zu bilden – die durch Assoziation in Verbindung stehen.

Denken (thinking, reasoning) ist ein **interpretierender Schlussfolgerungsprozess:** Auf der Grundlage gegebener, aktueller Information wird *neue* Information abgeleitet und die verfügbare Information erweitert.

Zum Denken im engeren Sinne gehören das Problemlösen und das Gewinnen von Erkenntnissen. Denken im weiteren Sinn kann mit Kognition im Sinne einer umfassenden Informationsverarbeitung gleichgesetzt werden.

Die Prozesse des Denkens können nicht direkt beobachtet oder inhaltlich bestimmt werden. Auch haben wir über viele Denkvorgänge keine oder nur unzureichende Bewusstheit.

Denken ist ein **Prozess**, bei dem aktuelle Informationen aus der Umwelt mit bereits gespeicherten Informationen aus dem Gedächtnis durch eine Reihe kognitiver Operationen in Beziehung gesetzt werden.

Nach der Phänomenologie wird Denken unterschieden:

- **inhaltlich** in anschauliches, konkretes und abstraktes Denken,
- **strategisch** in diskursives, intuitives und systematisches Denken,
- **ergebniszentriert** in reproduktives und produktives Denken und
- **rationalistisch** in magisches, autistisches und rationales Denken.

1.3 Können

Unter Können (coping behaviour) wird in der Psychologie eine Bewältigung von Anforderungen (auch bei Änderung von Rand- und Anfangsbedingungen) verstanden. Grundlage dafür sind Fähigkeiten (abilities), Fertigkeiten (skills) und Einflussgrößen wie Intention, Einstellung, Ermüdbarkeit und Motivation (siehe Modul 6).

Oft wird „Können" auch mit **Kompetenz** („Sachverstand") verglichen. In der Kognitionswissenschaft wird Können (knowing how, Know-how) als prozedurales Wissen bezeichnet, das in Kapitel 5.4 besprochen wird.

1.4 Wissensgesellschaft

Wissen und Information sind die entscheidenden Produktionsfaktoren unserer Zeit. Die Innovation von Produkten, die Optimierung von Wertschöpfungsprozessen und das Angebot bedarfsgerechter Serviceleistungen ist ohne die zielorientierte Anwendung des im Unternehmen vorhandenen Wissens nicht möglich.

Wissen ist in Organisationen an vielen Orten „abgespeichert": in den Köpfen der Mitarbeiter, in technischen Produktlösungen, in ausgefeilten Geschäftsprozessen und natürlich in Datenbanken. Über den Erfolg der Unternehmen im Wettbewerb entscheidet, wie sie auf dieses Wissen zugreifen, es nutzen und vermehren können.

Bild 2.5 **Vom theoretischen Wissen zum praktischen Können** setzt ability (Fähigkeit) und skill (Geschick, Fertigkeiten) voraus

> Unternehmen nutzen in der Regel nur knapp 30 Prozent des Wissenspotentials ihrer Mitarbeiter. Das Wissen des Einzelnen ist aber entscheidend für den Erfolg seiner Arbeit und damit auch für den Geschäftserfolg eines Unternehmens.

Beispielsweise will Siemens die Wissensressourcen für den Nachwuchs zugänglich machen und ein internationales Wissensnetzwerk aufbauen, das ein gutes Beispiel für Interaktivität im Internet darstellt (siehe [W1]).

1.5 Wissensmanagement

Wissensmanagement bedeutet, das Wissen eines Unternehmens im Bedarfsfall einfach *zugänglich* zu machen sowie seine Anwendung auf das konkrete Problem zu unterstützen. Darüber hinaus muss Wissensmanagement aber

Bild 2.6 Wissensmanagement ist für viele Bereiche wichtig, z.B. für Logistiksysteme [W1]

Strategien entwickeln, *wie* und *an welchen Stellen* das Wissen des Unternehmens gezielt erweitert wird. Wissensmanagement kann also *nicht* in erster Linie ein Datenverarbeitungs-Problem sein. Vielmehr ist eine *Kultur* eines bereitwilligen Wissensaustauschs im Unternehmen zu schaffen und durch geeignete organisatorische Konzepte, wie z.B. „Produktkliniken", Workshop-Programme und Kreativitätstechniken usw. zu unterstützen. Die Datenverarbeitung schließlich bietet als *technisches Hilfsmittel* ebenfalls neue Lösungsansätze zum Wissensmanagement.

Nach TOM SOMMERLATTE, dem Chairman Management Consulting der Arthur D. Little Inc., ist das Ziel eines verbesserten Wissensmanagements, durch Innovationsvorsprung Wachstums- und Ertragsvorteile zu erringen. Seiner Ansicht nach sind dazu fünf Schritte erforderlich:

Wissenslandkarte = Lokalisation des vorhandenen Wissens

- Schritt 1: Im Unternehmen vorhandenes Wissen muss lokalisiert und transparent gemacht werden und so für alle Entscheidungs- und Innovationssituationen leicht zugänglich werden. Es geht darum, sozusagen eine **„Wissenslandkarte"** zu erstellen.

weiße Flecken auf der Wissenslandkarte = Wissenslücken

- Schritt 2: Die typischen Entscheidungs- und Innovationssituationen des Unternehmens müssen erfasst und ihre Wissensanforderungen charakterisiert werden. Daraus lassen sich **Wissenslücken** oder Wissensschwachstellen ableiten (die weißen Flecken auf der Wissenslandkarte). Daraus kann aber auch abgeleitet werden, welches neue oder zusätzliche Wissen auf welche gezielte Weise erworben werden muss, sei es durch Anwerben von kompetenten Wissensträgern, durch Kontaktaufnahmen mit externen Wissensquellen oder durch Verbesserung der Kommunikations- und Lernprozesse.

Schneller Zugang zu relevantem Wissen

- Schritt 3: Verbesserung der Wissensspeicherung und der **Zugangsgeschwindigkeit** zum gespeicherten Wissen. Hierfür muss ein flexibles Informations- und Dokumentationssystem eingesetzt werden. Das setzt eine Strukturierung des erforderlichen Wissens voraus (durch die Wissenslandkarte ersichtlich).

„stets auf dem Laufenden bleiben"

- Schritt 4: Wissen muss auch **proaktiv** an die Interessierten verteilt werden, sobald es neu entstanden ist. Dazu müssen die Mitarbeiter ihr Interessens- und Suchprofil ebenso eingeben, wie sie den Wissensbereich auf dem neuesten Stand halten müssen – für den sie zuständig und verantwortlich sind.

vorhandenes Wissen anwenden

- Schritt 5: Entscheidend ist, dass Wissen ständig für eine aktive Innovationsstrategie genutzt wird. Hier geht es darum, das Wissen um Kundenbedarf, um Defizite des Kundennutzens, um neue technische Möglichkeiten, um Wettbewerbsschwächen und anderes mehr in Innovationsideen und deren schlagkräftige Umsetzung in neue Produkte, Leistungen und Prozesse einzubringen. Dazu müssen **Innovationsanreize** für die Mitarbeiter geschaffen werden, dafür muss das Unternehmen aber vor allen Dingen eine **Innovationsstrategie** verfolgen.

2 Epistemologie: Theorien des Wissens

Was Wissen ist und welche Strukturen es aufweist, hat zu unterschiedlichen Theorien und Modellen geführt.

2.1 Frühe Theorien

Die Unterscheidung zwischen **Wissen** (griech.: episteme) und **Meinung** (griech.: doxa) ist in der griechischen Philosophie seit XENOPHANES geläufig. Er bestreitet, dass es ein Wissen gibt: *„Meinung liegt über allem."*

Für das Wissen ist *nach stoischer Auffassung* eine Begründung oder **Argumentation** (logos) wesentlich: Wer etwas weiß, muss es auch begründen. Von Wissen kann nur dann die Rede sein, wenn die gewusste Aussage durch keinerlei Argumentation widerlegt werden kann. Wissen impliziert in diesem Sinne Wahrheit. Wenn ich p weiß, dann folgt daraus, dass p wahr ist. Anderenfalls *meine* ich lediglich, p zu wissen. Eine Meinung kann wahr sein, aber sie ist im Unterschied zum Wissen nicht notwendig wahr.

Xenophanes von Kolophon (570 – 480 v. Chr.) war der erste Begründer der eleatischen Philosophie

Gegründet wurde die stoische Schule von Zenon (333 – 261 v. Chr.)

2.2 Objektivistische Wissenstheorie

Der Objektivismus entstammt der Kognitionsforschung, die vor allem von der Psychologie und der Informatik beeinflusst wurde.

> Wissen wird als Ansammlung von Fakten und Regeln gesehen, die unabhängig von einzelnen Personen **objektiv** bestehen.

Dieses vorgegebene Wissen wird durch Lehrende an Lernende weitervermittelt, indem es (gut genug) strukturiert und inhaltlich reduziert wird. Am Ende dieses Wissenstransportes „besitzen" die Lernenden den gelernten Wissensausschnitt in genau derselben Form wie die Lehrenden.

Der Konstruktivismus wendet sich strikt gegen diese Theorie, da diese Art des Lernens sowohl lebens- als auch berufsfremd sei. Die rein kognitive Ausrichtung des Unterrichts auf die Aneinanderreihung von Wissenselementen führe zu einer passiven Lernhaltung der Schüler, die keine Langzeitwirkung habe. Indem Wissen quasi „mechanisiert" wird, hat das zur Folge, dass die Lernenden Gelerntes zwar abrufen, aber keineswegs anwenden können, weil die Lerninhalte völlig isoliert existieren bzw. noch nicht einmal richtig verstanden worden sind.

Objektivismus ↔ Konstruktivismus

Die Konstruktivisten gehen davon aus, dass es kein objektives Wissen gibt, das weitervermittelt werden kann. Stattdessen interpretiere und konstruiere jeder Mensch die Wirklich-

keit individuell unterschiedlich. Die Hauptaufgabe der Erziehung und Bildung müsse darin liegen, den Lernenden eine aktive Wissensaneignung zu ermöglichen, indem ihnen konkrete Probleme und Erlebnisse vorgelegt werden, aus denen sie ihr individuelles Wissen „herausziehen" können.

2.3 Konstruktivistische Wissenstheorie

Die konstruktivistische Wissenstheorie geht der Schwierigkeit der Skeptiker, ob Wissen überhaupt eine objektive Welt abbildet, auf eine elegante Art aus dem Wege. Nach PIAGET (siehe Modul 3, Kapitel 4.2), bei dem die Wurzeln dieser Wissenstheorie klar erkennbar sind, ist Wissen kein Abbild einer gegebenen Welt, sondern eine adaptive, innere Basis jeglicher Aktivität eines (individuellen) Menschen.

In der konstruktivistischen Wissenstheorie wird Wissen nicht als aufgenommenes und gespeichertes Produkt eines kognitiven Lernprozesses verstanden, sondern als internale Operationen, die der Mensch subjektiv und individuell wahrnimmt.

Dies zeigt sich beispielsweise daran, dass verschiedene Menschen dieselbe Aufgabe gut lösen, obwohl sie verschiedene Wissensrepräsentationen (Zugänge, Vorbildung, Vorkenntnisse) der Aufgabe haben können.

Wissen muss von jedem Individuum selbst „aufgebaut" werden und kann nicht von außen „importiert" werden

ERNST VON GLASERSFELD, ein Begründer der „konstruktivistischen Wissenstheorie", schließt daraus, dass Wissen von jedem Menschen *selbst* aufgebaut werden muss und nicht etwa durch einen schulischen Prozess von aussen „importiert" werden kann.

Damit steht diese Wissenstheorie in radikalem Gegensatz zu den klassischen Vorstellungen des Unterrichts als Wissenstransfer. Oder wie VARELA (1990) es ausdrückt: *„Das Gehirn ist ein Organ, das Welten festlegt, keine Welt spiegelt".*

Im Gebiet des Wissensmanagements hat diese Auffassung zum so genannten „Anti-Repräsentationismus" geführt: Wissen repräsentiert nichts, sondern ist ein selbstreferentielles Identitäts-Merkmal derjenigen Organisation, die das Wissen in sich aufgebaut hat.

Die konstruktivistische Wissenstheorie bietet ein fundamental neues Paradigma für die **Selbstorganisation** von Lern- und Lehrprozessen. Wissen ist ein angepasstes internes Merkmal jedes Individuums, um die eigene Identität zu erhalten.

Jede Person baut ihre eigene subjektive Welt auf und organisiert diese, oder wie PIAGET es formuliert: „Wer seine Erfahrung organisiert, organisiert die Welt".

2.4 Informationstheoretische Wissenstheorie

In dieser Auffassung sind Wissen und Information (Band 1) das gleiche. Steigerung der Informationskapazität und vor allem der Verarbeitungsgeschwindigkeit steigert auch das Wissen. Ein (subjektives) „Lexikon" (als geordnete Zusammenstellung von verbalen oder bildlich codierten Erfahrungsinhalten und Bedeutungen) organisiert das Wissen und macht es im Gedächtnis abrufbar. Aus der Sicht der Informationstheorie besteht Wissen immer aus Information mit einer dazugehörigen notwendigen Redundanz zu ihrer Absicherung (siehe Band 1).

Redundanz = überflüssige Elemente in einer Nachricht, die keine zusätzliche Information liefern, die Grundinformation aber stützen

Beispiel: Wenn uns berichtet wird, dass alle Schwäne weiß sind, so können wir diese Information zur Kenntnis nehmen – ihr Wahrheitsgehalt ist aber unbekannt. Wenn wir dagegen wiederholt beobachten konnten, dass Schwäne tatsächlich weiß sind, so gewinnen wir aus dieser Redundanz eine gewisse Sicherheit – die wir (im informationstheoretischen Sinn) als Wissen bezeichnen.

3 Arten des Wissens

3.1 Übersicht

Im Prinzip können die verschiedenen Wissensformen auf drei Arten von Wissen reduziert werden (Bild 2.7):

- deklaratives Wissen (declarative knowledge – Faktenwissen),
- konzeptuelles Wissen (conceptual knowledge – Konzeptwissen) und
- prozedurales Wissen (procedural knowledge – Strategiewissen).

Bild 2.7 Die drei Arten von Wissen, zusammengefasst nach Anderson, 96, Strube et.al., 96 und Süss, 96

Bild 2.8 John R. Anderson von der Carnegie-Mellon University [W2]

3.2 Deklaratives Wissen

Das Wissen über einzelne Fakten, Sachverhalte und Dinge, kurz Faktenwissen, bezeichnet ANDERSON (1996) als deklaratives Wissen. Diesen Begriff verwendet er in Abgrenzung zum konzeptuellen Wissen, das bereits eine Organisation von Einzelwissen darstellt, und zum prozeduralen Wissen, das sich als Wissen wie ein Problem gelöst werden kann, beschreiben lässt.

Fakten sind z.B. Namen, Gegenstände, Länder, Ereignisse und insbesondere Formeln, Bezeichnungen und Definitionen.

Faktenwissen ist damit Wissen, das explizit im Gedächtnis vorhanden ist, dessen sich die Lernenden selbst bewusst sind und das abgerufen werden kann – also über das Auskunft gegeben werden kann.

Über die Vermittlung von Faktenwissen in der Schule schreibt AEBLI (1981) folgendes:

„In der Schule wird derartiges Wissen häufig als Faktenwissen bezeichnet. Man müsste hinzufügen: blindes, additives, daher wenig sinnvolles Faktenwissen. Denn Sinn ergibt sich [...] aus Sachbeziehungen und aus Einbettungen, die eine Struktur auf ihre Spitze hin aufbauen. Darum ist es langweilig solches Wissen zu lernen, und man vergisst es auch leicht.“ [AEBLI (1981), S. 240].

Erst wenn das Faktenwissen in hierarchisch organisierte Strukturen (und miteinander verknüpft aufgebaute, also vernetzte Systeme) eingebaut wird, dann spricht AEBLI von so genanntem „allgemeinen Wissen“ und ANDERSON von so genanntem „konzeptuellen Wissen“, das im Kapitel 3.3 beschrieben wird.

Fakten zu einem Problembereich sind meistens in Lehrbüchern enthalten. Sie stellen das fundamentale Basiswissen bereit – auf das weiteres Wissen aufgebaut werden kann.

Experten eignen sich dieses Wissen in ihrer Ausbildung (Studium, Fachausbildung) an, oder suchen es bei Bedarf in Wissensspeichern (z.B. Bücher, Manuals, Datenblätter, Internet usw.).

deklarativer Programmierstil

Mit *deklarativ* wird auch ein Programmierstil bezeichnet (auch prädikativ bzw. deskriptiv – im Gegensatz zu prozedural bzw. imperativ), bei dem eine an der Logik orientierte Darstellung eines Wissens über einen Fachbereich im Mittelpunkt steht (Fakten über Objekte, Ereignisse und Relationen zwischen diesen Ereignissen). Die Vorteile eines deklarativen Programmierstils sind Flexibilität, leichte Veränderbarkeit der Programme, ökonomische Darstellung und eine Vollständigkeit und Korrektheit (Beispiel: PROLOG).

PROLOG = „PROgramming in LOGic"

In imperativen Programmiersprachen (z.B. BASIC, FORTRAN, PASCAL) werden Probleme gelöst, indem die Programmierer eine Folge von Anweisungen zusammenstellen. Durch die Exekution (Ausführung) dieser Anweisungen wird die Lösung erhalten.

In deklarativen Programmiersprachen (z.B. PROLOG) wird eigenes Wissen über das Problem formuliert. Das Programm versucht mit Hilfe dieses Wissens selbständig eine Lösung zu finden (siehe Kapitel 6.4 und z.B. in [W5]).

In der Sprache der Logik besteht Wissen aus einer Menge von wahren Aussagen. Wird eine Behauptung in ein PROLOG-Programm eingegeben, versucht dieses – auf Grundlage vorher eingegebenen Wissens – diese Behauptung zu beweisen.

Prinzipiell kann deklaratives Wissen durch zwei verschiedene Formen repräsentiert werden: entweder als

Proposition = Satz als Informationseinheit – nicht im Hinblick auf die grammatische Form

- Inhalt einer sprachlichen Äußerung (= Proposition) oder
- mittels einer bildlichen Darstellung.

Ein Beispiel für eine **propositionale Repräsentation** wäre: „Die menschliche Wirbelsäule besteht aus 29 Wirbeln". Der gleiche Sachverhalt kann auch durch eine bildliche Darstellung vermittelt werden.

Die Tatsache, dass das deklarative Wissen statisch ist, bedeutet nicht, dass es zeitlich invariant (unveränderlich) ist. Beispielsweise kann der medizinisch falsche Sachverhalt, dass ein Mensch 28 Wirbel hat, durch die korrekte Anzahl „29" ersetzt werden (z.B. die Lernenden darauf hinweisen). Die alten Fakten werden dabei nicht sofort „gelöscht", sondern die Lernenden könnten sich vielleicht einen Monat später noch daran erinnern, dass sie früher irrtümlicherweise angenommen hätten, dass der Mensch nur 28 Wirbel hat.

3.3 Konzeptuelles Wissen

Als konzeptuelles Wissen (conceptual knowledge) bezeichnet ANDERSON (1996) allgemein ein durch Abstraktion **hierarchisch organisiertes** und **miteinander vernetztes** Faktenwissen (Wissen über die Bedeutung von Begriffen und deren Merkmale und Relationen untereinander)

Die Repräsentation dieses konzeptuellen Wissens kann auf drei verschiedenen Arten erfolgen:

- in semantischen Netzwerken,
- in Schemata oder
- in Kategorien.

In Kapitel 4 werden diese Repräsentationen beschrieben.

3.4 Prozedurales Wissen

Als prozedurales Wissen bezeichnet ANDERSON (1996) das Wissen darüber, wie kognitive Aktivitäten und Operationen, insbesondere Operationen und Prozeduren zum Lösen von Problemen, ausgeführt werden.

Eine **Prozedur** ist eine Handlungsanweisung, die durch eine bestimmte Abfolge von Aktionen definiert ist.

Prozeduren legen fest, wie deklaratives und konzeptuelles Wissen über einen bestimmten Gegenstandsbereich zur (optimalen) Problemlösung einzusetzen ist. Damit sind sie geeignete Mittel zur Realisierung gegenstandsspezifischer **Heuristiken**.

Heuristik = Verfahren, um wahre Aussagen zu finden, im Unterschied zur Logik, die lehrt, wahre Aussagen zu begründen

---

Nach ANDERSON sind nahezu alle kognitiven Aktivitäten im Grunde genommen **Problemlöseprozesse**.

Als Hauptargument zur Stützung dieser These behauptet er in Anlehnung an NEWELL (1980) und TOLMAN (1932), dass menschliche Kognition immer zweckgerichtet ist. Das heißt, der Mensch versucht stets Ziele zu erreichen und Hindernisse zu umgehen oder aus dem Weg zu räumen, die diesen Zielen im Weg stehen.

Ein Beispiel dazu ist die klassische Untersuchung des Problemlöseverhaltens von Schimpansen von dem Gestaltpsychologen KÖHLER aus dem Jahre 1917:

Ein Affe sollte an Bananen herankommen, die außerhalb seines Käfigs waren. Dieses Problem konnte der Affe ganz leicht lösen, wenn ihm KÖHLER eine entsprechend lange Stange gab. Dann jedoch gab KÖHLER dem Affen zwei kurze Stangen, die jeweils nicht an die Bananen heranreichten. KÖHLER beobachtete das Verhalten des Affen: Nachdem dieser sich mit den einzelnen Stangen vergeblich abgemüht hatte, setzte sich der Affe frustriert auf den Käfigboden. Plötzlich aber steckte er die Stangen ineinander und konnte dadurch die Bananen heranholen. KÖHLER bezeichnete dieses Verhalten als **kreatives Problemlösen**.

ANDERSON nennt drei Merkmale solcher Problemlöseprozesse:

- **Zielgerichtetheit.** Das Problemlöseverhalten ist stets auf ein eindeutiges Ziel gerichtet. Im Beispiel von KÖHLER: Futter zu beschaffen.
- **Zerlegung in Teilziele.** Im Beispiel von KÖHLER: Der Affe zerlegte das eigentliche Ziel in Teilziele, z.B. zuerst die Stangen zu verbinden.
- **Anwendung von Operatoren.** Im Beispiel von KÖHLER: Für den Affen ist es sinnvoll, das Gesamtziel in Teilziele zu zerlegen, weil er Operatoren kennt, mit denen er die Teilziele erreichen kann. Durch Abarbeitung der einzelnen Operatoren wird dann das Gesamtziel erreicht.

Mit dem Begriff **Operator** wird eine Handlung bezeichnet, die den Problemzustand Z_n in den Problemzustand Z_n+1 transformiert. Die Aneinanderreihung von Einzelsequenzen aus bekannten Operatoren führt zur Lösung des Gesamtproblems.

Hätte z.B. der Versuchsaffe von KÖHLER immer wieder dasselbe Problem gelöst, dann hätte dieser mit der Zeit die Einzelsequenzen zu einem einzigen Operator zusammengefasst, und man könnte nicht mehr von einer kreativen Problemlösung, sondern lediglich vom Abarbeiten einer gelernten Prozedur sprechen. Im Sinne der Definition von DÖRNER (1976) handelt es sich um die Lösung einer Aufgabe (nicht eines Problems).

Als Beispiel für die Anwendung von prozeduralem Wissen soll folgendes Problem aus der Wärmelehre dienen: Was ist der Unterschied zwischen einem Eisblock mit einer Temperatur von –5 °C und einem Eisblock mit einer Temperatur von –30 °C. Um dieses Problem zu lösen ist es günstig das Konzept „Teilchenmodell" anzuwenden.

Nach ANDERSON würde der Problemlöseprozess folgendermaßen ablaufen:

- 1. Zielgerichtetheit. In unserem Beispiel: Unterschiede zwischen den Eisblöcken zu finden (setzt voraus, dass überhaupt Unterschiede erkannt werden (siehe Kapitel 5.3).
- 2. Zerlegung in Teilziele. In unserem Beispiel: a) Die Eisblöcke in das Teilchenmodell überführen (und eventuell mit einer Hilfsskizze bildlich darstellen), b) die Ursache für den Unterschied in der Temperatur (Energieniveau) finden, c) qualitative Unterschiede feststellen (unterschiedliche „Schwirrbewegung" der Teilchen, usw.)
- 3. Anwendung von Operatoren. In unserem Beispiel: Für die Lernenden ist es sinnvoll, das Gesamtziel (Erklärung der Unterschiede) in Teilziele (Punkt a) b) c) wie zuvor) zu zerlegen, weil sie Operatoren kennen (sollten), mit denen sie jeweils die Teilziele erreichen (z.B. den Aufbau der Materie als Teilchenmodell darstellen, Temperatur als Maß für den Energiezustand erkennen usw.). Durch schrittweise Abarbeitung der einzelnen Operationen können sie dann das Gesamtziel (Erklärung der Unterschiede) erreichen.

3.5 Unsicheres Wissen

In allen bisher besprochenen Repräsentationen wird Wissen immer in Form von *eindeutigen* Fakten, Regeln, Bedingungen oder Abbildungen gespeichert.

Oft ist es aber *nicht* möglich, eindeutige Aussagen über die reale Welt zu treffen oder einen strikten Zusammenhang zwischen einer Bedingung und deren Schlussfolgerung herzustellen. Dann können Aussagen und Schlussfolgerungen nur mit einer bestimmten Unsicherheit (uncertainty) getroffen werden.

Eine Möglichkeit, **Unsicherheit** darzustellen, ist die Angabe einer **Wahrscheinlichkeit** p(x) – mit der die jeweiligen Aussagen und Schlussfolgerungen zutreffen.

Nach GOTTLOB (1990) können Gründe für die Unsicherheit von Information sein:

- Inhärente (interne) Unsicherheit der Information (Toleranzen usw.),
- Unvollständigkeit der Information (fehlende Informationen werden durch Annahmen ersetzt → alle Schlussfolgerungen, die auf dieser Annahme basieren, sind unsicher.
- Unsicherheit von Schlussfolgerungen: Es kann kein strikter Zusammenhang zwischen Bedingung und Schlussfolgerung hergestellt werden, z.B.: „Wenn der Patient mehr als x °C Fieber hat, dann ist er mit der Wahrscheinlichkeit von p(x) = 0,7 an Grippe erkrankt."

p(x) = 0 ist ein unmögliches Ereignis; p(x) = 1 ist ein sicheres Ereignis

- Zusammenfassung von Informationen aus mehreren Quellen; widersprechen sich z.B. die Aussagen von zwei Experten, so erhöht das die Unsicherheit dieser Aussagen.

Unsicherheiten können auf zwei Arten dargestellt werden:

- **Symbolisch:** Dabei wird der Grad der Unsicherheit durch Elemente aus einer vorgegebenen Menge von Symbolen ausgedrückt, z.B. durch Begriffe wie „meistens", „beinahe", „immer" usw. Bei dieser Methode ist es aber schwierig, die Fortpflanzung der Unsicherheit beim Schlussfolgern zu berücksichtigen.
- **Numerisch:** Dabei wird die Unsicherheit durch Zuordnung von einem oder mehreren Zahlenwerten, z.B. der Wahrscheinlichkeit, ausgedrückt. Für die Darstellung der Fortpflanzung einer Unsicherheit gibt es mathematische Formalismen. Jedoch ist es oft überhaupt nicht möglich, einer Aussage oder Schlussfolgerung einen exakten Wahrscheinlichkeitswert zuzuordnen.

4 Wissensorganisation im Gedächtnis

4.1 Assoziationstheorie

Eine assoziative Arbeitsweise des menschlichen Gedächtnisses wurde schon früh angenommen. Bereits ARISTOTELES formulierte, dass der Lauf unserer Erinnerung bestimmt wird ...

„ ... von Ähnlichem oder Gegenteiligem oder von dem, was nah zusammen ist: durch all das entsteht Erinnerung [STRUBE, 1984, S. 34].“

In einem von GALTON (1880) durchgeführten Assoziationsexperiment wurde erstmals versucht, das Assoziationsverhalten von Menschen systematisch zu erfassen. Hierzu mussten Versuchspersonen auf ein einzelnes vorgegebenes Wort mit einem anderen Wort antworten – das ihnen zuerst einfiel.

Auf diese Weise ergaben sich systematische Tabellen mit Häufigkeiten, mit denen verschiedene assoziative Antworten auf bestimmte vorgegebene Stimuluswörter gegeben wurden. Solche Tabellen werden auch als Assoziationsnormen bezeichnet.

Der Physiologe DAVID HARTLEY (1749) meinte, dass sich eine Vielzahl vermuteter **Assoziationsgesetze** auf ein einziges reduzieren lässt, namentlich auf das Assoziationsgesetz durch **zeitliche Kontiguität.** Auch MILL (1869) war bereits der Auffassung, dass sich die Verknüpfung einander ähnelnder Objekte auf das Kontiguitätsprinzip zurückführen lässt: Ähnliche Objekte würden häufig gleichzeitig oder in unmittelbarer Folge wahrgenommen.

Kontiguität = Zusammentreffen von Reiz und Reaktion

Etwas später wurde das Kontiguitätsprinzip von WILLIAM JAMES (1890) sehr klar formuliert:

„Objects once experienced together tend to become associated in the imagination, so that when any one of them is thought of, the others are likely to be thought of also, in the same order of sequence or coexistence as before. This statement we may name the law of mental association by contiguity [JAMES, 1890, S. 561].“

In der heutigen Kognitionswissenschaft wird jedoch überwiegend die Ansicht vertreten, dass das Kontiguitätsgesetz *allein* nicht ausreicht, um die in Assoziationsversuchen ermittelten Wortassoziationen zu erklären.

Nach CLARK (1970) sind freie Assoziationen das Ergebnis von symbolischen informationsverarbeitenden Prozessen.

Beispielsweise wird ein Stimuluswort zunächst semantisch encodiert (verschlüsselt) und darauf durch semantische Transformationen eine assoziative Antwort abgeleitet.

Da Assoziationsgesetze für das Design von Multimedia-Systemen wichtig sind, werden diese in Band 3 im Verlauf der Gestaltgesetze besprochen.

4.2 Semantische Netzwerke

Ein semantisches Netzwerk (semantic network) stellt nach STRUBE (1996) eine Art der Wissensrepräsentation dar, in der semantische Beziehungen von Bedeutungsinhalten modelliert werden. Dabei werden Bedeutungen grundsätzlich als **kognitive Einheiten** verbunden. Diese kognitiven Einheiten werden zu semantischen **Nodes** (Knoten) zusammengefasst und sind untereinander durch Relationen, den **Links** (Kanten), netzwerkartig verbunden und diese werden mittels **Link-Labels** beschrieben

Bild 2.9 Ein semantisches Netzwerk besteht aus Nodes, Links und Link-Labels

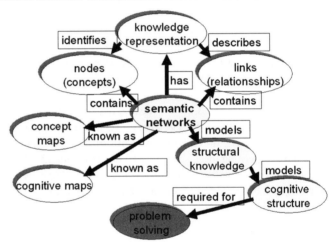

Dabei nimmt KINTSCH (1988) in seinem Modell nur zwei Arten von Relationen an, die in ihrer Stärke jeweils variabel sind:

- positve Relationen (assoziative) und
- negative Relationen (hemmende).

Semantische Netzwerke werden auch als **Attribut-Wert-Strukturen** bezeichnet, die in Form von Listen (vgl. Programmiersprache LISP) geschrieben werden. Beispiel: E-Heizlüfter := ((is-a Elektroheizung) (is-a Wärmequelle) (has-part (Heizkörper, Schalter, Thermostat, ...)).

Derartige Strukturen können – bei diskreten Werten – direkt in Graphen übergeführt werden.

> Semantische Netze stellen **gerichtete Graphen** (Bild 2.9 und Bild 2.10) dar, die aus Nodes, Links und Link Labels bestehen.

Diese Begriffe sind nach WINSTON (1993) folgendermaßen definiert:

- **Node** beschreibt ein Objekt der realen Welt.
- **Link** stellt die Beziehung zwischen zwei Nodes dar.
- **Link Labels** beschreibt die Art der Beziehung, die mit einem Link ausgedrückt wird.

Bild 2.10 Beispiel für einen gerichteten Graphen in graphentheoretischer Darstellung

Anhand semantischer Netze werden Algorithmen erklärt, die in der Wissensverarbeitung häufig angewandt werden. Dazu gehören vor allem Algorithmen zur Suche in Graphen und zur Behandlung von Spielbäumen.

4.2.1 Kategorie

In weiterer Folge wurde innerhalb der Kognitionswissenschaft immer deutlicher, dass semantische Netzwerke allein nicht ausreichend sind, um das konzeptuelle Wissen, z.B. das Wissen über Klassen von Sachverhalten, abzubilden. Nach QUILLIAN (1966) speichern Menschen Informationen in hierarchisch aufgebauten Kategorien.

> Unter **Kategorie** wird allgemein ein Satz von Objekten verstanden, die ein oder mehrere Charakteristika gemeinsam haben. Ein einzelnes Wissensobjekt wird im Kategorisierungsprozess einer bestimmten Kategorie zugeordnet.

Alle Kategorienmitglieder haben mehr oder weniger viele charakteristische Merkmale gemeinsam, sie werden demnach durch so genannte Familienähnlichkeitsbeziehungen zusammengehalten.

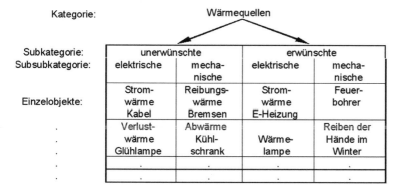

Kategorie:		Wärmequellen		
Subkategorie: Subsubkategorie:	unerwünschte		erwünschte	
	elektrische	mechanische	elektrische	mechanische
Einzelobjekte:	Stromwärme Kabel	Reibungswärme Bremsen	Stromwärme E-Heizung	Feuerbohrer
.	Verlustwärme Glühlampe	Abwärme Kühlschrank	Wärmelampe	Reiben der Hände im Winter
.	.	.	.	.
.	.	.	.	.

Bild 2.11 Kategorien bestehen aus unterschiedlichen Hierarchien (Ebenen)

69

Das Kategorisieren ist ein wesentlicher Teilaspekt des Verstehens, weil es zur Informationsreduktion und damit zur Vereinfachung der überwältigenden Fülle an Information beiträgt.

Ein anschauliches Beispiel einer Kategorisierung aus dem Bereich der Psychophysik (siehe Band 1) stellt der menschliche Sehapparat dar: Der menschliche Sehapparat ist in der Lage, viele Millionen von Farbnuancen zu unterscheiden. Aber es existieren nur einige hundert Farbbezeichnungen, und der Durchschnittsmensch verwendet im täglichen Leben überhaupt nur etwa 10 bis 20 verschiedene Farbnamen (hellrot, scharlachrot, usw.).

Reduzierung von Komplexität durch Kategorisierung

Kategorisierung als Grundprinzip der Reduzierung von Komplexität ist in unserer Informationsgesellschaft besonders wichtig. Die enorme Zahl an Einzeldingen kann unter Kategorien subsumiert (untergeordnet) werden. Das geschieht dadurch, dass konkrete Objekte mit dem gespeicherten Wissen verglichen werden. Der Vergleich erfolgt mit so genannten Prototypen.

Nach ROSCH & LLOYD (1978) wird angenommen, dass die einer Kategorie zugeordneten Einzelobjekte sich in der Art untereinander unterscheiden lassen, in deren Maß diese Einzelobjekte für die gesamte Kategorie typisch (also „prototypisch") erscheinen.

Prototypen entstehen durch Integration von merkmalsbasierten Beschreibungen von allen Kategorienmitgliedern. Dabei beeinflussen häufiger vorkommende Merkmale bzw. Merkmalskombinationen die Repräsentation von Prototypen stärker als weniger häufige. Das führt schließlich dazu, dass während des Kategorisierens typischere Objekte schneller kategorisiert werden als weniger typische.

Ein **Prototyp** ist ein (momentan) bester Repräsentant einer Kategorie, weil er alle wesentlichen charakteristischen Merkmale für diese Kategorie besitzt.

Verschiedene Vertreter einer Kategorie unterscheiden sich mehr oder weniger in ihrer Prototypikalität. Im Fall der Wärmelehre beispielsweise besitzt eine Herdplatte sicher mehr Prototypikalität für die Kategorie Wärmequellen, der sie angehört, als beispielsweise eine Glühlampe.

Kategorien mit unscharfen, verschwommenen, unklar oder schwer definierbaren Grenzen werden nach ZADEH (1984) **Fuzzy Sets** genannt.

Als wichtiges Merkmal einer Kategorie nennt ANDERSON (1996) die Tatsache, dass **vorhersagbare Information** über einzelne Exemplare der Kategorie gespeichert ist. Wenn jemand z.B. das Wort „Wärmequellen" erwähnt, dann hat man schon eine ungefähre Vorstellung von dieser Wärmequelle. Die bloße Auflistung der Kennzeichen der Einzelobjekte innerhalb einer Kategorie sagt aber noch nichts über die Beziehungsstruktur zwischen diesen Einzelobjekten. Konzepte der Art „Wärmequellen" sind lediglich durch eine Anordnung von Merkmalen und Einzelobjekten definiert.

Aus diesem Grund hat sich in der Kognitionswissenschaft eine noch bessere Art und Weise durchgesetzt, um konzeptuelles Wissen zu repräsentieren: das Schema, das im Folgenden vorgestellt wird.

4.2.2 Schema

Die Bezeichnung „Schema" entstammt ursprünglich aus einer Studie zum „Erinnern" von BARTLETT aus dem Jahre 1932. Schemata spielen eine wichtige Rolle bei der sozialen Wahrnehmung, beim Textverstehen, beim begrifflichen und schlußfolgernden Denken und beim Problemlösen.

> Unter Schema wird nach ANDERSON (1996) eine **kognitive Struktur** verstanden, in der kategoriales Wissen einer Person über einen Sachverhalt gespeichert ist.

Beispielsweise hat man eine gewisse Vorstellung, ein Wissen bzw. ein Schema von einem Auto. Dieses Schema enthält die funktional wichtigsten Merkmale der Kategorie Auto und die Beziehung, die zwischen diesen Merkmalen besteht. Sobald eine Person ein Wissen in Form eines Schemas über einen Sachverhalt hat, kann diese die konzeptgesteuerte Informationsverarbeitung anwenden. Hat die Person z.B. ein Objekt als Auto identifiziert und hat sie auch das gespeicherte Wissen in Form eines Schemas, dann kann die Person sofort sagen, dass das Auto in der Regel vier Räder, ein Lenkrad, Bremsen usw. haben muss und (im Betrieb) Energie verbrauchen wird.

konzeptgesteuerte Informationsverarbeitung

ANDERSON (1996) nennt Leerstellen in dieser Struktur **„Slots"**. In diese werden die Ausprägungen – die die einzelnen Exemplare einer Kategorie auf verschiedenen Attributen besitzen – eingesetzt.

BRANSFORD & JOHNSON führten 1973 einen Versuch durch, der sehr eindrucksvoll zeigte, wie Schemata arbeiten. Bei diesem Versuch wurden die Probanden (Versuchspersonen, Vpn) gebeten, folgenden Text durchzulesen und sich davon *so viel wie möglich* zu merken:

„Der Vorgang ist eigentlich ganz einfach. Zuerst unterteilen Sie die Dinge in mehrere Gruppen. Natürlich kann auch ein Stapel genügen – das kommt darauf an, wie viel zu tun ist. Wenn Sie wegen fehlender Möglichkeiten woanders hingehen müssen, dann ist das der nächste Schritt, ansonsten kann es losgehen. Es ist wichtig, nicht zu übertreiben. Das heißt, es ist besser, zu wenige Dinge auf einmal zu tun als zu viele. Das mag zunächst

nicht besonders wichtig erscheinen, aber es können leicht Komplikationen entstehen. Ein Fehler kann viel Geld kosten. Am Anfang erscheint der ganze Vorgang kompliziert. Aber bald ist er einfach ein Teil des Lebens. Es ist schwer vorauszusehen, ob diese Aufgabe in der nächsten Zukunft überflüssig sein wird. Wenn der Vorgang zu Ende ist, muss man das Material wieder in verschiedenen Gruppen anordnen. Dann kann man sie auf ihre Plätze legen. Später werden sie wieder verwendet, und der ganze Kreislauf muss wiederholt werden. Es ist eben ein Teil des Lebens [HERKNER, 1991, S.169].“

Das Problem bei diesem Text ist, dass sich die meisten Leser sehr wenig davon merken und kaum etwas verstehen. Aber es handelt sich nicht um einen komplizierten Vorgang aus der Physik, sondern um den bekannten alltäglichen Vorgang des ... Wäschewaschens!

Für jene Versuchspersonen von BRANSFORD & JOHNSON, die das passende Schema „Wäschewaschen" aktiviert hatten, war der Text natürlich gut verständlich und leicht merkbar.

Die Leserinnen und Leser sollten versuchen, den Absatz jetzt nochmal zu lesen.

Schemata leiten eine konzeptgesteuerte Informationsverarbeitung ein.

In dem Moment, in dem wir erfahren, dass der zitierte Text vom „Wäschewaschen" handelt, sind wir in der Lage, Schlussfolgerungen sogar über die gegebenen Informationen hinaus zu ziehen.

Schemata bestimmen, wie gut etwas verstanden wird. Schemarelevante Informationen werden wesentlich *besser* behalten als schemairrelevante. Sowohl schemakonsistente (d.h. mit dem augenblicklich aktivierten Schema übereinstimmende) als auch schemainkonsistente (d.h. dem augenblicklich aktivierten Schema widersprechende) Informationen werden besser behalten werden.

Bei dieser Art der Informationsverarbeitung treten aber auch Fehlermöglichkeiten auf: Schemata wecken nämlich bestimmte Erwartungen, auf deren Basis die Personen dann Schlussfolgerungen ziehen. So kann ein falsches Schema aktiviert werden oder neues Material wird „dazu erfunden".

RUMELHART (1980) verwendet ebenfalls die Vorstellung, dass Schemata eine Art von Leerstellen enthalten, die erst durch konkrete, aber passende Informationen – aus Schlußfolgerungen – gefüllt werden müssen.

Ein letztes Beispiel von Collins, Brown & Larkin soll das verdeutlichen:

„Er legte 5 Dollar an der Kasse hin. Sie wollte ihm 2,5 Dollar geben, er weigerte sich aber, sie zu nehmen. Deshalb kaufte sie ihm, als sie hineingingen, eine große Tüte Popcorn [Herkner, 1991, S. 170].“

Wird das falsche Schema aktiviert, dann erscheint der Text sehr widersprüchlich. Erst wenn man weiß, dass „sie" *nicht* die Kassendame, sondern seine Freundin ist, wird der Text klar und unmissverständlich.

Nach diesen Beispielen wird sehr deutlich, wie wichtig in Lernprozessen ein systematisch aufbauendes Wissen ist, und was bei „falschen Vorstellungen" alles schief gehen kann.

Bower, Clark, Winzenz & Lesgold (1969) wiesen beispielsweise nach, dass bei **systematischer Einordnung** von Begriffen in hierarchische Begriffsgruppen die Erinnerungsleistungen wesentlich verbessert werden.

4.3 Frames und Slots

Die Wissensrepräsentation mit Hilfe von Frames stellt eine **objektorientierte Wissensrepräsentation** dar und basiert auf den Arbeiten von Anderson. Diese Theorie zeigt die Ähnlichkeiten zwischen menschlichem Gedächtnis und wissensbasierenden Informationssystemen.

„Frame" = eine besondere Datenstruktur für die begriffliche Repräsentation von Objekten in Modellen künstlicher Intelligenz

> Objekte der realen Welt werden durch Frames dargestellt. Die Eigenschaften des Objekts werden in den Frames in so genannten Slots (Leerstellen) gespeichert.

Der Tatsache, dass es in der realen Welt mehrere unterschiedliche Objekte eines Objekttyps gibt, wird mit Hilfe von **generischen Frames** und deren Instanzen Rechnung getragen.

Ein generischer Frame hält für jedes Attribut, mit dem ein Objekt beschrieben wird, einen Slot bereit. In einer Instanz des generischen Frames wird nun jedem Slot – entsprechend für das Attribut für das er steht – ein Wert zugeordnet.

Bild 2.12 zeigt den generischen Frame des Objekttyps Kind und eine Instanz, die das spezielle Kind „Katharina" beschreibt.

Die Beziehung zwischen einem generischen Frame und einer Instanz wird mit Hilfe des „is-a"-Slot hergestellt. Im Beispiel ist im „is-a"-Slot gespeichert, dass es sich bei Katharina um ein Kind handelt. In den übrigen Slots sind jeweils Werte zu den Attributen gespeichert.

Bild 2.12 Ein generischer Frame und seine Instanz; AKO ist die Abkürzung für „a kind of" = „eine Art von"

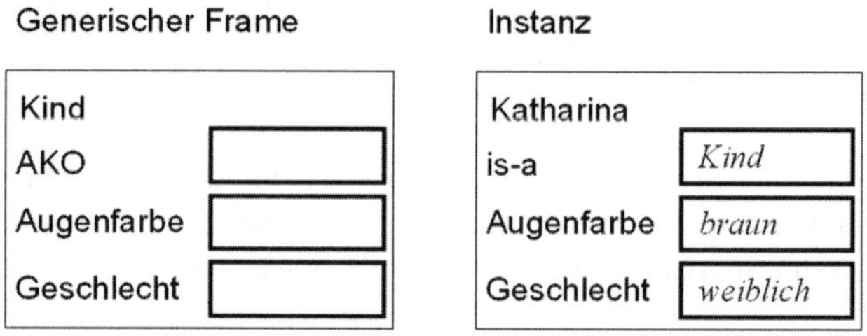

Generischer Frame			Instanz	
Kind			Katharina	
AKO			is-a	*Kind*
Augenfarbe			Augenfarbe	*braun*
Geschlecht			Geschlecht	*weiblich*

In einem generischen Frame wird zu einem Slot nicht nur das Attribut gespeichert, für das der Slot steht, sondern auch zusätzliche Informationen und Programme. Nach PUPPE (1991) gehören dazu:

- **Defaultwerte** (Grundwerte), die beim Lesezugriff zurückgegeben werden, wenn kein Wert explizit zugeordnet wurde. Im Beispiel mit dem Kind wäre das für den Slot Augenfarbe der Wert „braun".
- **Bedingungen,** die der Wert erfüllen muss, z.B. männlich oder weiblich im Slot Geschlecht.
- **Prozeduren,** die beim Schreib-, Lese- oder Löschzugriff auf den Slotwert ausgeführt werden.

Dadurch wird erreicht, dass Wissen nicht nur passiv gespeichert wird. Es wird möglich bei jedem Zugriff auf Slots Schlüsse zu ziehen und andere Frames zu modifizieren. Somit ist es möglich, die Wissensbasis auf einfache Art konsistent (widerspruchsfrei) zu halten.

Die Stärke des Framekonzepts ist die **Vererbung.** Ein generischer Frame kann Slots an einen anderen generischen Frame vererben. Diese Beziehung wird mit Hilfe des AKO-Slots dargestellt. AKO steht für „a kind of". Im erbenden Frame ist im AKO-Slot vermerkt, *von welchem* Frame er Slots erbt.

4.4 Skript

Ein Skript ist eine generische Wissensstruktur, die der Repräsentation komplexer Ereignistypen dient. Im Unterschied zu Schemata repräsentieren Skripts drehbuchartige **Handlungspläne** für das Verhalten in Alltagssituationen wie beispielsweise das Ausleihen eines Buches aus der Bibliothek, Essen in einem Restaurant usw.

Die Struktur von Skripts besteht ähnlich der von Schemata aus mehreren Komponenten:

- Skriptnamen,
- Skriptheader,
- prototypischer Aktionsabfolge und
- Slots.

Der Skriptheader spezifiziert die Bedingungen, wann das Skript aktiviert wird. Die prototypische **Aktionsabfolge** (chain of actions) legt die Sequenz der Einzelaktionen fest. Die Slots können in einer jeweiligen Episode von verschiedensten Objekten belegt werden. Die Slots werden oft durch **Voreinstellungen** (default values) und **Restriktionen** (constraints) belegt.

4.5 Handlungswissen: Experten – Novizen

Handlungswissen stellt in der Modellvorstellung von RYLE, BAUMGARTNER u.a. das praktische Wissen – das Können – dar. Im Gegensatz zum theoretischen Wissen (Faktenwissen) umfasst Handlungswissen Erkennens- und Handlungsprozesse auf der Ebene von Fertigkeiten. Es ist besonders wichtig im Alltag (beispielsweise Schwimmen, Auto fahren usw.) und bei professionellen Tätigkeiten (ärztliche Diagnostik, Flugzeug steuern usw.).

Handlungswissen stützt sich auf Anwendungswissen und dieses wiederum auf Faktenwissen.

Wie Handlungswissen mit seinem überwiegenden Anteil an implizitem Wissen tatsächlich im Gedächtnis gespeichert wird, ist nicht vollständig geklärt. Einen Erklärungsansatz bietet die Theorie der **mentalen Modelle**.

Multimedia ist eine Möglichkeit, mentale Modelle besser „anzusprechen". Mit Wort, Bild, Ton, Musik, Animation und Simulation können Sachverhalte besser verarbeitet werden.

Für das Design von Multimedia-Systemen sind außerdem Überlegungen wichtig wie: Welche Modelle helfen den Lernenden und welche irritieren eher?

Nach PHIL JOHNSON-LAIRD muss zwischen verschiedenen Repräsentationsformen dieser Modelle unterschieden werden. Er selbst beschreibt die Modelle in Abhängigkeit von der Problemstellung. Somit wäre

- eine ausschließlich **analoge,**
- eine ausschließlich **propositionale** Repräsentation (jeweils vertreten in der Bildbasis beziehungsweise Textbasis) oder
- eine **Mischform** möglich.

Menschen handeln nach (von ihnen konstruierten) mentalen Modellen. Je besser die Fähigkeit zur Modellbildung und die Modelle, desto besser die Fertigkeit in der Handlung selbst. Hier treten gravierende Unterschiede zwischen **Experten** und **Novizen** (Neulinge, Anfänger) auf. Eine von BAUMGARTNER & PAYR weitverbreitete Klassifizierung sieht folgendermaßen aus:

Bild 2.13 Handlungswissen; KL = Knowledge; verändert nach Baumgartner & Payr (94), 85

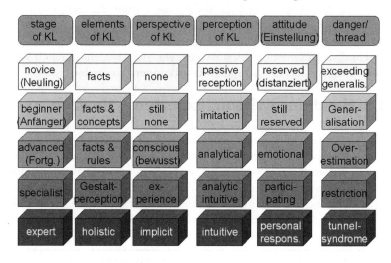

5 Problemlösen

5.1 Problemarten und Lösungsstrategien

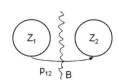

Bild 2.14 Markoff-Kette zur Darstellung eines Problemlöseprozesses

Ein Problem wird – aus der Sichtweise eines informationstheoretischen Ansatzes – durch drei Komponenten gekennzeichnet (Bild 2.14):

- ein unerwünschter Anfangszustand Z_1,
- ein erwünschter Endzustand Z_2 und
- die Barriere B, die die Transformation von Z_1 in Z_2 verhindert.

Wenn die Barriere B praktisch unerheblich für die Problemlöser ist, dann ist $p_{12} = 1$ und sie gelangen sofort vom Zustand Z_1 in den Zustand Z_2. Ist hingegen die Barriere unüberwindbar, dann ist $p_{12} = 0$ und damit das Problem unlösbar.

DÖRNER (1976) hat drei Typen von Problemen definiert:

- Interpolationsproblem mit Interpolationsbarriere,
- Syntheseproblem mit Synthesebarriere,
- dialektisches Problem mit dialektischer Barriere.

Diese Klassifikation ordnete DÖRNER den Dimensionen „Bekanntheitsgrad der Problemlösemittel" und „Klarheit der Zielkriterien" zu:

		Klarheit der Zielkriterien	
		hoch	*gering*
Bekannt-heitsgrad der Problem-lösemittel	*hoch*	Interpolationsbarriere	dialektische Barriere
	niedrig	Synthesebarriere	dialektische und Synthesebarriere

Bild 2.15 Bekanntheitsgrad der Mittel versus Klarheit der Zieldefinition

5.2 Interpolationsproblem

Beim Interpolationsproblem sind den Problemlösern die Mittel zur Veränderung vom Anfangszustand Z_1 zum erwünschten Zielzustand Z_2 bekannt (oder allgemein Z_n, mit *n* ganzzahlig, wenn Z_2 (noch) nicht der gewünschte Zielzustand ist). Die Barriere B besteht hier in der Existenz einer großen Anzahl von Problemlösungsmöglichkeiten, die nicht in hinreichender Zeit getestet werden können.

Das Schachspiel beispielsweise ist ein solches Interpolationsproblem. Die Anzahl der erlaubten Züge ist zwar endlich, aber die Spieler können selbst aus dieser endlichen Menge von Zügen auswählen. Das kann statistisch zufällig passieren, ohne Vorausplanung der Konsequenzen. Oder das schachspielende – und damit problemlösende – Individuum überlegt durch **konkrete Vorwärtsplanung**, in welchen Endzustand Z_2 sich der gegebene Anfangszustand Z_1 durch den Einsatz eines bestimmten Schachzuges transformieren lässt. Aus diesem Grund nennt STRUBE das Interpolationsproblem auch **Transformationsproblem.**

Durch die konkrete Vorwärtsplanung entsteht ein Planungsbaum. Die einzelnen Zustände Z_n dieses Planungsbaumes werden durch Operatoren (bestimmte Handlungen) verbunden.

Ist der Endzustand des Planungsbaumes mit dem erwünschten Endzustand Z_2 identisch, ist das Problem gelöst, und das Verfahren kann abgebrochen werden.

Bild 2.16 Ein Turm von Hanoi in Java [W4]

Weitere bekannte Interpolationsprobleme sind das „Kannibalen-Missionare-Problem" und der „Turm von Hanoi" (siehe On-Line Beispiel [W3] mit einer Gegenüberstellung von HTML und VRML. Einen „Turm von Hanoi" mit JAVA programmiert gibt es unter [W4]).

Bild 2.17 Das bekannte Neun-Punkte-Problem: Die neun Punkte sollen in einem Zug miteinander verbunden werden

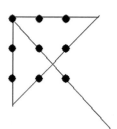

Bild 2.18 Die richtige Lösung: Ausbrechen aus dem subjektiven Problemraum

5.3 Syntheseproblem

DÖRNER (1976) spricht von einem Syntheseproblem, wenn zwar der Ausgangs- und der Zielzustand bekannt sind, aber die Mittel zur Überwindung der Barriere B unbekannt sind. Darin impliziert ist auch die Tatsache, dass zwar die richtigen Prozeduren zur Überwindung der Barriere bekannt sind, aber nicht in Betracht gezogen werden. Um die Barriere zu überwinden, müssen die Problemlöser entweder neue Mittel finden, oder sie strukturieren das Problemfeld so um, dass ihnen bekannte Prozeduren auf diese Problemsituation anwendbar sind.

Ein klassisches Beispiel für ein Syntheseproblem ist das „Neun-Punkte-Problem" (Bild 2.14): Die Schwierigkeit besteht darin, dass sich die Versuchspersonen beim Problemlösen in einem zu kleinen Suchraum bewegen. Dieser ist meistens durch die Punkte selbst begrenzt und daher kleiner als der Suchraum, in dem sich die tatsächliche Lösung befindet.

Wie an hand des „Neun-Punkte-Problems" ersichtlich, besteht die Tendenz des Menschen, neue Situationen mit gewohnten Strategien – also wie Aufgaben – lösen zu wollen. Syntheseprobleme sind aber dann und nur dann zu lösen, wenn man sich von tradierten Denkgewohnheiten und festgefahrenen Einstellungen *löst* und die Lösung im jeweils „richtigen" **Problemraum** (einem gedachten Bereich des Problems, in welchem das eigentliche Problemlösen stattfindet) sucht. Die internale Repräsentation des Problems wird durch eine Anzahl von Zuständen, Situationen, Objekten und Operatoren gekennzeichnet.

Um Syntheseprobleme erfolgreich zu lösen, ist außer Kreativität und Ideenreichtum auch Mut erforderlich, um sich auch an ungewohnte Prozeduren heranzutrauen.

DÖRNER (1976) nennt zwei Gründe für den Umstand, dass die Problemlöser oftmals einen zu kleinen **Suchraum** betrachten:

- 1. Unbekanntheit der relevanten Operatoren: Die Problemlöser kennen die Operatoren nicht, die sie zur Problemlösung benötigen würden. Mit Hilfe von Entdeckungsheurismen können sie versuchen, entsprechende Operatoren zu finden.
- 2. Fehleinstellungen bezüglich des zu lösenden Problems. Die Problemlöser haben zwar die eigentlichen Operatoren zur Lösung, wissen dies aber nicht. Mit Hilfe von Umstrukturierungsheurismen können sie versuchen, entsprechende Operatoren zu finden.

Ein **Problemsuchraum** kann in drei Teilbereiche unterteilt werden:

- Suchraum, der **in Betracht** gezogen wird,
- Suchraum, der für **irrelevant** gehalten wird, und
- Suchraum, der **noch unbekannt** ist.

Das Denken in Analogien und Modellen bezeichnet DÖRNER *(1976) als via regia der Suchraumerweiterung. Als einen der ersten Anwender dieser Art nennt er* ARCHIMEDES VON SYRAKUS *(285 – 212 v. Chr.), der das Problem der Bestimmung des Volumens einer goldenen Krone in der Badewanne fand, nachdem Wasser aus der vollgefüllten Wanne überfloss. In diesem Fall analogisierte sich* ARCHIMEDES *mit der Krone.*

Heureka!

5.4 Dialektisches Problem

Bei diesem Problemtyp herrscht nur Klarheit über den Anfangszustand Z_1. Die Operationen zur Erreichung des Endzustandes Z_2 sind genauso wenig bekannt wie der eigentliche Endzustand. Mit dem Begriff der dialektischen Barriere wird auf das dialektische Prinzip des Lösungsprozesses hingewiesen. Die Lösung wird dabei in einem iterativen (wiederholenden) Prozess sukzessive (schrittweise) präzisiert, überprüft und gegebenenfalls wieder abgeändert oder sogar verworfen. Einen großen Mangel stellt dabei die unscharfe Formulierung des Zielzustandes dar. Beispielsweise soll als Zielzustand Z_2 ein interessanter, zukunftssicherer Beruf angestrebt werden. Wie ist der Terminus „zukunftssicher" aber überhaupt definiert und wie stabil ist dieser Zielzustand über einen längeren Zeitraum?

Dialektik = Arbeitsmethode, die durch gegensätzliche Behauptungen (These und Antithese) Behauptungen infrage stellt und in der Synthese beider Positionen eine Erkenntnis zu gewinnen sucht

In der Praxis heißt das, dass sich die Problemlöser mit mehr oder weniger befriedigenden Ergebnissen zufrieden geben und die Lösungsiteration irgendwo abbrechen (Satisficing-Strategie).

Bild 2.19 Ein möglicher Heurismus zur Lösung dialektischer Probleme

6 Wissensverarbeitung

Klassische Informationsverarbeitung, früher EDV (elektronische Datenverarbeitung)

Für den Umgang mit qualitativ komplexen und quantitativ umfangreichen Strukturen ist die klassische Informationsverarbeitung meistens nicht mehr ausreichend. Immer steigendere Anforderungen des Wissensmanagements benötigen eine systematische Vorgehensweise beim Entwurf neuer Techniken. Zahlreiche Werkzeuge stehen den Wissensingenieuren derzeit bei ihrer Arbeit zur Verfügung. Aber erst durch die Kombination der Vorteile der einzelnen Verfahren und deren gezielte Anwendung auf unterschiedliche Problemstellungen macht eine Modellierung intelligenter Prozesse möglich.

6.1 Wissensspeicher

Wissensspeicher stellen das zentrale Glied in der Verbindung zwischen dem Informationssystem und den Benutzern dar. Wissensspeicher müssen allen Benutzern, egal ob Mensch oder Maschine, das jeweils gewünschte Wissen zur Verfügung zu stellen. Dabei haben natürlich Menschen und Maschinen unterschiedliche Möglichkeiten und Anforderungen, was die Suche und die Darstellung des geforderten Wissens betrifft.

Eine Möglichkeit, Wissensspeicher zu unterscheiden, ist nach der Art ihres Zugangs. Beim Internet oder bei Datenbanken erfolgt der Zugang elektronisch, bei Bibliotheken beispielsweise durch direkte Entlehnung eines Buches usw.

Da früher Menschen die einzigen „Systeme" waren, die Wissen verarbeitet haben, sind bis heute die meisten Dokumente in einer für den Menschen lesbaren Form gespeichert. Durch das Aufkommen elektronischer Wissensverarbeitung wird es aber notwendig, die Anforderungen und Fähigkeiten von Computern bei der Wissensspeicherung zu berücksichtigen.

Erschließung von Dokumenten über Metadaten

Es genügt nicht, Dokumente nur in elektronischer Form abzuspeichern, sondern es müssen auch Informationen gespeichert werden, die eine automatisierte Verarbeitung und Erschließung der Dokumente ermöglichen. Diese Tatsache wird bis jetzt im World Wide Web zu wenig berücksichtigt.

ORA LASSILA (1998) fasst dies in folgender Aussage zusammen:

„The Web was built for human consumption, and although everything on the Web is machine-readable, it is not machine-understandable. This makes it very hard to automate anything on the Web and because of the sheer volume of information impossible to manage manually. "

Zusätzlich zum eigentlichen Text gespeicherte Informationen werden Metadaten genannt.

Damit sind nicht mehr alle Symbole gleichwertig und eine Suche nach bestimmten Attributen wird möglich. Ein Beispiel für die Speicherung von Metadaten sind klassische Bibliothekskataloge. Durch sie wird es möglich, nach bestimmten Attributen im Bibliotheksbestand zu suchen. Auch beim Internet geht der Trend dazu, zusätzlich in den Dokumenten Metadaten abzuspeichern.

Mit der Hyper-Text-Markup-Language (HTML – siehe Band 1 und 3) erfolgt das mit Hilfe der **Meta-Tags**, bei Hyperwave mit Hilfe der **Attribute**.

Um zu allen Webressourcen Metadaten speichern zu können, hat das W3C2.13 das Resource Description Framework (RDF) ausgearbeitet.

RDF = Ressource Description Framework

Eine Anwendung für Metadaten stellt das Projekt der IEEE **Learning Object Metadata (LOM)** Workinggroup dar. Ziel der LOM-Arbeitsgruppe ist es, einen Standard zu schaffen, um elektronisch unterstützte Unterrichtsmaterialien und Software mit Metadaten zu beschreiben. Dabei wird Augenmerk darauf gelegt, mit einer minimalen Anzahl von Attributen die Unterrichtsmaterialien „managebar", wiederauffindbar und evaluierbar zu machen. In LOM werden nicht nur bibliographische Daten wie Autor, Titel, Sprache usw. gespeichert, sondern auch **pädagogische Attribute** wie Art der Interaktion, die Lernmethode, das Leistungsniveau, das erforderliche Vorwissen usw. Erst die ausführliche Beschreibung der Unterrichtsmaterialien mit Metadaten ermöglicht es den Lehrenden als auch den Lernenden die passenden Unterrichtsmaterialien aufzufinden, zu beurteilen und somit effektiv einzusetzen. Darüber hinaus wird es möglich, mit der Hilfe von **Software-Agenten** automatisiert und dynamisch individuelle Lerneinheiten erstellen zu lassen (siehe z.B. [W5]).

Um jedoch das gesamte in einem Dokument gespeicherte Wissen einem Computer zugänglich zu machen, muss auf spezielle Arten der künstlichen Intelligenz zurückgegriffen werden.

Diese sind für den Menschen nur mit speziellen Hilfsprogrammen lesbar.

Aufgrund der vorangegangenen Überlegungen können folgende Arten von Wissensspeichern unterschieden werden:

* Human readable – non digital (nicht digital verfügbar): alle analogen Speicher, wie Papier, Fotos, Tonbänder, Filme, Videos usw.
* Human readable – digital: digitalisierte Texte, Bilder, Audio-CDs, usw.
* Human readable – aus elementaren Symbolen: Die Dokumente sind in ihren elementaren Symbolen digital gespeichert, z.B. ASCII-Text, MIDI oder Vektorgrafik (siehe Band 1),

- Human readable – mit Metadaten: Zusätzlich zum Text sind noch weitere Informationen gespeichert, wie Autor, Erstellungsdatum usw.
- Machine understandable: Wissensspeicher, wie sie beispielsweise in der künstlichen Intelligenz verwendet werden.

Die beiden letzten Speicherarten haben in der Wissensverarbeitung die größte Bedeutung. So wird z.B. durch die Speicherung von Metadaten die effektive Suche mit **intelligenten Software Agenten** ermöglicht.

Das Internet ist der bisher größte Wissensspeicher der Menschheit

Das Internet stellt den zur Zeit am größten, am schnellsten wachsenden und umfassendsten Wissensspeicher dar.

6.2 Wissensfindung

6.2.1 Internet-Suche

Die Dokumente, die auf einzelnen Web-Servern gespeichert sind, werden ständig ergänzt, verändert, verschoben und wieder gelöscht. Es existiert *keine* „zentrale Instanz", die diese laufenden Veränderungen registriert. Gerade diese Tatsachen machen es unmöglich, manuell einen Katalog – ähnlich einem Online-Katalog bei Bibliotheken – zu erstellen. Da es manuell nicht möglich ist, das gespeicherte Wissen durch eine Suchhilfe zu erschließen, muß diese automatisiert mit der Hilfe von Computern erzeugt werden. Rechner die eine solche Suchhilfe erstellen und diese dem Internet-Benutzer zur Verfügung stellen, werden als Suchdienste bezeichnet und lassen sich nach NEUSSL (1998) in drei Arten einteilen:

- singuläre Suchdienste,
- Indexsuchdienste mit vollautomatischer Auffindung,
- Suchdienste mit Volltext- und reduzierter Volltextindexsuche.

Einige Beispiele von Suchdiensten sind in den Links im Modulanhang – und auf den begleitenden Webseiten – zu finden.

Bei **singulären Suchdiensten** werden zwei Arten unterschieden:

- indexierende und
- klassifizierende Suchdienste.

Die **indexierenden Suchmaschinen** bedienen sich der Hilfe eines so genannten **Web-Crawlers.** Das ist ein Programm, das jeder (dem System bekannten) Internet-Adresse folgt. Dann wird die Seite geladen und der darin enthaltene Text **volltextindexiert**. Dann wird nach weiteren Internet-Adressen gesucht.

Auf diese Weise erstellt die Suchmaschine einen **Index** der von ihr durchsuchten Seiten. Manche Suchdienste berücksichtigen dabei auch Metadaten und Strukurinformationen, die in den HTML-Seiten enthalten sind. Bei einer Suchanfrage wird mit Hilfe des Index eine Liste mit relevanten Seiten generiert und an die Benutzer übermittelt. Beispiele für solche Suchmaschinen sind AltaVista, Hotbot usw.

Katalogdienste bauen auf eine **Klassenhierarchie** auf. Jedes neue Dokument wird durch Klassifikation einer Klasse von Dokumenten gleichen Inhalts zugeordnet. Die Suche in diesen Systemen erfolgt durch Navigation in der Klassenhierarchie. Ein Beispiel dafür ist Yahoo.

Eine Studie des NEC-Forschungsinstituts in Priston zeigt, dass jede Suchmaschine nur einen Bruchteil des vorhandenen riesigen Informationsangebots des Internets finden kann.

Um nicht mehrere Suchdienste einzeln durchsuchen zu müssen, existieren so genannte **Meta-Suchmaschinen.** Diese geben die Suchbegriffe parallel an mehrere singuläre Suchdienste weiter. Aus diesen Ergebnissen werden doppelte Treffer – Dubletten – eliminiert. Der Rest wird in einheitlicher Form an die Benutzer weitergegeben. Beispiele für solche Suchdienste sind MetaCrawler, Highway61 usw.

6.2.2 Multimedia-Suche

Die klassischen Suchdienste können Benutzern beim Auffinden gesuchter Textstellen helfen. Beim Internet handelt es sich aber um ein multimediales Medium. In den Dokumenten sind neben Text auch Bilder, Sprache, Töne, Musik, Videos, 3D-Modelle usw. enthalten. Wird z.B. nach einem Bild einer britischen Flagge gesucht, wird diese mit den vorher besprochenen Suchdiensten unter dem Begriff „Union Jack" nur dann gefunden werden, wenn der Begriff im Filenamen der Grafik explizit vorkommt (oder zumindest auf der Seite aufscheint, auf der das Bild abgebildet oder im Link-Text enthalten ist, der auf die Grafik verweist). Wünschenswert wäre also ein Suchdienst, bei der man die Suche nicht als Text eingibt, sondern skizziert, wie das gesuchte Bild aussehen soll.

Einen Ansatz zur Lösung dieses Problems stellt beispielsweise der Suchdienst WebSEEK von der Columbia-University (New York) dar. WebSEEK sendet einen Web-Crawler aus, der die Internetseiten nach Grafiken und Videos durchsucht. Aus deren Namen versucht es Informationen zum dargestellten Inhalt zu extrahieren. Anschließend überprüft WebSEEK, welche Farben in einem Bild wo vorkommen. Daraus lassen sich Rück-

Bild 2.20 WebSEEK von der Columbia University [W6]

schlüsse auf die Art des Bildes wie Grafik, Foto, Schwarzweiß- oder Graustufenbilder ziehen. Anhand dieser Informationen werden die Bilder in Klassen eingeordnet. Die Suche erfolgt nicht nach einem Suchbegriff, sondern durch Navigation durch die Klassenhierarchie. Informationen aus Videosequenzen extrahiert das Programm aus den Einzelbildern. Insgesamt hat WebSEEK mehr als 660 000 Internet-Bilder auf diese Weise indiziert.

Beispiel: Es soll nach einem Foto gesucht werden, auf dem ein weißer Elefant abgebildet ist. Zuerst wird man die Klasse „Animal", weiters die Klasse „Elephant" auswählen. WebSEEK präsentiert dann eine Auswahl an Bildern mit Elefanten. Da ein Bild eines weißen Elefanten gesucht wird, wählen wir ein Icon, auf dem eine solcher abgebildet ist. Damit wird die Suche auf Bilder eingeengt, die ein ähnliches Farbprofil haben – es werden (fast) nur mehr weiße Elefanten angezeigt. Die Benutzer können die Suche verfeinern, indem sie im Suchmuster bestimmte Farben ausschließen oder hinzufügen.

Ein leistungsfähigeres Programm zum Durchsuchen von Bild-Datenbanken stellt das Programm **Query by Image Content** (QBIC) von IBM dar. QBIC liefert bessere Suchresultate als WebSEEK, da es nicht nur die Farbverteilung beurteilt, sondern auch die Struktur nach mehreren Kriterien, wie

- **Kontrast** (etwa das Schwarzweiß von Zebrastreifen),
- **Körnigkeit** (Kieselsteine, Sand), und
- **Ausrichtung** (parallele Zaunlatten, rotationsymetrische Blütenblätter).

QBIC kann einfache Formen erkennen: Wird nach einer grünen Fläche mit einem roten Punkt gesucht, erhält man rote Blüten auf grünem Hintergrund.

All diese Programme beruhen ausschließlich auf dem Vergleich visueller Merkmale. Sie benötigen einen menschlichen Begutachter, um entscheiden zu können, ob es sich bei dem Bild um einen weißen Elefanten oder nur um ein weißes Polster (Kissen) handelt.

Ein Programm, das selbst entscheidet, ob es sich bei der Abbildung um eine nackte Person handelt oder nicht, wurde von MARGARET M. FLECK von der Universität von Iowa und DAVID A. FORSYTH von der Universität von Kalifornien in Berkeley entwickelt. Ein bearbeitetes Bild wird zunächst von einem **Skin-Filter** untersucht. Bilder, in denen *keine* hautfarbenen Elemente vorkommen, werden hier ausgeschieden. Im nächsten Schritt wird überprüft, ob die hautfarbenen Stellen der zylindrischen Form von Armen und Beinen entsprechen. Ob es sich wirklich um Extremitäten (Gliedmaßen) handelt, kontrolliert der Algorithmus durch die Suche nach weiteren solchen Formen, die in bestimmten Winkeln zu den bereits identifizierten stehen müssen. Bei Tests hat dieses System von 4854 vorgelegten Testbildern immerhin 43 Prozent richtig als nackte Personen erkannt. Im Gegentest mit 4289 Abbildungen von bekleideten Personen wurden nur 4 Prozent fälschlicherweise als nackt bewertet.

6.2.3 Informationsflut

In Bibliotheken ist nicht nur das Wissen unserer Generation gespeichert, sondern auch das Wissen *aller Generationen vor uns* – sofern dieses aufgezeichnet und nicht durch Verfall, Krieg oder Zensur vernichtet wurde. Dieses Wissen wächst – wie Kapital – mit Zins und Zinseszinsen **exponentiell.** Mehr als 90 Prozent aller Wissenschaftler, die jemals gelebt haben, leben heute.

Gerade das Internet – als modernste Methode, Wissen zu speichern und zu verbreiten – weist enorme Wachstumsraten auf. Dies ist jedoch nicht allein auf wissenschaftliche Tätigkeiten zurückzuführen, sondern beruht darauf, dass die Wirtschaft das Internet als Werbeträger und Vertriebsmöglichkeit erkannt hat.

Noch vor 300 Jahren, als z.B. GOTTFRIED WILHELM LEIBNIZ als Philosoph, Bibliothekar und Universalgelehrter tätig war, basierte der wissenschaftliche Gedankenaustausch auf direkten Briefwechsel unter den Wissenschaftlern. Die geometrische Zunahme der Zahl der Wissenschaftler und Gelehrten und ihr Interesse an einem öffentlichen Gedankenaustausch führte Ende des 17. Jahrhunderts zur Gründung der ersten wissenschaftlichen Zeitschriften [vgl. HAUFFE, 1997]. Die Anzahl dieser Zeitschriften ist bis heute auf über 900 000 Zeitschriftentiteln, die in der Deutschen Zeitschriftendatenbank erfaßt sind, angewachsen. Diese Zahlen sollen nur zeigen, welche Probleme durch die steigende Informationsmenge auf die Menschen zukommen. Manuell sind diese gewaltigen Datenmengen nicht mehr zu bewältigen – daher wird zunehmend an Techniken gearbeitet, die es erlauben, den Computer für diese Aufgaben heranzuziehen. Um das zu bewältigen, müssen sich Computer „intelligent" verhalten.

6.3 Wissensrepräsentation in Computern

Grundvoraussetzung für **intelligentes Verhalten** von Computer-Systemen ist, dass sie Wissen über ihre Umwelt besitzen. Dieses „Wissen" muss in einer für den Computer lesbaren Form gespeichert sein.

Intelligente Systeme verhalten sich so, als würden sie Wissen über ihre Umgebung besitzen und die von ihnen verursachten Veränderungen vorhersehen.

Dabei ist zu beachten, dass das Computersystem selbst Teil der Umwelt ist und dadurch auch Wissen über sich besitzen muss, um bestimmte Probleme zu lösen oder Aufgaben zu erfüllen.

> Eine Wissensrepräsentation kann als Abbildung eines Ausschnitts der realen Welt bezeichnet werden.

Diese Abbildung muss nach GOTTLOB (1990) in einer Art und Weise erfolgen, dass die darin enthaltenen Informationen automatisiert verarbeiten werden können. Das Wissen kann gespeichert sein:

- implizit im Programmcode (in der Abfolge der Befehle) oder
- explizit an bestimmten Stellen des Systems.

6.3.1 Implizites Wissen

Implizites Wissen steht im Code eines Programmes, z.B. bei der Berechnung einer bestimmten mathematischen Funktion – wie der Multiplikation zweier Matrizen. Der Algorithmus wird nicht abgearbeitet, weil das System eine Methode gesucht hat, um zwei Matrizen zu multiplizieren, sondern weil der Programmierer bzw. Software-Entwickler wusste, dass in weiterer Folge das Produkt *benötigt wird*. Deshalb wurde der entsprechende Algorithmus und der Aufruf der entsprechenden Funktion implementiert (eingebaut). Das Wissen, dass dieser Algorithmus an einer bestimmten Stelle aufgerufen werden muss, ist also direkt im Programmcode enthalten [vgl. Gottlob (1990)]:

```
/* Anweisungen vor der Matrizenmultiplikation */

...

for i := 1 to n do     /* äußere Schleife */

for j := 1 to m do   /* innere Schleife */

... /* Multiplikationsanweisungen */

 endfor;

endfor;

...

/* Anweisungen nach der Matrizenmultiplikation */
```

Auch ein Funktionsaufruf ändert nichts daran. Das Wissen ist in einem Unterprogramm versteckt, aber die Information, *wann* ein bestimmtes Unterprogramm aufgerufen werden soll, ist fix im Programm enthalten.

/* Anweisungen vor der Matrizenmultiplikation */

...

Produkt := Matrix_Mult(A, B);

...

/* Anweisungen nach der Matrizenmultiplikation */

6.3.2 Explizites Wissen

Wird Wissen explizit gespeichert, sind dem System Problemlösungsmöglichkeiten für bestimmte Aufgaben bekannt (z.B. verschiedene Möglichkeiten, die Inverse einer Matrix zu berechnen). Sie sind an einer bestimmten Stelle im System *explizit* vermerkt und werden je nach Bedarf entsprechend angewandt. Es wird zwischen deklarativem und prozeduralem Wissen unterschieden (siehe Kapitel 3.2 und 3.4).

Eine getrennte, aktive Komponente muss dann dieses Wissen verwenden, um die Lösung zu berechnen. Der Vorteil liegt in einer besseren Verständlichkeit und Lesbarkeit dieser Methode. Der Aufwand, um eine konkrete Lösung zu berechnen, ist aber entscheidend größer. Es wird Schritt für Schritt (prozedural) angegeben, wie die Aufgabe gelöst werden muss. Der Unterschied zu implizitem Wissen ist jedoch, daß der Aufruf nicht implizit im Code vermerkt ist, sondern das System selbst erkennt, daß es zur Lösung des Problems dieses Wissen benötigt.

Die explizite prozedurale Art, Wissen zu speichern, ist nicht so leicht lesbar – aber effizienter in der Abarbeitung. Systeme, die Wissen explizit speichern, werden wissensbasierte Systeme genannt.

Konventionelle Programme, die Wissen implizit speichern, erschweren es, Wissen nachträglich zu verändern. Dazu wäre ein Eingriff in den Algorithmus notwendig. Bei wissensbasierten Systemen existiert eine klare Schnittstelle zwischen anwendungsspezifischen und allgemeinem Wissen.

Die Komponente mit der allgemeinen Problemlösungsstrategie wird auch **Inferenzmaschine** genannt. Ein Vorteil dieses Konzepts ist, dass eine Problemlösungsstrategie für mehrere Anwendungsgebiete verwendet werden kann. Es muss nur die entsprechende Wissensbasis ausgetauscht werden.

Somit ist es Softwareherstellern möglich, „leere" wissensbasierte Systeme anzubieten, die erst durch eine anwendungsspezifische Wissensbasis an die eigenen Anforderungen angepasst werden.

Ein Beispiel für ein solches System ist die Expertensystemshell D3, die aus einer grafischen Benutzeroberfläche und einer Problemlösungskomponente besteht. Durch Verwendung unterschiedlicher Wissensbasen kann das System an verschiedenste Anwendungsgebiete angepasst werden.

Mit D3 wurden z.B. ein Expertensystem zur Pflanzenbestimmung, aber auch ein Service-System für Druckmaschinen entwickelt.

Bild 2.21 Unterschied zwischen konventionellen Programmen und wissensbasierten Systemen

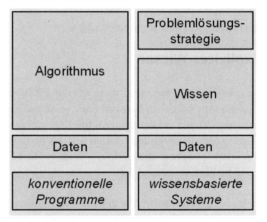

6.4 Künstliche Intelligenz

Mit dem Begriff der Künstlichen Intelligenz (KI; artificial intelligence, AI) werden Computerprojekte bezeichnet, die *versuchen* das menschliche Denken nachzuahmen. Dabei geht es zumeist um den Erwerb von Wissen oder um die Fähigkeit logischer Ableitungen. Als Teildisziplin der Informatik wurde KI von dem britischen Mathematiker ALAN TURING mitbegründet, der 1950 das erste Schachprogramm entwickelte. Der so genannte TURING-Test ist bis heute Richtschnur für KI-Projekte:

> Nach TURING besitzt eine Maschine dann künstliche Intelligenz, wenn kein Unterschied erkennbar ist zwischen einer Unterhaltung, die von einer Maschine geführt wird, und einer Unterhaltung, die ein vernunftbegabter Mensch führt.

Ziel der Forschung waren zunächst Projekte für universelle Problemlösungen wie der 1957 entwickelte „General Problem Solver (GPS)" (allgemeiner Problemlöser). Später konzentrierte sich die Disziplin auf spezielle Bereiche wie Spracherkennung und Übersetzungsprogramme, Roboter und zuletzt vor allem auf die **intelligenten Agenten**. Diese können beispielsweise zur Orientierung in der gewaltigen Informationsflut des Internet beitragen.

Mit Hilfe klassischer Programmiersprachen ist es schwer, wissensbasierte Systeme zu entwickeln. Daher wurden logische Programmiersprachen wie LISP oder PROLOG entwickelt.

LISP (List Programming) wurde in den 50er Jahren von JOHN MCCARTHY entwickelt und ist die zweitälteste noch in Verwendung stehende Programmiersprache – nur FORTRAN ist um ein Jahr älter. Zielsetzung bei der Entwicklung dieser Sprache war es, ein System zur **Symbolmanipulation** zur Verfügung zu stellen. Symbolmanipulation wurde als Schlüssel für die Entwicklung intelligenter Programme aufgefasst.

LISP ist eine **funktionale Programmiersprache** und verwendet **Listen** als Datenstruktur. Die Verarbeitung eines Programmes erfolgt durch Verarbeitung von Listen. Für LISP sind Daten und Programme äquivalent (gleichwertig) – sie werden in der gleichen Datenstruktur (in Listen) codiert.

Dieser Ansatz verhalf LISP zu einer dominierenden Stellung überall dort, wo anspruchsvolle Symbolverarbeitungsaufgaben gelöst werden mussten, für die Sprachmittel bisher bekannter Sprachen nicht ausreichten.

LISP selbst stellt jedoch direkt keine Methoden zur Verfügung, um Fakten logisch zu verknüpfen und damit auf neue Fakten zu schließen. Die für ein wissensbasiertes System notwendigen Komponenten, die Wissensbasis und die Inferenzmaschine, sind somit erst aus LISP-Konstrukten zu erstellen.

PROLOG ist eine deklarative Programmiersprache und steht für „Programming in Logic" (siehe auch Kapitel 3.2).

In PROLOG – im Gegensatz zu prozeduralen Programmiersprachen wie FORTRAN, Pascal oder C – wird nicht mehr algorithmisch der Lösungsweg angegeben, sondern nur die Bedingungen, die die Lösung des Problems erfüllen sollen.

Funktionale Sprachen wie LISP sind ebenfalls deklarativ, während aber funktionale Programmiersprachen auf Funktionen und Funktionsapplikationen beruhen, basieren logische Programmiersprachen auf Relationen und Regelanwendung.

PROLOG ist deskriptiv: Die Lösung eines Problems wird durch Regeln und Fakten beschrieben. Prozedurale Programmiersprachen sind dagegen imperativ: Die Lösung eines Problems muss in Form von Befehlsfolgen ausprogrammiert werden.

Ein Algorithmus besteht aus einer

- logischen Komponente, die das Wissen zur Problemlösung enthält, und
- einer Steuerungskomponente, die bestimmt, wie das Wissen verwendet wird, um damit Probleme zu lösen.

Mit dieser Grundidee stellt PROLOG eine Sprache dar, in der sich wissensbasierte Systeme (siehe nächstes Kapitel) entwickeln lassen.

Fuzzy logic. Der Grundgedanke der Fuzzy logic nach ZADEH ist es, eine Theorie der unscharfen Mengen zu entwickeln. Durch die unmittelbare Verknüpfung zwischen Mengenlehre und Logik ist damit auch die Theorie der unscharfen Logik verknüpft. An dieser Stelle soll nur erwähnt werden, wie in der Fuzzy logic unsicheres Wissen gespeichert wird:

In der klassischen Mengenlehre gilt für ein Objekt, dass es *entweder* Element *oder* kein Element der Menge ist. In der Fuzzy logic besitzt eine Menge keine so scharfen Grenzen. Damit ist es möglich, dass ein Element nur „zu einem bestimmten Grad" einer Menge angehört. Der Grad der Zugehörigkeit wird durch einen Wert aus dem Intervall [0,1] angegeben. Dieses Konzept erweist sich als vorteilhaft, wenn man Zuordnungen aus dem natürlichen Sprachgebrauch darstellen will.

Ein Beispiel dafür ist die Aussage: „Die Person X ist groß". Befragt man mehrere Personen, wo für sie die Grenze liegt, ab wann eine Person als groß gilt, so wird kein eindeutiger Grenzwert erhalten. Für manche beginnt groß schon bei 1,7 m – für andere erst bei 1,85 m. In der Fuzzy logic kann diese unscharfe Grenze mit der **Mitgliedsgradfunktion** ausgedrückt werden. Die Mitgliedsgradfunktion ordnet z.B. eine Person, die 1,85 m groß ist, mit dem Grad 0,8 zur Menge der großen Personen zu.

6.5 Expertensysteme

Dabei handelt es sich um Informationssysteme, die Fachwissen und Erfahrungen spezieller Fachgebiete speichern. Sie können Schlussfolgerungen aus diesem Wissen ziehen, Problemlösungen für spezifische Problemstellungen anbieten und aufgrund der vorhandenen Wissensbasis begründen. Expertensysteme heißen deshalb auch **wissensbasierte Systeme.**

Ziel eines Expertensystems ist es, aufgrund einer vorhandenen Wissensbasis Experten in ihrer Arbeit zu unterstützen. Spezialwissen und die Fähigkeit zu Schlussfolgerungen soll – in eng begrenzten Fachgebieten – nachgebildet werden.

Beispiel einer Einsatzmöglichkeit in der Medizin, mit der Problemstellung: Diagnose und Therapie einer Infektionskrankheit. Zuerst werden die Patientendaten und Krankheitssymptome eingegeben. Das Expertensystem entwickelt ein „Krankheitsprofil" nach Art, Häufigkeit und Stärke der Symptome. Das Expertensystem fordert von sich aus weitere Daten zur spezifischen Problemlösung an. Die möglichen Krankheiten werden, unter Bezugnahme auf die Wissensbasis, nach der Wahrscheinlichkeit aufgelistet.

Expertensysteme bestehen aus folgenden Komponenten:

- **Wissenserwerbskomponente** (zur erstmaligen Erstellung sowie der fortlaufenden Aktualisierung und Erweiterung der Wissensbasis),
- **Wissensbasis** (Datenbank),
- **Dialogkomponente** (im Frage-Antwort-Muster wird dem System die Problemstellung beschrieben),
- **Algorithmen** (Prozeduren und Funktionen zur Berechnung),
- **Kontrollwissen** (z.B. zur Auswahl von Lösungsmöglichkeiten),
- **Problemlösungskomponente** (mit Hilfe der Wissensbasis wird nach Lösungsmöglichkeiten gesucht),
- **Erklärungskomponente** (die gefundene Lösung wird begründet, der Lösungsweg kommentiert, Qualität und Zuverlässigkeit bewertet).

Ein Expertensystem benötigt detaillierte Einzelkenntnisse über das Fachgebiet und die Strategien, wie dieses Wissen zur Lösung eines Problems angewendet werden kann. Um ein Expertensystem zu erstellen, muss das Wissen von einem oder mehreren Experten formalisiert und im Computer repräsentiert werden.

Die Form der Wissensrepräsentation, die sich für Expertensysteme besonders eignet, ist die der logischen Wissensrepräsentation durch Regeln. Das in den Regeln gespeicherte Expertenwissen legt nur fest, was in einer bestimmten Situation getan werden soll. In welcher Reihenfolge die Regeln zu Problemlösung verwendet werden, entscheidet die Problemlösungskomponente.

Bild 2.22 Komponenten eines Expertensystems

In der zentralen Problemlösungskomponente (Inferenzmaschine) werden die aus der Problemstellung extrahierten Fakten entsprechend der Regeln verknüpft und auf neue Fakten geschlossen. Die Reihenfolge, in der dies geschieht, wird von der Inferenzmaschine selbst festgelegt. Nach Beendigung des Schlussfolgerungsprozesses werden die neu gewonnenen Fakten von der Benutzerschnittstelle aufbereitet und als Lösung des Problems dem Anwender präsentiert. Die Benutzerschnittstelle muss zwei Arten von Interaktion mit dem Expertensystem erlauben:

- Kommunikation mit den Anwendern, die nach der Lösung eines bestimmen Problems suchen, und die
- Kommunikation mit den „Knowledge Engineers", die die Wissensbasis erstellen und warten.

Der wirtschaftliche Nutzen eines Expertensystems besteht darin, Experten bei Routinetätigkeiten zu entlasten und einfache Probleme ohne den Einsatz von Experten zu lösen.

Menschliche Experten sind – gegenüber Expertensystemen – in der Lage, **intuitiv** zu handeln, zwar ohne ihre Entscheidungen begründen zu können, aber Probleme auch unter Verwendung von unvollständigem und unsicherem Wissen zu lösen.

Bei der Erstellung eines dialoggeführten Systems muss ein Modell der Benutzergruppe berücksichtigt werden, um damit festzulegen, welche Daten sinnvollerweise vom Benutzer erhoben werden können bzw. welche Art der Erklärung für die Beratung notwendig ist.

Dialoggeführte Beratungssysteme stellen den Großteil der Expertensystemanwendungen dar. Das ist darauf zurückzuführen, dass auf der Inputseite der Mensch für die Vorabverarbeitung der Daten sorgen muss, und auf der Outputseite der Expertensystementwickler die Letztenscheidung (und damit die Verantwortung) gerne dem Menschen überlässt.

Vorteile von Expertensystemen:

- **Urteilsfähigkeit.** Die Urteilsfähigkeit eines Expertensystems ist immer gleich. Expertensysteme kennen keinen Einfluss von Stress oder emotionalen Faktoren. Ermüdung und Langeweile (wie sie bei Menschen bei Überwachungsaufgaben vorkommen) treten bei Expertensystemen nicht auf. Daher ist auch ein Einsatz unter Extrembedingungen möglich.
- **Wissenstransfer.** Bei der Erstellung eines Expertensystems ist es notwendig, dass das Wissen von Experten explizit dargestellt und dokumentiert wird. Dieses Wissen kann somit auch anderen Leuten (Laien, Auszubildende) zum Lernen zu Verfügung gestellt werden. Das kann z.B. durch die Erklärungskomponente des Systems erfolgen.

- **Verbreitung.** Expertenwissen kann mit Hilfe eines Expertensystems sehr leicht verbreitet werden. Dazu ist nur das Kopieren des Systems auf einen anderen Computer nötig.
- **Kosten.** Da nur die Entwicklung eines Expertensystems größere Kosten verursacht, ein fertiges Expertensystem einfach dupliziert werden kann, ist der Einsatz von Expertensystemen billiger als die Ausbildung eines menschlichen Experten.

Nachteile von Expertensystemen:

- **Verstehen.** Die größte Schwierigkeit eines Expertensystems liegt im Verstehen des spezifischen Problems. Menschliche Experten verfügen über umfassende sensorische und verbale Fähigkeiten, um aus einer enorm großen Anzahl von Daten die problemrelevanten Angaben herauszufiltern, vorzuinterpretieren und auf ihre Glaubwürdigkeit zu testen. Expertensysteme erfordern aber eine streng formalisierte Eingabe.
- **Korrektheit.** Eine Korrektheit kann kaum überprüft werden, bestimmt aber die Qualität der Problemlösung entscheidend mit. Daher eignen sich Expertensysteme nur zum Einsatz in Gebieten, in denen die Datenerfassung wenig fehleranfällig ist und das Expertensystem selbst keine endgültigen Entscheidungen trifft, sondern nur in einen redundanten Entscheidungsprozess eingebunden ist.
- **Wissensbereich.** Der Wissensbereich des Fachbereichs ist meistens sehr eng. In diesem schmalen Bereich kann das Wissen jedoch sehr tief strukturiert sein. Um Expertensystemen nicht die letzte Entscheidung zu überlassen und ihnen somit nicht eine zu große Verantwortung zu übertragen, werden Expertensysteme häufig dazu verwendet, Lösungen von menschlichen Experten lediglich auf ihre Richtigkeit zu überprüfen.

In der Geschichte der künstlichen Intelligenz wurde der Weg von der Suche nach allgemeinen Problemlösern hin zu stark problemspezifischen Ansätzen beschritten. Es wurde erkannt, dass für unterschiedliche Problemtypen unterschiedliche Lösungsansätze notwendig sind. Expertensysteme sind die Konsequenz aus dieser Entwicklung. Ihr Ziel ist es, Probleme auf einem stark eingeschränkten Anwendungsgebiet zu lösen. Dabei können nach PUPPE (1991) folgende praktische Problemtypen unterschieden werden:

Interpretation. Ableitung einer Situationsbeschreibung aus Sensordaten. (z.B. Geologie: aus den Daten von Probebohrungen wird die Struktur der geologischen Formation ermittelt).

Diagnostik. Ableitung von Systemfehlern aus Beobachtungen und Erkennen von Ursachen (z.B. Erstellen von medizinischen Diagnosen).

Überwachung. Vergleich von Beobachtungen mit Sollwerten (z.B. Patient-

Monitoring in der Medizin: laufende Datenermittlung und Vergleich mit Sollwerten – bei Abweichung schlägt das System Alarm).

Steuerung. Vergleich von Beobachtungen mit Sollwerten und Veranlassen von Aktionen (z.B. Patient-Monitoring: ähnlich wie bei Überwachung, das System setzt aber selbst Handlungen, um kritische Zustände zu beseitigen).

Design. Konfiguration von Produkten unter bestimmten Voraussetzungen. (z.B. Chemie: Herstellung komplexer organischer Moleküle).

Planung. Entwurf einer Folge von Aktionen zum Erreichen eines Ziels. (z.B. Technik: Zusammenstellung eines Reperaturplanes bei einem Maschinenschaden). In der Produktionsplanung lassen sich dadurch die vorhandenen Ressourcen optimal einsetzen.

Vorhersage. Ableitung von möglichen Konsequenzen gegebener Situationen. (z.B. Wirtschaft: ausgehend von der derzeitigen geopolitischen Lage wird der zukünftige Bedarf an Rohöl geschätzt).

Die Entwicklung von Expertensystemen begann 1965. Nach über 10 Jahren Forschung begannen Expertensysteme an wirtschaftlicher Bedeutung zu gewinnen:

DENTRAL wurde von LINDSAY an der Stanford University entwickelt und ist ein System zur Strukturanalyse organischer Substanzen. Die zu interpretierenden Daten werden aus dem Massenspektrogramm gewonnen.

MYCIN wurde ebenfalls an der Stanford University entwickelt und ist ein System zur Diagnose und Therapie von bakteriellen Infektionskrankheiten des Blutes. In MYCIN ist das Wissen in über 450 Regeln gespeichert. Es zeichnet sich zusätzlich durch seine klare Trennung zwischen Wissensrepräsentation und Inferenzmaschine aus. Mittlerweile wurde das medizinische Wissen aus MYCIN entfernt, und die Inferenzmaschine unter dem Namen EMYCIN als Grundlage für andere Expertensysteme verwendet. EMYCIN war somit die erste **Expertensystem-Shell.**

PROSPECTOR ist ein geologisches System zur Interpretation von Messdaten aus Probebohrungen. Ziel ist es herauszufinden, ob ein bestimmtes Mineral in einer Region vorhanden ist oder nicht.

XCON war bei Digital im Einsatz und diente zur Konfiguration von VAX-Rechneranlagen. Ausgehend von der Bestellung einer Rechneranlage stellte XCON sicher, dass alle erforderlichen Komponenten vorhanden waren und sorgte für das korrekte Zusammenspiel der Komponenten inklusive der Verkabelung. XCON baute auf mehr als 2000 Regeln auf und war das erste erfolgreiche System dieser Größenordnung.

7 Modulkurzzusammenfassung

Es existiert eine Fülle unterschiedlicher Defintionen des Begriffes „Wissen": In der Informatik ist Wissen der *Inhalt* einer **Wissensbasis**, in der Psychologie ein dauerhafter *Inhalt* des Langzeitgedächtnisses, in der Kognitionswissenschaft eine Menge von *Inhalten* die zusammen mit **Inferenztechniken** (logischen Schlussfolgerungen) ein kognitives System zum **Problemlösen** (Bewältigung intelligenter Handlungen) befähigt.

Denken ist ein interpretierender Schlussfolgerungsprozess. **Können** wird oft mit **Kompetenz** verglichen. Wissen und Information sind die entscheidenden *Produktionsfaktoren* unserer Zeit. Mit Hilfe einer **Wissenslandkarte** kann Wissen in einem Unternehmen lokalisiert werden. Wissen muss von jedem Individuum *selbst* aufgebaut werden und kann *nicht* „importiert" werden.

Die verschiedenen Wissensformen können auf *drei* Arten reduziert werden: **deklaratives** Wissen (Faktenwissen, „knowing that"), **konzeptuelles** Wissen (Konzeptwissen, „knowing how") und **prozedurales** Wissen (Strategiewissen, „know-how").

In **semantischen Netzwerken** werden **kognitive Einheiten** (Bedeutungen) zu semantischen **Knoten** (nodes) zusammengefasst, durch **Kanten** (links) verbunden und durch **Link-Labels** beschrieben.

Kategorisierung ist ein wesentlicher Aspekt des Verstehens, weil es zur **Informationsreduktion** beiträgt. In einem **Schema** wird das kategoriale Wissen einer Person über einen Sachverhalt gespeichert. Im Unterschied zu Schemata repräsentieren **Skripts** drehbuchartige Handlungspläne für das Verhalten in Alltagssituationen. Multimedia ist *eine* Möglichkeit, **mentale Modelle** besser anzusprechen.

Es können *drei* Typen von Problemen unterschieden werden: **Interpolationsproblem** (z.B. Kannibalen-Missionare) mit Interpolationsbarriere, **Syntheseproblem** (z.B. Neun-Punkte-Problem) mit Synthesebarriere und **dialektisches Problem** (z.B. Verfassen eines literarischen Textes) mit dialektischer Barriere.

Dokumente, die in elektronischer Form abgespeichert werden, müssen auch **Metadaten** enthalten (Meta-Tags) um eine automatisierte Verarbeitung und Erschließung zu ermöglichen. Intelligente Systeme verhalten sich, als würden sie Wissen über ihre Umgebung besitzen. Die **Wissensrepräsentation** kann als Abbildung eines Ausschnitts der realen Welt bezeichnet werden.

8 Modulanhang

8.1 Literatur

8.1.1 Bücher

ALLMANN, WILLIAM F. (1990): *Menschliches Denken – künstliche Intelligenz (Apprentices of wonder): Von der Gehirnforschung zur nächsten Computer-Generation.* München: Droemer Knaur.

ARGYRIS, CHRIS (1997): *Wissen in Aktion: Eine Fallstudie zur lernenden Organisation.* Stuttgart: Klett-Cotta.

BALLSTAEDT, STEFFEN-PETER (1997): *Wissensvermittlung: Die Gestaltung von Lernmaterial.* Weinheim: Psychologie Verlags Union.

BAUMGARTNER, PETER (1993): *Der Hintergrund des Wissens. Vorarbeiten zu einer Kritik der programmierbaren Vernunft.* Klagenfurt: Kärntner Druck- und Verlagsgesellschaft.

BROMME, RAINER (1992): *Der Lehrer als Experte: zur Psychologie des professionellen Wissens.* Bern: Huber.

BUDER, M.; W. REHFELD; TH. SEEGER; D. STRAUCH, HRSG., (1997): *Grundlagen der praktischen Information und Dokumentation.* 4. Auflage. München et.al.: Saur.

FIEDLER, UWE; BALDEWEG, FRANK (1990): *Expertensysteme in der technischen Diagnostik.* Berlin: Verlag Technik.

GOTTLOB, GEORG; FRÜHWIRT, THOMAS; HORN, WERNER (1990): *Experten-systeme.* Wien: Springer Verlag.

HACKER, RUPERT (1992): *Bibliothekarisches Grundwissen.* 6. Auflage. München: Saur.

HEINSOHN, JOCHEN; SOCHER-AMBROSIUS, ROLF (1999): *Wissensverarbeitung: eine Einführung.* Heidelberg et.al.: Spektrum, Akademischer Verlag.

HERRMANN, JÜRGEN (1997): *Maschinelles Lernen und Wissensbasierte Systeme.* Berlin, Heidelberg, New York: Springer.

HELBIG, HERMANN (1991): *Künstliche Intelligenz und automatische Wissensverarbeitung.* Berlin: Verlag Technik.

KLUWE, RAINER (1979): *Wissen und Denken: Modelle, empirische Befunde und Perspektiven für den Unterricht.* Stuttgart, Berlin, Köln, Mainz: Kohlhammer.

MANDL, H.; SPADA, H., HRSG. (1988): *Wissenspsychologie.* München, Weinheim: Psychologie-Verlags-Union.

POLANYI, M. (1985): *Implizites Wissen*. Frankfurt a. M.: Suhrkamp.

PUPPE, FRANK; GAPPE, UTE; POECK, KARSTEN, BAMBERGER, STEFAN (1996): *Wissensbasierte Diagnose- und Informationssysteme*. Berlin, Heidelberg, New York: Springer.

SENGE, PETER M. (1996): *Die fünfte Disziplin: Kunst und Praxis der lernenden Organisation*. 2. Auflage, Stuttgart: Klett-Cotta.

STEINDORF, GERHARD (1985): *Lernen und Wissen: Theorie des Wissens und der Wissensvermittlung*. Bad Heilbrunn (Obb.): Klinkhardt.

8.1.2 Artikel

NEUMANN, OLIVER (1999): Zwischen Wissen und Information: Herausforderung Wissensmanagement. *itFokus, Magazin für Intelligent Enterprise Computing*, 2/99, 29-30.

PUPPE, FRANK (1992): Intelligente Tutorsysteme. *Informatik-Spektrum* 15/92, 195-207.

REIMANN, PETER; MÜLLER, KATJA; STARKLOFF, PHILIP (2000): Kognitiv kompatibel: Wissensmanagement: Brückenschlag zwischen Technik und Psyche. *Magazin für Computer Technik*, 4, 274-281.

SANDER-BEUERMANN, WOLFGANG (1998): Schatzsucher: Die Internet-Suchmaschinen der Zukunft. *Magazin für Computer Techik*, 13/98, 178-184.

8.1.3 Books in English

ARGYRIS, CHRIS (1996): *On Organizational Learning*. Cambridge (MA): Blackwell.

BUCKLAND, M. (1991): *Information and Information Systems*. Westport (London): Greenwood Press.

LUGER, GEORG; STUBBLEFIELD, WILLIAM (1997): *Artificial Intelligence. Structures and Strategies for complex problem solving*. Reading (MA): Addison Wesley.

RICH, ELAINE; KNIGHT, KEVIN (1991): *Artificial Intelligence*, 2nd Ed., New York: McGraw-Hill.

ROWLEY, JENNIFER (1987): *Organising Knowledge: An Introduction to Information Retrieval*. Gower.

RUSSELL, STUART J.; NORVIG, PETER (1995): *Artificial Intelligence. A modern Approach*. Upper Saddle River (NJ): Prentice Hall.

SALTON, GERARD (1968): *Automatic Information Organisation and Retrieval*. New York: McGraw-Hill.

SENGE, PETER M. (1992): *The fifth Discipline. The art and practice of the learning organization*. London et.al.: Century Business.

SMITH, PETER (1996): *An Introduction to Knowledge Engineering*. London: Thomson Publishing.

8.1.4 Articles in English

ALONSO-AMO, FERNANDO; JURISTO, NATALIA; MATÈ, LUIS; PAZOS, JUAN; MUÑOZ, PEDRO L. (1998): How much can you learn? A new learning metric. *Expert Systems, International Journal of Knowledge Engineering*, Vol. 15, 4/1998, 256-261.

GÓMEZ, A.; MORENO, A.; PAZOS, J.; SIERRA-ALONSO, A. (2000): Knowledge maps: An essential technique for conceptualisation. *Data & Knowledge Engineering*, Vol. 33, Issue 2, May 2000, 169-190.

HÖLSCHER, CHRISTOPH; STRUBE, GERHARD (2000): Web search behavior of Internet experts and newbies. *Computer Networks*. Vol. 33, Issues 1-6, June 2000, 337-346.

KINGSTON, J.; MACINTOSH, A. (2000): Knowledge management through multi-perspective modelling: representing and distributing organizational memory. *Knowledge-Based Systems*, Vol. 13, Issues 2-3, April 2000, 121-131.

KOGAN, YAKOV; MICHAELI, DAVID; SAGIV, YEHOSHUA; SHMUELI, ODED(1998): Utilizing the multiple facets of WWW contents. *Data and Knowledge Engineering*, Vol. 28, Issue 3/98, 255-275.

LIEBOWITZ, J.; WRIGHT, K. (1999): Does measuring knowledge make „cents"? *Expert Systems with Applications*, Volume 17, Issue 2, August 1999, 99-103.

8.1.5 Journals

Data and Knowledge Engineering (ISSN: 0169-023X) | Elsevier Science Ltd

Expert Systems – International Journal of Knowledge Engineering (ISSN: 0266-4720) | Blackwell Publishers

Expert Systems with Applications (ISSN: 0957-4174) | Elsevier Science Ltd

Knowledge Engineering Review (ISSN: 0269-8889) | Cambridge University Press

Knowledge Based Systems (ISSN: 0950-7051) | Elsevier

IEEE Transactions on Knowledge and Data Engineering (ISSN: 1041-4347) | IEEE Institute of Electrical and Electronics

itFokus, Magazin für Intelligent Enterprise Computing (ISSN: 0940-6352) | Verlag für innovative Technologien

8.2 Internet-Links:

[W1] http://www.siemens-knows.de (Siemens-Knows, Wissensmanagement, auch Beispiel für Interaktivität im Web, Siemens, D)

[W2] http://act.psy.cmu.edu/ACT/act-home.html ACT-Research Group (Organising Knowledge, Carnegie Mellon University, Pittsburgh, PA, USA)

[W3] http://www.dcs.napier.ac.uk/a.cumming/hanoi (Gegenüberstellung eines Turm von Hanoi in HTML und VRML, Napier University, Edinburgh, UK)

[W4] http://pirate.shu.edu/~wachsmut/Java/Hanoi/index.html (Turm von Hanoi in Java, Bert Wachsmuth, Seton Hall University, South Orange, NJ, USA)

[W5] http://mevard.www.media.mit.edu/groups/agents (Software Agents group, Media Laboratory, MIT, Cambridge, MA, USA)

[W6] http://www.ctr.columbia.edu/webseek (Multimedia-Suchdienst, Columbia University, New York, USA)

[W7] http://www.logic-programming.org/lp.html (PROLOG, Applied Logic Programming, Inc., Cambridge, MA, USA)

8.3 Prüfungsfragen

Fragen-Typ 1: Dichotome Ja/Nein-Entscheidungen:

01	Wissen ist in der Informatik der Inhalt einer Wissensbasis eines Informationssystems.	☐ Ja ☐ Nein
02	Denken ist eine Menge von Wissensinhalten, die zusammen mit Inferenztechniken zum Problemlösen befähigen.	☐ Ja ☐ Nein
03	Fakten sind Handlungsanweisungen, die durch eine bestimmte Abfolge von Aktionen definiert sind.	☐ Ja ☐ Nein
04	In der Sprache der Logik besteht Wissen aus einer Menge von wahren Aussagen.	☐ Ja ☐ Nein
05	Unter Kategorie wird allgemein ein Satz von Objekten verstanden, die ein oder mehrere Charakteristika gemeinsam haben.	☐ Ja ☐ Nein
06	Prototypen sind kognitive Strukturen, in der kategoriales Wissen über Sachverhalte gespeichert ist.	☐ Ja ☐ Nein
07	Skripts sind drehbuchartige Handlungspläne für das Verhalten in Alltagssituationen.	☐ Ja ☐ Nein
08	Metadaten sind zusätzliche zum eigentlichen Text gespeicherte Informationen.	☐ Ja ☐ Nein
09	In LISP muss die Lösung eines Problems in Form von Befehlsfolgen ausprogrammiert werden.	☐ Ja ☐ Nein
10	In Expertensystemen eignet sich besonders die Form der logischen Wissensrepräsentation durch Regeln.	☐ Ja ☐ Nein

Fragen-Typ 2: Mehrfachauswahlantworten (Multiple Choice):

01	Wissen ist ... ☐ a) ... nach informationstheoretischer Auffassung das gleiche wie Information. ☐ b) ... in der Psychologie ein dauerhafter Inhalt des Langzeitgedächtnisses. ☐ c) ... ein Prozess. ☐ d) ... immer sicher.
02	Wissen wird ... ☐ a) ... nach dem Objektivismus als Sammlung von Fakten und Regeln gesehen. ☐ b) ... nicht vom Individuum selbst aufgebaut, sondern von außen „importiert“. ☐ c) ... in einem Unternehmen mit Hilfe einer Wissenslandkarte erfasst. ☐ d) ... inhaltlich in diskursives, intuitives und systematisches Wissen eingeteilt.
03	Prozedurales Wissen ... ☐ a) ... wird auch Konzeptwissen genannt. ☐ b) ... existiert explizit. ☐ c) ... ist z.B. die hierarchische Organisation von Lernmaterial. ☐ d) ... bezeichnet man auch als „know-how“.
04	Semantische Netzwerke ... ☐ a) ... stellen gerichtete Graphen dar. ☐ b) ... besteht aus Nodes, Links und Link-Labels. ☐ c) ... leiten konzeptgesteuerte Informationsverarbeitung ein. ☐ d) ... haben stets positive Relationen (assoziative Verbindungen).
05	Im Internet als Wissensbasis ... ☐ a) ... existiert eine zentrale Instanz, die das Wissen registriert und verwaltet. ☐ b) ... bauen Katalogdienste auf Klassenhierarchien auf. ☐ c) ... durchsucht jede Suchmaschine einen Großteil des Informationsangebotes. ☐ d) ... können mit Skin-Filtern hautfarbene Elemente herausgefiltert werden.
06	Wissensrepräsentation in Computern ... ☐ a) ... kann als Abbildung eines Ausschnitts der realen Welt bezeichnet werden. ☐ b) ... kann implizit im Programmcode in der Abfolge der Befehle erfolgen. ☐ c) ... kann explizit an bestimmten Stellen des Systems erfolgen. ☐ d) ... benötigt immer eine Inferenzmaschine.
07	Expertensysteme beinhalten ... ☐ a) ... eine Wissenserwerbskomponente. ☐ b) ... ausschließlich Faktenwissen. ☐ c) ... Kontrollwissen, zur Auswahl von Lösungsmöglichkeiten. ☐ d) ... einen Assoziationsgenerator.
08	Nachteile von Expertensystemen sind ... ☐ a) ... das Verstehen eines spezifischen Problems. ☐ b) ... die unterschiedliche Urteilsfähigkeit. ☐ c) ... die hohen Kosten. ☐ d) ... der enge Wissensbereich des jeweiligen Fachgebietes.

8.4 Lösungen

Lösungen zu Fragen-Typ 1:

01 Ja; 02 Nein; 03 Nein; 04 Ja; 05 Ja; 06 Nein; 07 Ja; 08 Ja; 09 Nein; 10 Ja;

Lösungen zu Fragen-Typ 2:

Richtig sind: 01 a) b); 02 a) c); 03 d); 04 a) b); 05 b) d) 06 a) b) c); 07 a) c);
08 a) d)

8.5 Timeline: Wissen

um 500 v.Chr. XENOPHANES VON KOLOPHON (570 – 480 v. Chr.) bestreitet, dass es Wissen gibt: „Meinung liegt über allem".

um 340 v.Chr. ARISTOTELES fasst das Wissen seiner Zeit umfassend zusammen und beschäftigt sich mit Assoziationsgesetzen um die Wissensorganisation im menschlichen Gedächtnis zu erforschen.

1473 NIKOLAUS KOPERNIKUS widerspricht gegen das Wissen über die Welt: Die Erde steht nicht im Mittelpunkt des Sonnensystems.

1690 JOHN LOCKE publiziert seinen „Essay Concerning Human Understanding".

1749 DAVID HARTLEY meint, dass sich eine Vielzahl vermuteter Assoziationsgesetze auf ein einziges reduzieren lässt: namentlich die zeitliche Kontiguität.

1754 CONDILLAC vertritt in seinem „Treatise on Sensation", dass die Sinne die einzigen Quellen für „Wissensaufnahme" sind (Noch keine klare Unterescheidung zwischen Information und Wissen).

1880 GALTON führt seine Assoziationsexperimente durch.

1890 WILLIAM JAMES beschäftigt sich intensiv mit mentaler Assoziation.

1914 KÖHLER beginnt mit seinen Untersuchungen zum Problemlösen (mit Affen), die für spätere Arbeiten grundlegend werden.

1926 Für THORNDIKE bedeutet Denken: Lernen durch Assoziation.

1956 MILLER, GALANTER und PRIBAM leiten den Beginn der maschinellen Wissensverarbeitung ein.

1956 Die Dartmouth College Konferenz gilt als die Geburtsstunde der künstlichen Intelligenz.

1958 ALLEN NEWELL, MARVIN E. SHAW und HERBERT A. SIMON veröffentlichen „Elements of a Theory of Human Problem Solving" und leiten den Beginn des Informationsverarbeitungs-Zeitalters in der Psychologie ein.

1960 JOHN MC CARTHY entwickelt die Programmiersprache LISP als System zur Symbolmanipulation – und damit als Schlüssel für die Entwicklung intelligenter Programme.

1967 G. A. GORRY entwickelt eine interaktive Wissensbasis zur computergestützten Diagnose.

1970 CLARK meint, dass freie Assoziationen das Ergebnis von symbolischen informationsverarbeitenden Prozessen sind.

1970 CARBONELL stellt sein „Expertensystem" SCHOLAR vor, das in der Folge als „Leitprojekt" gilt.

1972 TULVING unterscheidet zwischen episodischem und semantischem Gedächtnis: Das semantische Gedächtnis enthält unser Wissen von der Welt (z.B. unseren Wortschatz).

1973 NEWELL & SIMON versuchen Knowledge Engineering als Zusammenfassung von Kybernetik mit Informatik und künstlicher Intelligenz zur Lösung konkreter Probleme aus Praxis zu etablieren.

1977 P. SZOLOVITS, L. B. HAWKINSON UND W. A. MARTIN präsentieren OWL, eine „knowledge representation language".

1984 WILLIAM LONG u.a. entwickeln ein „Heart Failure Program" als Expertensystem zur Unterstützung von Ärzten bei der Diagnose von Herzkrankheiten.

1985 In verschiedenen Projekten wird versucht, umfassendes „Weltwissen" zu speichern.

1988 Die erste tragbare Wortschatz-Wissensbasis mit rund 40 000 Wörtern wird im elektronischen Wörterbuch Englisch-Deutsch/Deutsch-Englisch „alpha 40" von Langenscheidt vorgestellt.

1989 Da selbst aufwendige Programme und Computer keine guten Ergebnisse in der automatischen Sprachübersetzungsarbeit leisten, wird versucht, bessere Ergebnisse durch den Einsatz von Expertensystemen zu erzielen: METAL (Machine Evaluation and Translation of Natural Language) analysiert ganze Sätze, die Entscheidung über die endgültige Übersetzung wird nach Vergleich aller Interpretationen der Satzteile getroffen.

1993 Auf der CeBit in Hannover wird die erste (elektronische) Landkarte von Deutschland vorgestellt. Die Wissensbasis umfasst 130 000 Orte.

1996 P. SENGE versucht Wissensmanagement als Organisations- und Managementlehre zur Lösung von konkreten Probleme der Praxis auszuarbeiten.

1997 FELTOVICH beschreibt Multiagenten-Ansätze, die kognitionspsychologische, wissenschaftstheoretische und technologisch-implementarische Voraussetzungen für vernetzte Modelle einer virtuellen Wirklichkeit schaffen sollen.

Modul 3:
Lernen und Lerntheorien

„It is dangerous and foolish to deny the existence of a science of behaviour in order to avoid its implications."

Burrhus Frederick Skinner (1904 - 1990) in Lefrancois (94), S. 89

Lernziele

Hinter jeder Lernsoftware steht eine **Lerntheorie.** Die verschiedenen Ansätze können in **drei Hauptströmungen** zusammengefasst werden. Hinter den einzelnen Lerntheorien stehen **Konzepte.** Die folgenden drei Module behandeln *alle* das Thema Lernen, aber stets aus einem anderen Blickwinkel: Modul 3 behandelt das „reine" Lernen, Modul 4 das „Lernen mit Computern" und Modul 5 schließlich konkret das „Lernen mit Software" und die dazu notwendige Mediendidaktik.

**Behaviorismus
Kognitivismus
Konstruktivismus**

**„Lernen"
aus verschiedenen
Sichtweisen**

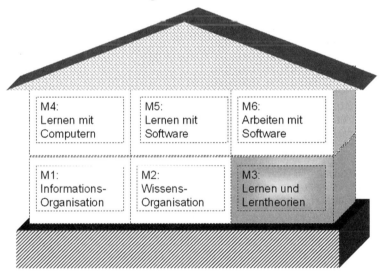

Lernen ist ein weit verwendeter Begriff. Allgemein werden damit Vorgänge in Organismen bezeichnet, bei denen es durch individuelle **Erfahrungen** zu einer **Verhaltensänderung** kommt.

Lernen ist ein individueller **kognitiver Grundprozess** und muss von *jedem* Individuum selbst durchlaufen werden.

Die Formulierung „ich lerne Dir etwas" ist nicht nur grammatikalisch unrichtig, sondern auch aus der Sicht der Lerntheorie. Lernen muss jedes Individuum selbst – auch an der Schwelle zum 21. Jahrhundert. Niemand kann für einen anderen lernen. Den viel gesuchten „Nürnberger Trichter" gibt es (leider oder Gott sei Dank) nicht.

Lernen kann auf vielfältigste Weise erfolgen: intendiert (absichtlich) und/oder inzidentiell (zufällig). Lernen bedeutet aber nicht nur, bestimmte Zusammenhänge im Gehirn aufzubauen, sondern auch, bestimmte im Gehirn gespeicherte Zusammenhänge wieder zu *löschen*. Da im Gedächtnis nie die realen Gegenstände oder Ereignisse usw. abgespeichert sind, sondern immer nur subjektive „Bilder", ist Lernen immer ein Umgang mit einem Symbolsystem, das der Ver- und Entschlüsselung als einer geistigen Fähigkeit bedarf.

Lernen kann mit verschiedenen Hilfsmitteln erfolgen, z.B. mit Büchern. Es kann auch mit entsprechender Software gelernt werden, die auf Computern implementiert (installiert) ist.

Es existiert eine Vielzahl verschiedenster Lerntheorien. Wir wollen einige dieser Theorien kennen lernen – *ohne* eine Wertung durchzuführen. Alles hat Vorteile – aber auch potentielle Nachteile. Niemals sollten wir in eine Extremposition verfallen!

„Individuum" (wörtlich: ein Unteilbares) betont den einzelnen Menschen im Gegensatz zur Gesellschaft

Bild 3.1 Der Nürnberger Trichter – scherzhaft für ein Lehrverfahren, bei dem nach Harsdörfer selbst dem „Dümmsten" etwas „eingetrichtert" werden kann – existiert nicht!

1 Lernen

Das Gedächtnis (Modul 1) und die Organisation von Wissen im Gedächtnis (Modul 2) sind *notwendige* Voraussetzungen für das Lernen. Bevor wir uns mit Lerntheorien und deren Zusammenhänge mit Computer und Lernsoftware beschäftigen, müssen wir klären, was eigentlich „Lernen" ist und warum ein Basiswissen darüber *für uns* so wichtig ist.

1.1 Was ist Lernen?

Mit Hilfe von Gedächtnis und Lernen ist es dem Menschen möglich, sich den stark *wechselnden Umweltbedingungen* anzupassen und diese Umweltbedingungen entsprechend den eigenen Bedürfnissen umzugestalten und Wissen aufzubauen. Das Gedächtnis dient dabei in erster Linie der Speicherung von Informationen (Band 1, Modul 1), um diese bei Bedarf wieder abzurufen.

Lernen bewirkt eine Veränderung von Verhalten oder Wissen.

Aus der Sicht der Informationstechnik ist Lernen ein Prozess, um den Informationsgehalt einer Nachricht „abzubauen", zu erfassen und das Ergebnis zu speichern

Unter „Lernen" wird jeder Prozess verstanden, durch den es zu einer dauerhaften Verhaltens- oder Wissensänderung eines Individuums aufgrund von Reizen, Signalen oder Situationen kommt. Lernen und Gedächtnis stehen in engem Zusammenhang – jedoch beschränkt sich das Gedächtnis auf Prozesse der Speicherung.

Lernen ist ein **Prozess,** und wir bezeichnen damit jede **Veränderung** unseres Verhaltens (behaviour) oder unseres Wissens (knowledge) – unabhängig davon, ob es beabsichtigt (intentiert) oder unbeabsichtigt (inzidentiell) erfolgt.

Insbesondere das inzidentielle Lernen – das Lernen ohne Intention (Absicht) – wird in unserer Gesellschaft wenig beachtet, obwohl es sehr wichtig ist. Wir lernen tagtäglich – ohne es tatsächlich zu beabsichtigen. Besonders Kinder lernen inzidentiell. Niemand bestreitet zum Beispiel, dass Kinder bis zum Alter von sechs Jahren viel lernen – beispielsweise ihre Muttersprache. Aber ab dem Alter von sechs Jahren verliert das inzidentielle Lernen an Bedeutung und wird ersetzt durch ein „sit down, listen and repeat".

Informations-
aufnahme

Informations-
verarbeitung

Informations-
sicherung

Informations-
speicherung

Informations-
anwendung

Informations-
verlust

Bild 3.2 Ablauf des Lernprozesses nach informationstheoretischen Gesichtspunkten

In der Lernforschung wird der **Lernprozess** in folgende Teilschritte zerlegt:

*   Darbietung des Lernmaterials (Informationsaufnahme),
*   eigentlicher Lernvorgang (Informationsverarbeitung),
*   Wiederholung, Festigung des Lernvorganges (Informationssicherung),
*   dauerhaftes Behalten (Informationsspeicherung),
*   Wiedergabe (Informationsanwendung in konkreten Problemstellungen),
*   Vergessen (Informationsverlust).

Eine praktische Lerntechnik, die versucht, diese klassischen Schritte anzuwenden, ist die sogenannte PQ3R-Methode, wobei:

- P = Preview (Überblick verschaffen, Ziele setzen),
- Q = Questioning (Fragen zum Lernstoff stellen),
- R = Read (Lernen im Sinne von „Informationsgehalt abbauen"),
- R = Recite (Wiedergeben),
- R = Review (Wiederholen des noch nicht gefestigten Lernstoffes).

Der wichtigste Schritt ist das zweite R (Recite), da bei der Wiedergabe von Sachverhalten mit eigenen Worten die Informationsverarbeitung im eigenen Gedächtnis erfolgt

1.2 Kann der Computer das Lernen verbessern?

Der Computer kann das „Lernen" zwar nicht verbessern, aber durch den Einsatz multimedialer Lernsoftware stehen neue Möglichkeiten zur Verfügung. Die großen Chancen eines multimedialen computerunterstützten Lernens liegen in zwei wesentlichen Bereichen:

- Verbesserung der **Didaktik** (Modul 5), und
- Erhöhung der **Motivation, Aufmerksamkeit** und **Arousal** (Modul 6).

Arousal = Aktivation

Der Computer kann das Lernen selbst *nicht* verbessern, aber sehr wohl Didaktik und Motivation – wichtige Determinanten (Voraussetzungen) für erfolgreiches Lernen.

Beispielsweise ist Lernen im Sinne von MASLOW ein „Nebenprodukt", um Bedürfnisse eines Individuums zu befriedigen. In MASLOW's Lerntheorie ist Motivation und Lernen ganz eng miteinander verknüpft. Didaktik wiederum umfasst methodische Aspekte des Lernens und Lehrens. Didaktische Aspekte sind extrem wichtig bei der Konzeption multimedialer Lernumgebungen. Weil Motivation und Didaktik für uns sehr wichtig sind, werden wir uns diesen Themen noch detailliert widmen.

Blicken wir kurz in einen computerunterstützten Mathematikunterricht: Mit Hilfe des Computers (und entsprechender Software) können hochkomplexe Vorgänge simuliert und anschaulich dargestellt werden – was im traditionellen Unterricht an der klassischen Tafel nicht möglich ist. Hier hat der Einsatz von Lernsoftware zwei Vorteile: Die „Besseren" können ihre Arbeit weiterverfolgen und sogar vertiefen, während die „Schlechteren" den Stoff, den sie (noch) nicht verstanden haben, nicht nur nochmals bearbeiten können, sondern auch Hilfe von den unterrichtenden Lehrer anfordern können [Holzinger (1997)].

Nach WEIDENMANN (1994) ist der Computer als „Lernpartner" sehr „geduldig", die Vorteile für „schwächere Lernende" wurden öfters aufgezeigt.

Erfolgreiches Lernen ist von vielen verschiedenen Faktoren (Bild 3.3) abhängig, die von den Softwareentwicklern bei der Erstellung von Lernpro-

Bild 3.3 Eine Auswahl von Einflussfaktoren, die erfolgreiches Lernen mitbestimmen

grammen für Computer berücksichtigt werden müssen (siehe Band 3).

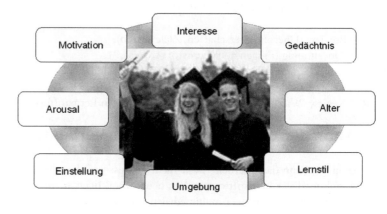

1.3 Warum sind Lerntheorien für uns wichtig?

Wie in Band 1 (Modul 0) erwähnt, ist die Ausbildung von Informatikern, Telematikern und Software-Ingenieuren an Fachhochschulen und Universitäten ausgezeichnet – aber naturgemäß hauptsächlich auf „technische Inhalte" konzentriert. Software – nicht nur ausschließlich Lernsoftware – wird aber von Menschen benutzt. Wer sich mit Software beschäftigt, sollte auch die Theorie (er)kennen, die der Software zugrunde liegt.

Jede Lernsoftware basiert auf einer Lerntheorie.

Werden Erkenntnisse über das Lernen, wie beispielsweise Lernbedingungen und Lernerfolge, systematisch und analytisch zusammengeführt erhalten wir Lerntheorien. Diese umfassen die grundlegenden Konzepte, nach denen eine Lernsoftware „funktioniert". Meistens werden diese nicht offen dargelegt, weil sie vielen Softwareentwicklern selbst – aus oben genannten Gründen – gar nicht bewusst sind. Werden Experten aus Psychologie oder Pädagogik herangezogen, ist dort oft ein Desinteresse an der Informatik und/oder ein Mangel an technischem Basiswissen feststellbar. Im Bereich der „neuen Medien" ist interdisziplinäres Denken von größter Wichtigkeit.

1.4 Für und Wider des Lernens am Computer

Computer = transklassische (universelle) Maschine

Wird über Computer als Lernmittel gesprochen, muss bedacht werden, dass ein Computer eine transklassische Maschine ist: Eine universelle Maschine, deren Verwendungszweck nicht durch die gegebene Hardware determiniert (vorbestimmt) wird (Bild 3.4). Ein und derselbe Computer kann, mit dem entsprechenden Programm, als Schreibmaschine, als Softwareentwicklungstool, als Kriegswaffe, als Spiel ... oder als Lernhilfe verwendet werden.

Bei einer klassischen Maschine – beispielsweise einer Handbohrmaschine – kann der jeweilige Verwendungszweck bereits aus dem mechanischen Aufbau erschlossen werden.

Der Computer ist eine **transklassische Maschine**, deren Verwendungszweck erst durch die Software bestimmt wird.

Bei der Beantwortung der Frage „Für und Wider des Lernens am Computer" stehen sich zwei nahezu unversöhnliche Fronten gegenüber (Bild 3.5):

Vertreter einer **pädagogisch-kritischen Seite**, die jedem Einsatz des Computers als Lehr- und Lernmittel äußerst skeptisch gegenüberstehen. Die größte Angst ist die Ersetzung der Lehrenden durch Computer und die totale soziale Isolation der Lernenden. Typische Vertreter sind beispielsweise NEIL POSTMAN oder HARTMUT VON HENTIG.

Auf der anderen (extremen) Seite stehen Vertreter einer **naiv-euphorisch-technischen** Seite, die *jeden* Einsatz des Computers unkritisch befürworten. Die größte Gefahr ist, dass in den Computer überzogene Hoffnungen gesetzt werden und Lernsoftware als „Allheilmittel" angepriesen wird. Typischer Vertreter ist beispielsweise BILL GATES.

Bild 3.4 Gegenüber einer klassischen Maschine wird beim Computer der Verwendungszweck erst durch Software bestimmt

Leider werden diese Fronten durch sehr einseitige Stellungnahmen von Leuten wie z.B. von HARTMUT VON HENTIG, zusätzlich verschärft statt abgebaut. Fakt ist, dass wir von den neuen Medien umgeben sind. Würden wir eine von Grund auf ablehnende Einstellung einnehmen, dann positionierten wir uns automatisch in eine Extremalposition.

Wir sollten generell versuchen, niemals einen extremalen Standpunkt einzunehmen. *Alles* hat Vor- und Nachteile.

Ein simples Beispiel für diese Aussage ist die Tatsache, dass wir jeden Morgen zum Frühstück unser lebenswichtiges Brot mit einem Messer schneiden – aber genau mit dem selben Messer können wir einen Menschen töten.

Bild 3.5 Computer und Lernen – zwei nahezu unversöhnliche Fronten stehen sich in dieser Frage gegenüber

2 Hauptströmungen der Lerntheorien

Wie in allen Zweigen der Wissenschaft, kann auch das Thema „Lernen" von verschiedensten theoretischen Standpunkten betrachtet werden.

Die vielen verschiedenen Lerntheorien können in drei Hauptströmungen zusammengefasst werden:

* Behaviorismus,
* Kognitivismus und
* Konstruktivismus.

In Bild 3.6 steht für jede Hauptströmung ein charakteristisches Symbol:

* Der „pawlowsche Hund" soll den Behaviorismus,
* das „menschliche Gehirn" den Kognitivismus und
* die „soziale Interaktion" den Konstruktivismus repräsentieren.

Bild 3.6 Die Haupt-strömungen der Lern-theorien auf einen schnellen Blick

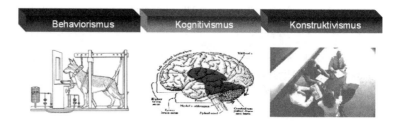

Wenn Modelle zur Beschreibung des Lernerverhaltens herangezogen werden und wir betrachten darin – aus der Sicht von Regelungstechnikern – die Signalflüsse, dann ergibt sich folgendes Bild:

Bild 3.7 Signalflüsse in Lernverhaltens-Model-len der Hauptströmun-gen: f(t) = „Feedback", $s_{in}(t)$ = „Input", $s_{out}(t)$ = „Output", z(t) = „Interference" (Störung)

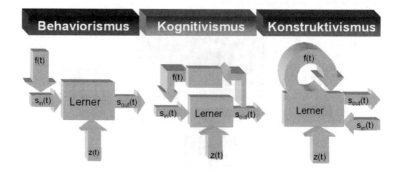

Sehen wir uns – bevor wir die drei Hauptströmungen im Detail betrachten
– zunächst im Gesamtüberblick einige grundlegende Eigenschaften in folgender Gegenüberstellung an:

Der erste Ansatz im Sinne des ...	Behaviorismus	Kognitivismus	Konstruktivismus
entstand etwa ...	1913	1920	1945
Wichtige Vertreter waren ...	PAWLOW, WATSON, GUTHRIE, HEBB SKINNER, THORNDIKE, HULL, SPENCE,	TOLMAN, LEWIN, BRUNER, PIAGET, TOLMAN, GAGNÉ	MATURANA, VARELA, VON FOERSTER, BATESON
Lern-Paradigma ist ...	Reiz-Reaktion	Problemlösen	Konstruieren
Die Strategie der Lehrer ist ...	Frontalunterricht (chalk-teaching)	Beobachten und Helfen (helping)	Kooperation (coaching)
Zentral ist ...	Reflexion	Kognition	Interaktion
Problemlösen ist ...	aufgabenzentriert	lösungszentriert	prozesszentriert
Person des Lehrers ist ...	ein autoritärer Experte	ein Tutor (Mentor, Ratgeber)	ein verantwortlicher Coach (Trainer)
Die Lernziele sind ...	Produzieren korrekter Input-Output-Relationen	Entdecken von Methoden zur Lösungsfindung	Umgehen mit komplexen Problemsituationen
Eine Prüfung ist ...	Reproduzieren von vorgegebenem Lernstoff	aktives Problemlösen	Abchecken des Verständnisses für das Ganze
Studierende sollen arbeiten ...	allein (Einzelkämpfer)	zusammen mit Kollegen (Paar)	interaktiv in einer Gruppe (Team)
Das menschliche Gehirn ist ...	ein passiver Wissenscontainer	ein lineares Informationssystem	ein geschlossenes Informationssystem
Beurteilung der Studierenden erfolgt über ...	Leistung (klares Abfragen von Fakten)	Wissen (Überprüfung von Konzepten)	Kompetenz (Erkennen des Gesamtproblems)
Präsentation des Lernmaterials in ...	kleinen, dosierten Portionen	komplexen Umgebungen	in unstrukturierter Realität
Feedback ...	extern	extern modelliert	intern modelliert
Wissen ist ...	objektiv	objektiv	subjektiv
Wissen wird ...	gespeichert	verarbeitet	konstruiert
Mensch-Maschine-Interaktion	strikt fixiert, vorgegeben	dynamisch, adaptiv	selbstreferentiell und autonom
Programmierstil	strenger Ablauf	dynamisch, flexibel	vernetzt, offen
Maschinen-Paradigma	Kybernetische Lernmaschine	künstliche Intelligenz	komplexe Umgebungen
Idealer Software typus	CAI (typisches Paukprogramm)	CBT, WBT (Lernumgebung)	Simulationen, Mikrowelten

Bild 3.8 Gesamtüberblick über die drei Hauptströmungen der Lerntheorien [verändert und ergänzt nach Baumgartner & Payr, 94, 110]

Aus diesem groben Überblick sind bereits einige zentrale Unterschiede der drei Hauptströmungen erkennbar.

Die Vielzahl verschiedenster Lerntheorien können in diese drei „Hauptströmungen" eingeordnet werden.

3 Behaviorismus

3.1 Überblick

Der Behaviorismus war (und ist immer noch) eine sehr prominente und einflussreiche akademische Richtung innerhalb der Lernpsychologie. Ziel ist eine möglichst objektive Beschreibung von messbaren und beobachtbaren Reaktionen von Menschen (und natürlich Tieren – wir beschränken uns hier allerdings nur auf das menschliche Lernen). Der klassische (extreme) Behaviorismus klammert mentale Prozesse und das Bewusstsein aus. Ideen, Emotionen und innere Erfahrungen werden – da nicht objektiv – *nicht* berücksichtigt. Lernprozesse werden nur als Reiz-Reaktions-Mechanismen gesehen, die von der äußeren Umgebung und von inneren biologischen Prozessen abhängig sind. Für Behavioristen ist Psychologie die Lehre vom beobachtbaren Verhalten (behaviour) ohne Berücksichtigung innerer mentaler Prozesse.

> Der klassische Behaviorismus beschäftigt sich ausschließlich mit messbaren und beobachtbaren Daten und schließt ausdrücklich Ideen, Emotionen, innere Erfahrungen u.ä. aus.

Epistemologie = Erkenntnistheorie

Der Ausgangspunkt des Behaviorismus ist dem **Objektivismus** zuzuordnen. Das ist eine grundlegende epistemologische Position, nach der Wissen als etwas angesehen wird, das extern und unabhängig von den Lernern existiert. Ziel eines Lernprozesses ist es, Kenntnis über existierende Objekte und deren Eigenschaften zu erlangen. Der Lernprozess selbst besteht dann darin, dieses externe Wissen auf eine interne (subjektive) Repräsentation abzubilden, die der externen „Wirklichkeit" möglichst nahe kommt.

> Nach Auffassung des Objektivismus soll es eine vollständige und korrekte objektive Form geben.

„Of course, since we are human, we are subject to error : illusions, errors of perception, errors of judgement, emotions and personal or cultural biases [Bednar, 92, 20]"

Da diese externe Welt unabhängig vom Bewusstsein (also für jeden gleich) ist, können über ihre Objekte Aussagen getroffen werden, die **objektiv**, absolut und ohne Einschränkung wahr oder falsch sind. Unterschiedliche Positionen oder Sichtweisen sind dann eben eine Folge **fehlerhafter Wahrnehmung** der Welt.

Das erinnert uns an RENÉ DESCARTES, *der vor rund 400 Jahren feststellte, dass es möglicherweise einen „genius malignus" gibt, einen bösen Geist, der uns unsere Umwelt nur vorgaukelt – und diese in „Wirklichkeit" ganz anders aussieht. Es lohnt zumindest einmal darüber kurz nachzudenken.*

Eine starke Gegenposition zum Objektivismus ist der Subjektivismus, der das eigene (subjektive) Bewusstsein – den eigenen Standpunkt – mit einbezieht. Im Grenzfall mutiert der Subjektivismus zum **Solipsismus** (aus lat. solus ipse = allein, ich selbst), bei der das subjektive „Ich" die zentrale Ausgangsposition darstellt (Bild 3.9).

Bild 3.9 Objektivismus (das „unbeschriebene Blatt") versus Subjektivismus (die eigene, subjektive Sichtweise)

3.2 Historische Entwicklung

Mit der Einrichtung des ersten psychologischen Laboratoriums in Leipzig im Jahre 1879 leitete WILHELM WUNDT (1832 – 1920) den Beginn der wissenschaftlichen Psychologie ein (Bild 3.10).

Wissenschaftler fanden am menschlichen Lernen mehr und mehr Interesse. Allerdings waren sie zunächst mehr an **Psychophysik** interessiert als an mentalen Prozessen. Wahrscheinlich war der Grund dafür, dass diese „ersten psychologischen Forscher" (nicht Psychologen!), wie beispielsweise GUSTAV THEODOR FECHNER und WILHELM EDUARD WEBER in Europa und EDWARD BRADFORD TITCHENER in den Vereinigten Staaten von der **Physiologie** kamen (siehe Band 1, Modul 3).

Bild 3.10 Wundt (sitzend) mit seinen Schülern im weltweit ersten psychologischen Labor, [W1]

> Wenn auch Lernen und Gedächtnis untrennbar miteinander verknüpft sind, wird dennoch stets zwischen den Richtungen Gedächtnispsychologie und Lernpsychologie unterschieden.

Um 1900 war eine starke Richtung der Psychologie der **Strukturalismus**. Ein Vertreter dieser Richtung war beispielsweise TITCHENER. Er glaubte daran, dass der Hauptgegenstand der Psychologie solche Dinge wie Geist oder Verstand (mind) und Bewusstsein (consciousness) sind bzw. sein sollten. Sein Ansatz war dadurch ausgezeichnet, dass er versuchte, systematisch und analytisch (wie in den Ingenieurwissenschaften) das Bewusstsein des Menschen zu erforschen.

Strukturalismus: psychologische Einheiten sind strukturierte Elemente

Durch den Ansatz von TITCHENER wurden **drei Teile des Bewusstseins** entdeckt bzw. unterschieden:

113

- Empfindungen (sensations),
- Vorstellungen (images) und
- Emotionen (feelings).

**Introspektion =
Selbstbeobachtung
als systematische
Forschungsmethode**

Erstmalig wurde dazu systematisch die Methode der **Introspektion** angewandt. Die Begründung des eigentlichen Behaviorismus erfolgte definitiv im Jahre 1913 mit der Publikation von JOHN BROADUS WATSON: „Psychology as the Behaviourist Views it" [Orignialartikel in W2].

WATSON lehnte die Methode der Introspektion als „viel zu subjektiv" ab und postulierte, dass nur das – von „außen" beobachtbare – Verhalten das eigentliche Hauptgebiet der Psychologie sei. Durch seinen Drang nach objektiver und messbarer Untersuchung des Verhaltens formte er allerdings eine solides Basiswissen für eine neue wissenschaftliche und experimentell ausgerichtete Psychologie.

Bild 3.11 zeigt ungefähr die historische Entwicklung: Der Behaviorismus, basierend auf dem frühen Empirismus und der Psychophysik, hatte sein Hoch zwischen den beiden Weltkriegen. Die heutigen Behavioristen – nach SQUIRE (1992) mehrere tausend weltweit – sind durch Organisationen repräsentiert und publizieren in einer Reihe hauptsächlich behavioristischer Zeitschriften.

**Bild 3.11 Entwicklung
des Behaviorismus: Von
früher Psychophysik
zum Neobehaviorismus**

Empirismus
  FRANCIS BACON (1561 - 1626)
  JOHN LOCKE (1632 - 1704)
  GEORGE BERKELEY (1685 - 1753)
  DAVID HUME (1711 - 1776)
  DAVID HARTLEY (1705 - 1757)

Beginn der wissenschaftlichen Psychologie 1879

Frühe Psychophysik
  WILHEM WUNDT (1832 - 1920)
  HERMANN HELMHOLTZ (1821 - 1894)
  IVAN PAVLOV (1849 - 1936)
  VLADIMIR MIKHAYLOVICH BECHTEREV (1857 - 1927)

Klassischer Behaviorismus
  JOHN B. WATSON (1878 - 1958)
  EDWIN GUTHRIE (1886 - 1959)
  EDWARD L. THORNDIKE (1874 - 1949)

Mathematische Lerntheorien
  CLARK L. HULL (1884 - 1952)

Neobehaviorismus
  BURRHUS F. SKINNER (1904 - 1990)
  KENNETH W. SPENCE (1907 - 1967)
  NEAL MILLER (1909 -)

t

3.3 Behavioristisches Paradigma

Ein Paradigma ist allgemein eine wissenschaftliche Grundauffassung, ein Denkmuster – etwas überzogen so etwas wie ein „Weltbild".

Vertreter des Behaviorismus nehmen an, dass sich jedes Verhalten aus einem Reiz-Reaktionsmuster (stimulus-response-pattern) zusammensetzt. Dieses kann beobachtet werden und wiederum mit anderen (beobachtbaren) Vorgängen zusammenhängen. Das Ziel innerhalb des Behaviorismus ist es nun, Gesetze aus diesen Reiz-Reaktionsmustern abzuleiten und möglichst mathematisch darstellbar zu machen.

In behavioristischer Denkweise ist Lernen die Beeinflussung (conditioning) von Reaktionen der Lerner.

„Echte" Behavioristen sind nicht an den eigentlichen im Gehirn ablaufenden Prozessen interessiert, sondern betrachten das Gehirn (und eigentlich den ganzen Menschen) als „Blackbox" (Bild 3.12).

Ein Lernprogramm – im behavioristischen Sinne – braucht „nur" die notwendigen Stimuli bereitzustellen, um effizientes Lernen zu gewährleisten.

Bild 3.12 Durch Blackbox-Darstellungen können auch komplizierte Vorgänge dargestellt werden; bekannt sind Input und Output, die innere Struktur ist nicht bekannt oder nicht von Interesse

Lernen im Behaviorismus sind Reiz-Reaktions-Mechanismen.

Das traditionell erste Paradigma ist die klassische Konditionierung.

3.4 Klassische Konditionierung

Die erste experimentelle Untersuchung zur klassischen Konditionierung wurde von IWAN PAWLOW im Jahre 1900 durchgeführt. Er machte die Beobachtung, dass einige seiner Laborhunde Speichel absonderten, bevor diese Futter erhielten. Interessanterweise zeigten dieses Verhalten aber nur Tiere, die schon länger bei ihm im Labor waren. Er beschloss, dieses Verhalten näher zu untersuchen.

Das experimentelle Setting seines Versuchs war äußerst einfach: Zuerst produzierte er einen Ton mit Hilfe einer Stimmgabel. Das Tier (der berühmte „pawlowsche Hund") reagierte natürlich mit einer **Orientierungsreaktion** (es spitzte seine Ohren). Einige Sekunden später bekam der Hund eine kleine Menge Fleisch (im Originalversuch war es Fleischpulver, siehe später). Nach nur wenigen Wiederholungen fand PAWLOW heraus, dass allein die Präsentation des Tones eine Speichelabsonderung bewirkte. Diese Reaktion

Setting = Versuchsanordnung (experimenteller Ablauf, Umgebung usw.)

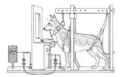

**Bild 3.13 Die Versuchs-
anordnung von Pawlow,
aus Lefrancois (95), 37**

bezeichnete er als **konditionierten Reflex** (conditioned reflex). Bild 3.13 zeigt den Originalaufbau des berühmten Experimentes von PAWLOW.

PAWLOW unterschied zwischen zwei Stimuli in seinem Experiment. Den ersten nannte er

- „unkonditionierten Stimulus", der aus dem Fleisch bestand, und den zweiten nannte er
- „konditionierten Stimulus", der durch den Ton der Stimmgabel dargestellt wurde.

> Ein **unkonditionierter Stimulus (UCS)** ist ein Reiz, der eine messbare und reproduzierbare Reaktion (Reizantwort) nach einer bestimmten Anzahl von Wiederholungen zur Folge hat. Ein **konditionierter Stimulus (CS)** ist dagegen neutral.

Fassen wir die Experimente von PAWLOW zusammen: Als erstes präsentierte er seinem Hund Fleisch. Dieser zeigte eine unkonditionierte Reaktion (UCR) in Form von Speichelfluss. Das ist eine völlig natürliche Reaktion.

Danach präsentierte er dem Hund einen Tonreiz. Der Hund spitzte seine Ohren. Diese Reaktion bezeichnete PAWLOW übrigens als eine „investigatory response" (Untersuchungsreflex). In üblichen experimentellen Settings spricht man allerdings von „orienting response (OR)" (Orientierungsreaktion.

Jetzt präsentierte PAWLOW das Fleisch (UCS) **und** den Ton (CS) zusammen (UCS +CS), und der Hund reagierte naturgemäß mit Speichelabsonderung. Nun kommen wir aber zum interessantesten Punkt:

Im vierten Schritt präsentierte PAWLOW den Ton allein (CS) und ... der Hund reagierte ebenfalls mit Speichelabsonderung! Diese Reaktion bezeichnete PAWLOW als konditionierte Reaktion (CR). Bild 3.14 zeigt den ganzen Versuchsablauf nochmals anschaulich.

**Bild 3.14 Der Versuchs-
ablauf des klassischen
Konditionierungsexperi-
mentes von Pawlow aus
dem Jahre 1900, die Aus-
gangsbasis für den
Behaviorismus**

Klassische Konditionierung (Pawlowscher Hund)		
1.	UCS (Fleisch) ⟶	UCR (Speichel)
2.	CS (Ton) ⟶	OR (Ohrenspitzen)
3.	UCS + CS ⟶	UCR (Speichel)
4.	CS (Ton allein) ⟶	CR (Speichel)

In der klassischen Konditionierung unterscheiden wir zwischen:

* **appetenter** Konditionierung, bei dem ein „angenehmer" Stimulus zugeführt wird, und
* **aversiver** Konditionierung, bei dem ein „unangenehmer" Stimulus zugeführt wird.

PAWLOW hat in seinen Experimenten mit Fleisch seine Hunde appetent konditioniert. Er führte aber auch Experimente mit aversiver Konditionierung durch, bei denen er das Fleischpulver durch Zitronensäure ersetzte.

Bild 3.15 Ivan Pawlow (1849 - 1936), Nobelpreisträger von 1905 [W3]

Viele Studierende lachen spontan bei dem Ausdruck „Fleischpulver". PAWLOW benutzte deshalb Fleischpulver, weil er dem Hund nicht einfach einen Happen Fleisch vor das Maul setzte, sondern eine dünne Kanüle in den Ausgang der Speicheldrüse einsetzte, um das Experiment dosiert kontrollieren zu können und die Speichelabsonderung ganz genau messen zu können ... PAWLOW war ja Behaviorist!

Ein weiteres Experiment mit aversiven Stimuli führte BECHTEREW durch: Er befestigte an der Vorderpfote eines Hundes eine Elektrode. Dann verabreichte er diesem Hund einen elektrischen Schlag. Der Hund zog natürlich die Pfote hoch, reagierte also mit einer Flexion des Beines. Ein Ton allein hatte naturgemäß keine besondere Reaktion zur Folge.

Nach wiederholter Kombination von Elektroschock und Ton löste allein die Darbietung des Tones die Beinflexion aus.

Ähnliche Versuche wurden mit der sogenannten psychogalvanischen Hautreaktion (PGR) und dem Lidschlagreflex durchgeführt. Bei letzterem wird ein Luftstoß ins Auge geblasen. Als Reaktion wird das Augenlid geschlossen.

PGR, psychogalvanic skin response = Elektrodermale Aktivität, Veränderung der bioelektrischen Gleichspannung bzw. des Hautwiderstandes als Antwort auf Außenreize

3.5 Thorndikes Konnektionismus

EDWARD LEE THORNDIKE führte die ersten Versuche mit „Tierpsychologie" durch. In den Fußstapfen von WUNDT untersuchte er experimentell die Lernmechanismen an Hühnern, Ratten und Katzen.

Während seiner experimentellen Arbeiten bemerkte THORNDIKE 1898, dass Leute bestrebt sind (oder zumindest damals bestrebt waren), intelligentes Verhalten bei Tieren nachzuweisen. Beispielsweise wird von einem weiteren Beweis für die „hohe Intelligenz" von Hunden sensationell berichtet, wenn ein (ausgesetzter) Hund seinen Weg zurück nach Hause (oft über Hunderte von Kilometern) findet. Es wird jedoch nicht von den hundert anderen Hunden berichtet – die verloren gehen.

THORNDIKES Werk wird meistens nur relativ kurz betrachtet, weil vieles erst durch SKINNER populär wurde.

SKINNERS Lehrmaschinen – die Grundlage für computerbasierende Lernprogramme – basieren auf Arbeiten von THORNDIKE.

Grundsätzlich besteht für THORNDIKE das Lernen aus der Bildung von neuralen Verbindungen (neurale Bahnen) zwischen Reizen und Reaktionen – aus diesem Grund auch der Name „Konnektionismus" (connectionism).

In Anlehnung an das Wachstafel-Modell von ARISTOTELES – der Begriff „Einprägen" hat ja dort seinen Ursprung – bezeichnet THORNDIKE das

- „Einstanzen" von Stimulus-Response-Verbindungen als Lernen und das
- „Ausstanzen" solcher Verbindungen als Verlernen (Vergessen).

Stimulus - Response

Für THORNDIKE ist Lernen die Bildung neuraler Verbindungen zwischen Reizen (stimuli) und Reaktionen (responses) und das Vergessen die Aufhebung solcher Verbindungen.

THORNDIKE ist auch deshalb für uns wichtig, weil unter anderem die (1911 patentierte) Lernmaschine von AIKINS, die wir später kennen lernen werden, auf den Arbeiten von THORNDIKE beruht.

Während THORNDIKE mit hungrigen Katzen in Käfigen („Problemkäfig") experimentierte, formulierte er dazu eine Reihe von Gesetzen:

3.5.1 Gesetz der Übung

1913 formulierte THORNDIKE sein Gesetz der Übung (Law of Exercise). Es besagt, dass Verbindungen zwischen Reizen und Reaktionen gefestigt werden, wenn diese häufig wiederholt werden.

Wiederholung (repetition) festigt die Stärke von neuralen Reiz-Reaktions-Verbindungen.

THORNDIKE bewies experimentell genau das, was ARISTOTELES schon vor 2500 Jahren im antiken Griechenland postulierte und die Basis für die traditionelle behavioristische Pädagogik – bis zum heutigen Tag – darstellt. „Drill and Practice"-Lernsoftware (siehe Modul 4 und 5) macht beispielsweise von diesem Gesetz Gebrauch.

3.5.2 Gesetz des Effekts

Im täglichen Leben sehen wir, dass „Freude" und „Schmerzen" die wir erhalten, wichtige Determinanten für unser Verhalten darstellen.

Determinante = bestimmender Faktor

Bereits die antiken Griechen gingen von der Tatsache aus, dass der Mensch versucht, „Freude" zu erleben und „Schmerz" zu vermeiden. Dieses Verhalten heißt Hedonismus und spielte in der Philosophie seit ARISTIPPOS *(um 400 v.Chr.) eine zentrale Rolle.*

In der Psychologie war es SPENCER, der 1872 (wissenschaftlich) feststellte, dass eine starke Korrelation (Abhängigkeit) existiert zwischen

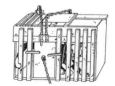

- angenehm – befriedigend und
- unangenehm – unbefriedigend.

THORNDIKE stellte bei seinen Katzenexperimenten ebenfalls fest, dass von mehreren Reaktionen, die auf den gleichen Reiz gemacht werden, diejenigen fester mit der Reizsituation assoziativ verknüpft werden, die eine Befriedigung (satisfaction) für das Versuchstier darstellen oder denen wenig später eine Befriedigung bzw. Belohnung (reward) folgt.

Bild 3.16 Eine typische „Problem-Box" (Vexierkasten) von Thorndikes Katzen-Experimenten, aus Lefrancois (95), 63

Nach THORNDIKE erfolgt das Lernen umso schneller und die Stärke der Verbindungen umso besser, je größer das Ausmaß der Befriedigung (durch genau diesen Lernvorgang) ist.

Das Gesetz des Effekts wird auch **Gesetz der Auswirkung** (Law of Effect) genannt. Die Reaktionen, die kurz vor einem befriedigenden Zustand gezeigt werden, werden mit höherer Wahrscheinlichkeit wiederholt. THORNDIKE bezeichnete als befriedigenden Zustand einen Zustand, den das Individuum versucht herbeizuführen oder aktiv aufrecht zu erhalten.

3.5.3 Gesetz der Lernbereitschaft

Mit dem „Gesetz der Lernbereitschaft" (Law of Readiness) drückte THORNDIKE die Tatsache aus, dass bestimmte Verhaltensmuster leichter gelernt (in behavioristischer Ausdrucksweise „eingeprägt") werden als andere. Er wies darauf hin, dass diese „Bereitschaft" sehr stark von der „Reife" der Vorkenntnisse der Lerner abhängen.

Es ist für Lerner „angenehm", wenn diese bereit sind zu lernen *und* dies auch durchführen können (oder dürfen). Umgekehrt gilt das gleiche: Werden die Lerner genötigt zu lernen – wenn nicht lernbereit – oder abgehalten vom Lernen – wenn bereit – führt dies zu einem unbefriedigenden Zustand.

Das Gesetz der Lernbereitschaft nach THORNDIKE besagt, dass für einen optimalen Lernerfolg ein bestimmter Zustand des Organismus gegeben sein muss.

In groben Zügen erkannte THORNDIKE, dass eine Reihe von Determinanten existieren, die den Lernerfolg mitbestimmen: beispielsweise passende Entwicklungshöhe (sonst Gefahr der Überforderung), Aufmerksamkeit, Motivation, Neugierde usw. (siehe Modul 6).

Bild 3.17 Das Gesetz der Lernbereitschaft von Thorndike

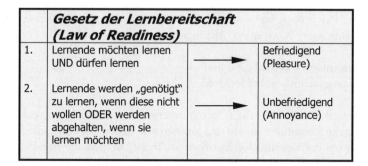

3.5.4 Gesetze höherer Ordnung

Zum Lernmodell von THORNDIKE gehören noch fünf weitere Gesetze, die hier nur der Vollständigkeit halber erwähnt werden:

- **Multiple Reaktion:** Der Organismus reagiert in einer Situation mit einer hohen Anzahl verschiedener Reaktionen. Dies führt zum bekannten Versuchs-Irrtum-Verhalten (trial and error) beim Problemlösen.
- **Einstellung:** Lernen wird wesentlich beeinflusst von Einstellungen und vorbestimmten Reaktionsweisen.
- **Vorherrschaft wichtiger Elemente:** Es ist für Lernende möglich, sich nur auf relevante Elemente in einer gegebenen Problemstellung zu konzentrieren und irrelevante (Ablenkreize) auszublenden.
- **Analoge Reaktionen:** Lernende, die sich in einer neuen Situation befinden, versuchen zunächst, schon bekannte Strategien anzuwenden. Dies ist umso wahrscheinlicher, je ähnlicher die neue Situation zu einer bereits erlebten ist.
- **Assoziatives Wechseln:** Eine Reaktion kann eine assoziative Bindung von einem Reiz zu einem anderen Reiz verlagern.

Nach LEFRANCOIS besteht der wichtigste Beitrag der Erkenntnisse von THORNDIKE aus drei Teilen: 1. Konsequenzen des Verhaltens bestimmen, was gelernt wird und was nicht, 2. Tierversuche zum Beweis von Theorien und 3. Anwendung dieser (untersuchten) Theorien in der Pädagogik.

3.6 Mathematische Lerntheorie

Im Folgenden streifen wir nur einige Schwerpunkte – wir können und wollen ja keine behavioristischen Lerntheoretiker werden, sondern wir sollen nur ein Gefühl für die Grundideen behavioristischer Theorien bekommen.

Unter den behavioristischen Lerntheoretikern hatte HULL das größte Interesse, Lernvorgänge mathematisch zu modellieren. Er stützte sich prinzipiell auf PAWLOW in Bezug auf Stimuli und Reaktionen. Allerdings bezeichnete er die Stimuli als Eingangs-Variablen (input) und die Reaktionen als Ausgangs-Variablen (output). Außerdem führte er weitere, nicht direkt beobachtbare Variablen ein: intervenierende Variablen.

Eine **intervenierende Variable** (IV) ist eine zwischen vorausgehender Beobachtung (input) und darauf folgendem, beobachtbaren Verhalten (output) *dazwischentretende* Variable, die nur mathematische (nicht beobachtbare) Vorgänge beschreibt.

Eingangsvariable und Ausgangsvariable können beobachtet und definitiv gemessen werden. Intervenierende Variablen sind hypothetisch und werden von Eingangs- und Ausgangsvariablen beeinflusst, können aber *nicht* gemessen werden.

Das System von HULL zeigt die zentralen behavioristischen Eigenschaften: objektiv, präzise und streng experimentell. Sein System bestand im wesentlichen aus 17 Postulaten in Form von deskriptiven Fragestellungen über das menschliche Verhalten. Aus diesen Postulaten leitete er 133 Theoreme und zahlreiche Subthesen ab. Hier kann nur ein ganz kleiner Überblick gegeben werden. Da es für Multimedia-Lernen nicht weiter relevant ist, werden interessierte Leser auf die Originalliteratur verwiesen (siehe Modulanhang).

HULL glaubte daran, dass das ganze menschliche Verhalten aus S-R-Verbindungen besteht. Als zentrales Konzept führte er den so genannten habit und als intervenierende Variable die **habit strength** im Sinne von „Gewohnheitsstärke" ein. Er versuchte damit die Stärke einer Verbindung zwischen einem Reiz (input) und einer Reaktion (output) zu definieren.

habit = „Erlerntes", „Erworbenes"

Nach HULL ist menschliches Verhalten vorhersagbar ... wenn man die richtigen Informationen und die richtige Formel hat.

Für die habit strength wählte HULL den Buchstaben H. Damit aber der Zusammenhang zwischen Stimulus und Response noch deutlicher wird, schrieb er $_SH_R$.

Für die habit strength ermittelte er folgende Formel:

$$H = M\,(1 - e^{-cN})$$

M ... Maximalwert von H
c ... konstante Lerngeschwindigkeit
N ... Anzahl der Lerndurchgänge

Bild 3.18 Grafische Darstellung der Formel von Hull

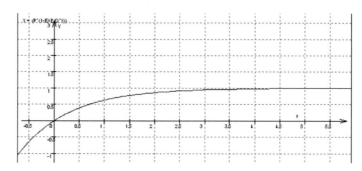

Wie wir aus der Funktion in Bild 3.18 sehen können, steigt H von einem Anfangswert $H = 0$ asymptotisch auf ein Maximum M an. Die Kenntnis des Wertes von H erlaubt allerdings *keine* Voraussage auf den (zukünftigen) Lernerfolg einer Person in einer neuen Lernsituation.

ESTES gibt in SQUIRE (1992) zwei Gründe dafür an: Stellen wir uns den Regelfall vor: Studierende lernen zu Hause, werden aber in einem Hörsaal, also einer völlig anderen Umgebung, geprüft. Unter Bezugnahme auf HULLS Prinzip der „stimulus generalization" müsste die effektive habit strenght H während der Prüfung einen reduzierten Wert annehmen, den wir als H' bezeichnen (unterschiedliche Lernumgebung).

Bild 3.19 Hull löste mit seinen mathematischen Lerntheorien bei den Studierenden Angst und Schrecken aus, aus Lefrancois (95), 77

Was aber in dieser Formel keinesfalls berücksichtigt wird, sind Einflüsse wie veränderte Motivation, Aufregung, Konzentration usw., was HULL natürlich auch bekannt war. Aus diesem Grund führte er eine weitere Variable ein, die er als **Drive** D bezeichnete, das mit „Antrieb" (nicht mit Trieb verwechseln!) übersetzt werden kann.

Wir werden uns mit Motivation, Aufmerksamkeit, Arousal (Anregung), Antrieb usw. noch eingehend in Modul 6 (Einflüsse) beschäftigen.

HULL verknüpfte die habit strength H mit seinem Drive D und erhielt eine neue Formel:

$$E = H \cdot D$$

E ... excitatory potential (Reaktionspotential)
H ... habit strength
D ... Drive (inkludiert motivationale und emotionale Aspekte)

Der Drive D (Antriebsstärke) inkludiert als zentrales Konzept in HULLS Lerntheorie motivationale und emotionale Aspekte.

Interessant ist die Tatsache, dass es sich in obiger Formel um eine multiplikative Verknüpfung der beiden Variablen handelt: Wenn der Wert einer der Variablen null ist, wird das Reaktionspotential ebenfalls null. Das impliziert die Tatsache, dass in Abwesenheit eines Antriebes (Drive = 0) es völlig egal ist, wie intensiv die Reizung, wie groß die Verstärkung oder wie groß die Gewohnheit ist: Eine Reaktion findet nicht statt.

Abschließend werfen wir einen (kurzen!) Blick auf einen Ausschnitt des Systems von HULL. Wir wollen uns damit nicht näher beschäftigten. Uns soll dieses Beispiel lediglich zeigen, welche Arbeitsweisen innerhalb des Behaviorismus üblich sind, damit wir ein Gefühl für die spätere Gegenüberstellung der einzelnen Richtungen haben.

Für ein bestimmtes Verhalten einer bestimmten Person zu einer bestimmten Zeit gilt nach HULL folgendes Input-Output-System:

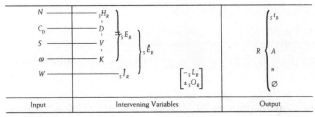

Bild 3.20 Keine Angst! Dieser Ausschnitt aus dem Input-Output-System von Hull (aus Lefrancois, 95, 78) soll uns lediglich die rasche Komplexität mathematischer Lerntheorien zeigen

Input variables
N = number of prior reinforcements
C_D = drive condition
S = stimulus intensity
ω = amount of reward (weight)
W = work involved in responding

Intervening variables
$_SH_R$ = habit strength
D = drive
V = stimulus-intensity dynamism
K = incentive motivation
$_S\bar{E}_R$ = reaction potential
$_S\bar{I}_R$ = aggregate inhibitory potential
$_S\dot{E}_R$ = net reaction potential
$_SL_R$ = reaction threshold
$_SO_R$ = oscillation of reaction potential

Output variables
R = the occurrence of a response, measured in terms of $_St_R$, A, and n
$_St_R$ = response latency
A = response amplitude
n = number of nonreinforced trials to extinction
$\emptyset$ = no response (not used as a symbol by Hull)

3.7 Operante Konditionierung

Bei der operanten Konditionierung wird die Auftretenswahrscheinlichkeit eines Verhaltens aufgrund der Konsequenzen dieses Verhaltens verändert. Folgt dem gezeigten Verhalten eine angenehme Konsequenz, so erhöht sich die Wahrscheinlichkeit, dass dieses Verhalten in gleichen oder in ähnlichen Situationen wieder gezeigt wird. Folgt dem Verhalten aber eine unangenehme Konsequenz, so verringert sich die Wahrscheinlichkeit, dass das Verhalten wieder auftritt. Das operante Konditionieren wird daher auch Erfolgslernen oder instrumentelles Lernen genannt.

Bild 3.21 Burrhus Frederick Skinner (1904 – 1990) untrennbar mit behavioristischem Lernen verbunden [W4]

> Operantes Konditionieren verändert die Wahrscheinlichkeiten der Reaktionen als Funktion ihrer Konsequenzen.

Den Begriff „operant" prägte SKINNER. *Er bezeichnete als „operantes Verhalten" ein Verhalten, das durch seine Folgen in der Umwelt beeinflusst wird.*

> Obwohl der Behaviorismus „offiziell" von WATSON gegründet wurde und viele Theoretiker an der Systementwicklung beteiligt waren, ist der Name SKINNER praktisch ein Synonym für das behavioristische Lernen geworden.

Programmiertes Lernen, programmierte Unterweisung (PU)

Für uns besonders von Interesse ist, dass SKINNER der Begründer des in den 50er Jahren populär gewordenen „programmierten Lernens" ist. Damit ist er der Vater von klassischen „Lernmaschinen", die praktisch die Vorläufer von (natürlich auch heute noch oft verwendeter) „Drill & Practice"-Software waren.

SKINNER formulierte für seine Lernprogramme sieben didaktisch wichtige Schritte, deren Implementierung in – behavioristische – Software zu berücksichtigen ist:

7 didaktische Schritte

- Auf jede Antwort muss unmittelbar eine **Rückmeldung** (R/F) erfolgen.
- Alle Lernenden müssen eine Unterrichtseinheit jeweils in ihrem persönlichen **Lerntempo** bewältigen können.
- Alle **Lernziele** müssen klar, objektiv und eindeutig formuliert werden, um gezielt Rückmeldungen (Belohnungen) geben zu können.
- Aufgaben sollten so gestellt werden, dass diese mit hoher Wahrscheinlichkeit richtig gelöst werden können (**Erfolgssicherheit**, Vermeidung von Frustrationen).
- Der Lernstoff muss in eine genau geregelte und festgelegte **Abfolge** von Frage-und-Antwort-Kombinationen gebracht werden, mit sukzessivem (allmählichem) Anstieg des Schwierigkeitsgrades.

- Die Lernenden sollten möglichst aktiv und selbstständig – **interaktiv** – sein und die Fragen und Aufgaben auch wirklich selbst bearbeiten.
- Besonders ausdauerndes, gutes und korrektes Arbeiten sollte durch zusätzliche **Belohnungen** weiter verstärkt werden.

Die Bezeichnung **„instrumentelle Konditionierung"** wurde von HILBERTH & MARKES verbreitet und drückt aus, dass es sich bei den gelernten Reaktionen um ein **Instrument** handelt, um bestimmte Effekte (beispielsweise Belohnung erhalten und Bestrafung vermeiden) zu erzielen. Häufig wird auch die Bezeichnung „trial and error learning" verwendet.

Die Bezeichung „operante Konditionierung" wurde ursprünglich von SKINNER eingeführt. Der Überbegriff für operantes und instrumentelles Lernen lautet **„Verstärkungslernen"**.

Unter (positiver) Verstärkung verstehen wir eine Belohnung, ähnlich wie sie bei der Tierdressur eingesetzt wird.

Das Modell der operanten Konditionierung beruht wieder auf Prinzipien des Hedonismus: Unser Verhalten ist – überspitzt ausgedrückt – auf „Steigerung der Lust" und „Verminderung von Schmerz" ausgerichtet.

Allerdings werden diese Prinzpien in der streng experimentellen (behavioristischen) Ausrichtung von SKINNER nicht explizit in den Vordergrund gerückt.

Eine Zusammenfassung soll uns die unterschiedliche Wirkung ein und desselben Verstärkers vor Augen führen:

Klassische Konditionierung (PAWLOW)	*Operante Konditionierung* (SKINNER)
Ein zu einer definierten Reaktion führender Stimulus wird ersetzt durch einen konditionierten Stimulus	Eine ausgewählte Reaktion wird (positiv oder negativ) verstärkt
Type S: stimuli (Reiz-Reaktion)	*Type R: reinforcement (Verstärkung)*
... respondentes Verhalten wird als Reaktion auf Reize (unfreiwillig) ausgelöst	... operantes Verhalten tritt als instrumentelle Aktivität (freiwillig) auf

Bild 3.22 Zentrale Unterschiede zwischen klassischer und operanter Konditionierung

Drei Dinge sind für ein operantes Konditionierungsexperiment notwendig:

- ein lebendes **Individuum**,
- ein **Verzweigungspunkt**, an dem mehrere Varianten möglich sind, und
- darunter **eine Variante**, die für das Individuum *vorteilhafter* (reizvoller oder befriedigender) ist als die anderen.

Bild 3.23 Eine typische Skinnerbox:
a = Lampe, b = Futtertrog, c = Hebel, d = elektrisch leitendes Metallgitter, e = Versuchstier, verändert nach Lefrancois (95), 95

In vielen Experimenten verwendete SKINNER *Tiere in einer Versuchsanordnung, wie Bild 3.23 zeigt. Die Verwendung von Tieren (und der Rückschluss auf menschliches Lernen!) machte ihn bei seinen Gegnern – wie wir später sehen werden – erst recht nicht beliebt.*

SKINNER war der Ansicht, dass die Ursachen für das Verhalten außerhalb des Organismus liegen. Nach seiner Auffassung ist die Wissenschaft vom (menschlichen) Verhalten die Entdeckung und Beschreibung von Gesetzen, welche die Interaktion zwischen Individuum (Reaktionen) und Umwelt (Reizen) beschreiben. Er arbeitete konsequent mit zwei Variablen:

Unabhängige Variablen (UV, independent variables) sind Variablen, die *direkt* experimentell (vom Forscher) beeinflusst werden können (im Experiment planmäßig variierbar).
Abhängige Variablen (AV, dependent variables) werden als Funktion der unabhängigen Variablen gemessen .

Das Hauptziel von SKINNER *war die Generierung von Gesetzen um den Zusammenhang von abhängigen und unabhängigen Variablen zu beschreiben. Sein Traum war, aufgrund solcher Gesetze das Verhalten vorherbestimmbar, beeinflussbar und steuerbar zu machen.*

Innerhalb des operanten Konditionierens werden einige verschiedene „Konditionierungsparadigmen" unterschieden. Die fünf wichtigsten (und am häufigsten untersuchten) sind:

- Belohnung (reward),
- Bestrafung (punishment),
- Unterlassung (omission),
- Flucht (escape) und der Sonderfall der
- Vermeidung (avoidance).

Diese Paradigmen können wir in folgendem Bild sehr anschaulich zusammenfassen:

Bild 3.24 Kontingenz (Verbundenheit) zwischen Reizantwort und auslösendem Stimulus

	... setzt ein	*... setzt aus, bleibt aus*
appetenter Stimulus ...	positives Verstärkungslernen Belohnung (reward)	Unterlassungslernen (omission)
aversiver Stimulus ...	Bestrafungs- lernen (punishment)	negatives Verstärkungslernen (avoidance)
		Spezialfall: Flucht

> **Positive Verstärkung** (positive reinforcement) ist der Einsatz (application) eines appetenten Stimulus.
> **Negative Verstärkung** (negative reinforcement) ist das Fernhalten eines aversiven Stimulus.

3.8 Behaviorismus in der Anwendung

3.8.1 Shaping

Bei der Verhaltensformung (shaping) wird durch Verstärkung von Teilkomponenten das Verhalten schrittweise an das endgültig erwünschte Verhalten angenähert.

SKINNER *hat beispielsweise Tauben beigebracht, sich im Kreis zu drehen: Zuerst verstäkte er jede Bewegung, die in die gewünschte Richtung ging. Später verstärkte er nur mehr das Verhalten, das dem erwünschten Zielverhalten immer ähnlicher wird.*

3.8.2 Chaining

Beim Reflexkettenlernen (chaining) wird eine Reihe von Einzelreaktionen zu einer komplexen Verhaltensfolge zusammengefasst.

Dabei wird zuerst die letzte Reaktion gelernt, die in der Verhaltenskette auftauchen soll. Diese letzte Reaktion erhält eine **primäre Verstärkung**. Daraufhin wird sie nur noch dann verstärkt, wenn das vorletzte erwünschte Verhalten vor der letzten Reaktion gezeigt wird. Die letzte Reaktion wird somit zum **sekundären Verstärker** der vorletzten Reaktion, die immer genau vor der letzten Reaktion auftreten muss. Der Kette wird jeweils ein Glied nach dem anderen hinzugefügt. Dabei ist jedes Glied dieser Kette ein diskriminativer (unterschiedlicher) Hinweisreiz für die nächste Reaktion, aber gleichzeitig ein sekundärer Verstärker der unmittelbar vorausgehenden Reaktion.

3.8.3 Fading

Beim Prinzip abnehmender Lernhilfen (fading) wird der Organismus nur bei bestimmten Hinweisreizen verstärkt.

fading = schwindend

Lernen bedeutet in diesem Kontext die differenzierte Berücksichtigung von minimalen Reizunterschieden (siehe Psychophysik in Band 1, Modul 3).

SKINNER *brachte seinen Tauben bei, die Wörter „turn" und „peck" zu unterscheiden, so dass sich die Taube dreht, wenn das Wort „turn" erscheint und beim Wort „peck" pickt.*

3.8.4 Gegenkonditionierung

Eine weitere Anwendung ist die so genannte **Gegenkonditionierung**. Dabei wird ein häufig auftretendes, unerwünschtes Verhalten dadurch in seiner Auftretenswahrscheinlichkeit reduziert, dass systematisch ein anderes Verhalten – das ebenfalls in solchen Situationen gezeigt wird – verstärkt wird, während das unerwünschte Verhalten „gelöscht" wird.

Experimentelle Untersuchungen zeigten, dass das Prinzip der Gegenkonditionierung besser geeignet ist, ein unerwünschtes Verhalten abzubauen, als das Prinzip der Bestrafung. Dies gilt insbesondere, wenn das neue Ersatzverhalten mit dem unerwünschten Verhalten unvereinbar ist. Einem Organismus fällt es leichter, ein Verhalten nicht mehr zu zeigen, wenn ein Alternativverhalten aufgebaut wurde.

3.8.5 Feedback

Wirkung von Lob und Tadel

Die Theorie von SKINNER basiert hauptsächlich auf der **Rückmeldung** (feedback). Eine Rückmeldung kann in Form von Lob (praise) *oder* Tadel (reproach) erfolgen. Es wurde stets davon ausgegangen, dass Lob im Sinne eines angenehmen Reizes die Leistung steigere, Tadel als unangenehmer Reiz hingegen die Leistung vermindert.

Lob sollte generell günstigere Auswirkungen auf das Lernen haben als Tadel, wobei stets von folgenden Annahmen ausgegangen wurde:

• Menschen werden lieber gelobt als getadelt,
• Menschen strengen sich zur Erreichung von Lob (positiver Verstärker) mehr an als zur Abwendung von Tadel (negativer Verstärker), und
• erhöhte Anstrengung führt zu besseren Leistungen.

In vielen Untersuchungen konnte diese Annahme auch bestätigt werden. Allerdings gab es auch eine Reihe von Studien, die das Gegenteil belegten: dass Tadel wirksamer als Lob sei [vgl. Experimente von ARONSON & CARLSMITH (1963), z.B. in MCCORD (1997)].

Gelobte bzw. getadelte Lernende bringen bessere Leistungen als Lernende, die kein „bewertendes" Feedback erhielten.

MEYER u.a. (1984) konnte beispielsweise zeigen, dass Lob von den Gelobten nicht immer als positiver Anreiz und Tadel von den Getadelten nicht immer als Bestrafung aufgefasst wurden. Diese Erkenntnisse wurden als **„paradoxe Effekte von Lob und Tadel"** bezeichnet.

Nach OLEARY & OLEARY (1977) sollten mindestens drei Voraussetzungen erfüllt sein, damit Lob auch tatsächlich erfolgreich wirkt:

- Lob muss **kontingent**, also nur bei bestimmten Leistungen, erteilt werden,
- Lob muss **spezifiziert** gegeben werden: aus dem Lob soll hervorgehen, wofür der Lernende gelobt wird, und
- Lob muss auf jeden Fall für die Lernenden **glaubwürdig** erscheinen.

Es darf nicht vergessen werden, dass die Qualität einer Verhaltenskonsequenz (angenehm oder unangenehm) letztlich durch das Individuum selbst festgelegt wird. Scheinbar unangenehme Konsequenzen können durchaus auch als positive Verstärker wirken.

Der klassische Fall sind unaufmerksame, den Unterricht störende Schüler, die vom Lehrer getadelt werden. Der Tadel wird nämlich dann zum Verstärker, wenn der Schüler durch sein störendes Verhalten die Aufmerksamkeit des Lehrers erreicht und dadurch soziale Zuwendung durch den Lehrer erfährt. Der Schüler wird sein Verhalten nicht ändern, sondern – ganz im Gegenteil – beibehalten.

3.8.6 Biofeedback

Biofeedback schließlich ist eine Möglichkeit, **schwache Kontingenzen** vergrößert darzustellen. Der Einsatz technischer Apparate hat es ermöglicht, physiologische Reaktionen aufzuzeichnen und via visueller oder auditiver Wiedergabe über Veränderungen von Körperprozessen wie Muskelkontraktion, Gehirnwellen, Temperatur und Blutdruck zu informieren. Diese Körperreaktionen werden sichtbar dargestellt und der Versuchsperson zurückgemeldet.

Das von NEAL MILLER *(1978) eingeführte Verfahren hat vielen Menschen geholfen, Kontrolle über eine ganze Reihe nicht bewusster biologischer Prozesse zu erwerben. Als Verstärker wirkt dabei das Gefühl des Erfolges und des persönlichen Stolzes, zu wissen: „Ich kann das". Solche Überlegungen sind für den Computereinsatz nicht unerheblich.*

3.9 Implikationen für Lernen und Computer

In einer behavioristischen Lernsitzung (die typische, klassische „Unterrichtsstunde") haben traditionelle Lehrer die volle Kontrolle über die Lernumgebung.

Die Lehrenden sind dabei **„Instruktoren"**, die

- genau vorgegebenen Lernstoff
- in genau vorgegebener Zeit

- unabhängig vom Vorwissen der Studierenden
- zielorientiert und effizient

vermitteln.

Die Vermittlung von **Faktenwissen** steht dabei extrem im Vordergrund, was zunächst (siehe Modul 2) auch wichtig und grundlegend ist, beispielsweise für späteres Konzeptlernen und selbstständiges Problemlösen.

Allerdings bleiben die „traditionellen Lehrenden" meistens bei der Vermittlung von Faktenwissen stehen. Auf der Gegenseite bildet sich ein anderes Extrem: Viele „moderne" Lehrenden, besonders wenn diese sich selbst als „konstruktivistisch" bezeichnen, versuchen den „Behaviorismus" rigoros abzulehnen.

Auch ist die Mehrzahl verfügbarer Lernprogramme überwiegend nach behavioristischen Prinzipien gestaltet.

Für viele Lernvorgänge sind behavioristische Ansätze aber auch durchaus zufriedenstellend und ausreichend.

Mit der Entwicklung alternativer Sichtweisen des Lernens (wir werden jetzt Kognitivismus und Konstruktivismus kennen lernen) ist der Behaviorismus aber vor allem von wissenschaftlicher Seite zunehmender Kritik ausgesetzt.

3.10 Kritik

Eine Hauptkritik am Behaviorismus bezieht sich auf die grundsätzlich sehr eingeschränkte und einseitige Auffassung über die Natur des Lernens. Dessen Reduzierung auf **Konditionierung** und die Blackbox-Betrachtung des menschlichen Bewusstseins führen fast zwangsläufig zur Vernachlässigung individueller Faktoren. Wir haben ja gesehen, wie rasch die Beschreibung einfacher Lernvorgänge im System von HULL mit Hilfe der Sprache der Mathematik hochkomplex wird (siehe Bild 3.20).

Eine dermaßen eingeschränkte Sichtweise ist naturgemäß unvollständig und eher zur Erreichung sehr „einfacher" Lernziele (z.B. Dressur im Zirkus) geeignet – was traditionelle Behavioristen natürlich gar nicht gerne hören.

Auch wird in einer behavioristisch orientierten Prüfung lediglich Faktenwissen „abgefragt", was einer bloßen Wiedergabe von „eingeprägten" Informationen entspricht. In den meisten Fällen gehen diese Informationen bald nach der Prüfung wieder verloren und stehen daher leider nicht für die Konzeptbildung oder spätere Problemlöseprozesse zur Verfügung.

Lernprozesse ohne direkt beobachtbares Verhalten können durch behavioristische Theorien nicht erklärt werden.

Den traditionellen (behavioristischen) Lernformen liegt eine so genannte **„Nürnberger-Trichter-Didaktik"** zugrunde: Individuelle Schwerpunktsetzungen existieren kaum, die Aufgabe der Lernenden ist hauptsächlich passiv und auf die bloße Rezeption und Repetition des dargebotenen Lernstoffes beschränkt.

Bedenklich müssen die – unter anderem von THISSEN (1997) – kritisierten Prämissen erscheinen, die sich aus einer rein objektivistischen Sichtweise ableiten. Praktisch basiert die ganze „Lehrmaschinentheorie" von SKINNER und in weiterer Folge ein Großteil moderner Lernsoftware darauf:

- Die Lehrenden **wissen**, was die Lernenden in Zukunft wissen müssen.
- Die Lehrenden **steuern** den kompletten Lernprozess der Lernenden.
- Es existiert eine optimale **Reihenfolge** für die Lernimpulse.
- Die Lernenden müssen die Inhalte **exakt** wiedergeben können.

Ein typisches Problem, das aus diesen Prämissen resultiert, ist die Tatsache, dass Studierende in einer solchen Lernumgebung den Lehrstoff eben nur mehr für Prüfungen auswendig lernen und danach wieder vergessen – schade um den kognitiven Aufwand.

Bild 3.25 Die Lehrenden steuern den Lernprozess der Lernenden

Die Lernenden eignen sich in einer rein behavioristischen Lernumgebung keine ausreichenden Fähigkeiten an, um komplexe Probleme aus der Realität zu lösen [vgl. dazu beispielsweise eine Studie von HOLZINGER (1997)].

Wir werden später sehen, wie durch eine **sinnvolle Kombination** mehrerer verschiedener Sichtweisen ein optimales Ergebnis angestrebt werden kann.

3.10.1 Nachteile des Behaviorismus

Dem Behaviorismus werden *viele* Nachteile zugeschrieben, hier nach BAUMGARTNER & PAYR (1994) und LEFRANCOIS (1995) die drei schwerwiegendsten:

- Vernachlässigung der **Qualität** von Geisteszuständen: Der Behaviorismus kann (und will!) nur den **Reiz-Reaktions-Mechanismus** erklären, aber *nicht* welche Gefühle, Gedanken usw. dahinter stehen.
- Das menschliche Gedächtnis wird nur als **passiver Behälter** gesehen, und Wissen wird nur gespeichert – nicht *„verarbeitet"* wie im Kognitivismus oder individuell *„konstruiert"* wie im Konstruktivismus.
- Ein hauptsächlicher Kritikpunkt ist die starke **mechanistische Auffassung,** die Betrachtung des Menschen als **„Tier"** und die Nichtberücksichtigung vieler „Randbedingungen".

131

Viele Menschen lehnen die **Tierversuche** und insbesondere die Generalisierung (Verallgemeinerung) von Tierversuchen auf den Menschen ab [vgl. LEFRANCOIS (1995), S. 310].

3.10.2 Vorteile des Behaviorismus

Bei allen Nachteilen muss zur Kenntnis genommen werden, dass es auch viele sinnvolle und hinreichend befriedigende Anwendungen gibt.

Behavioristische Strategien sind vor allem bei einfachen Problemstellungen und beim Aneignen von **Faktenwissen** (siehe Modul 2) von Vorteil.

Typische Beispiele dafür sind Vokabellernprogramme. In Hypermedia-Systemen spielen behavioristische Sichtweisen vor allem bei der Implementierung tutorieller Systeme eine Rolle (siehe Modul 4).

Bild 3.26 Zum Erlernen von bestimmten Routineabläufen sind behavioristische Lernstrategien unverzichtbar

Zusammengefasst ergeben sich folgende Vorteile:

*   gut zur Erklärung von einfachen **„Drill & Practice"**-Mustern, z.B. Vokabellernen in einem Sprachlabor oder einer multimedialen Lernumgebung am Computer mit klassischer Lernsoftware. Unverzichtbar zum Erlernen von bestimmten **Reaktionsmustern** wie beispielsweise beim Maschinschreiben, Steuern eines Flugzeuges im Routineflug (in kritischen Situationen müssen Piloten nämlich rasch hochkomplexe Probleme lösen!), Autofahren (Standardabläufe), medizinische Operationen (Standardeingriffe), Routine-Laborarbeiten, Klavierspielen (gemeint ist das Nachspielen – nicht verwechseln mit Komponieren neuer Musikstücke), Jonglieren usw.
*   Die Produktion korrekter Stimulus-Response-Verbindungen ist die Grundlage zur Aneignung von **Faktenwissen** (siehe unser Modul 2), und wir dürfen niemals vergessen, dass diese Fakten die **Grundlage** für Konzeptwissen und Problemlösen darstellen.
*   Dieses Paradigma ist geeignet, **mathematische Modelle** aufzustellen und (einfache) Lernvorgänge mathematisch und statistisch zu beschreiben und daraus gewisse Gesetze abzuleiten. Für die experimentelle Forschung ist das ideal.

Jetzt sind wir natürlich schon gespannt, welche Eigenschaften die kognitivistische Sichtweise hat und welche Vor- und Nachteile dort auf uns warten.

4 Kognitivismus

4.1 Überblick

Im allgemeinen verstehen wir unter Kognition (cognition) jeden mentalen Prozess, der mit den zentralen Elementen Erkennen und Wissen zu tun hat, wie beispielsweise:

Kognition = Prozess der Aufnahme und Organisation von Information mit dem Ziel Wissenserwerb

- **Begriffsbildung** (Conception – to conceive),
- **Wahrnehmung** (Perception – to perceive),
- **Wiedererkennen** (Recognition – to recognize) und
- **schlussfolgerndes Denken** (Reasoning – to reason).

Innerhalb des Kognitivismus stehen Denkprozesse und Verarbeitungsprozesse der Lernenden im Mittelpunkt – ganz im Gegensatz zum Behaviorismus, bei dem ja nur die äußeren Bedingungen des Lernens betrachtet werden.

Eine wesentliche Abgrenzung des Kognitivismus zum Behaviorismus bzw. Objektivismus ist, dass die Ansicht des Gehirns als Blackbox, bei der nur die äußeren Bedingungen (Input und Output) interessieren, aufgegeben wird. Der Mensch wird als **Individuum** akzeptiert, das nicht durch äußere Reize steuerbar ist, sondern selbstständig und unterschiedlich diese Reize verarbeitet.

Durch den Informationsverarbeitungsansatz bestehen enge Beziehungen zum Forschungsgebiet der Künstlichen Intelligenz (KI).

Ein Lernvorgang läuft aus der Sicht des Kognitivismus wie ein klassischer Informationsverarbeitungsprozess ab.

Es gibt eine Eingabe (über die Sinnesorgane, siehe Band 1), die das Gehirn als „informationsverarbeitendes Gerät" aufnimmt, verarbeitet und daraus eine Ausgabe generiert (erzeugt). Auf dieser (und nur auf dieser!) sehr abstrakten Ebene werden das menschliche Gehirn und ein Computer als äquivalent angesehen.

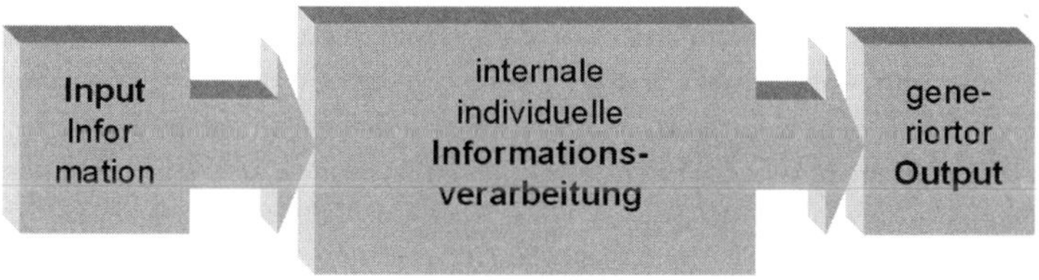

Input Infor mation → **internale individuelle Informationsverarbeitung** → **generierter Output**

Bild 3.27 Lernvorgänge aus der Sicht des Kognitivismus basieren auf informationstheoretischen Ansätzen (Erklärung im Text)

133

Die Eingabe bilden – in einem Medium oder multimedial – codierte Informationen. Die Lernenden nehmen diese Informationen auf, decodieren sie mit Hilfe des zur Verfügung stehenden Vorwissens (Fakten, Konzepte) und generieren daraus eine Ausgabe. Da die Ausgabe vom **Vorwissen** und von internalen Prozessen abhängig ist, können die Ausgaben von verschiedenen Lernenden trotz gleicher Eingabe unterschiedlich ausfallen (Bild 3.27).

Dieses Modell dient zur Erklärung möglicher **Lernprobleme**. Generiert der Lernende entsprechend einer bestimmten Eingabe eine falsche Ausgabe, so waren entweder

- die **Eingabeinformationen** fehlerhaft (z.B. durch Verwendung eines unpassenden Mediums zur Codierung der Eingabeinformation), oder
- die **Informationsaufnahme** des Lernenden wurde gestört (z.B. durch äußere Ablenkreize, Störungen), oder
- die **Informationsverarbeitung** des Lernenden selbst wurde gestört (z.B. durch interne Ablenkreize, Motivationsprobleme, Konzentrationsstörungen oder einfach durch Mangel an Vorwissen).

Im Kognitivismus werden die Lernenden als eigenständige Persönlichkeiten betrachtet, die äußere Stimuli selbstständig und aktiv internal verarbeiten – und nicht nur bloß reagieren.

4.2 Historische Entwicklung

SOKRATES versuchte, einem Sklaven den Satz des PYTHAGORAS beizubringen, indem er ihn diesen selbst „finden" ließ – anstatt es ihn einfach auswendig aufsagen zu lassen. Seit damals wurde versucht, die inneren mentalen Prozesse des Denkens, Lernens und der Wissensfindung (Kognition) zu erforschen [vgl. SQUIRE (1992), S. 574].

Philosophie, Psychologie und Linguistik – die Mutterdisziplinen der Kognitionswissenschaft

Kognitivismus ist aus historischen Gründen eine Sammelbezeichnung von „Mutterdisziplinen" der Kognitionswissenschaft – namentlich Philosophie, Psychologie und Linguistik.

Das Auftauchen des eigentlichen kognitivistischen Paradigmas – in unserem heutigen Sinn – ist schwer abzugrenzen, hat seine Wurzeln aber zweifelsohne in den zwanziger Jahren, nach einer behavioristischen Übergangsphase mit HEBB, und basiert hauptsächlich auf Arbeiten von TOLMAN, LEWIN, BRUNER und PIAGET.

Insbesondere wird die von JERRY FODOR und ZENON PYLYSHYN vertretene philosophisch-psychologische Grundlegung der Kognitionswissenschaft, die Computertheorie des Geistes, als Kognitivismus bezeichnet. Diese Theorie stützt sich wiederum auf das von ALLEN NEWELL und HERBERT SIMON formulierte Prinzip der **Symbolverarbeitung**.

Computertheorie des Geistes (computational theory of mind, CTM)

Die kognitionstheoretische Grundposition unterschied sich immer mehr vom Behaviorismus dadurch, dass die Lernenden als Individuen begriffen wurden, die äußere Reize aktiv und selbstständig verarbeiten und nicht einfach durch äußere Reize steuerbar sind. Dieser Unterschied wurde so bedeutsam, dass in den sechziger Jahren der Begriff der **„kognitiven Wende"** für die zunehmende Orientierung am Kognitivismus verwendet wurde. Wichtige Grundlagen lieferte insbesondere die Richtung der **Gestaltpsychologie** (siehe Kapitel 4.5), die ein Ansatz zum Verständnis der Entstehung von Ordnung im psychischen Geschehen ist und ihren Ursprung in Erkenntnissen von JOHANN WOLFGANG VON GOETHE, ERNST MACH, WILLIAM JAMES und besonders von CHRISTIAN VON EHRENFELS (Grazer Schule) und den Forschungsarbeiten von MAX WERTHEIMER, WOLFGANG KÖHLER, KURT KOFFKA und KURT LEWIN haben, die sich gegen die behavoristische und triebtheoretische Sicht wandten.

JEROME SEYMOUR BRUNER (1961) betonte die soziale Interaktion als integralen Teil menschlicher Informationsverarbeitung. Unter anderem entwickelte er die **Entdeckungstheorie** des Lernens und sah das **Problemlösen** mit strukturierten Suchstrategien als zentralen Bestandteil des entdeckenden Lernens. Er lieferte zweifelsohne wichtiges Basiswissen für die späteren Theorien des Konstruktivismus.

JEAN PIAGET (1896 – 1980) erforschte das Lernen von Kindern. Er erkannte, dass Kinder ihr eigenes Modell der Umwelt „konstruieren" und Wissen auf der Tatsache von **Konzeptbildung** aneignen. Einfache Konzepte werden, abhängig von der Altersstufe, durch immer ausgefeiltere Konzepte ersetzt (kognitive Entwicklungstheorie). PIAGETs Beiträge zum Kognitivismus waren so vielfältig, dass 1970 die Jean-Piaget-Society gegründet wurde [W5].

Ein weiterer bemerkenswerter Kognitivist, auch wenn nicht so bekannt, ist LEV S. VYGOTSKY (1896 – 1934), der die Theorie der „Zone of Proximal Development (ZPD)" aufstellte („proximal" kommt aus der Anatomie und heißt „körpernah").

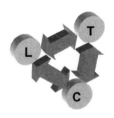

Im **ZPD-Modell** von VYGOTSKY (Bild 3.28) befinden sich die Lernenden, die Lehrenden und das Lernmaterial in einer Dreierbeziehung, die untereinander in Verbindung stehen und mit einem zu lösenden Problem interagieren. Die Idee von VYGOTSKY (1962) ist es, die Schwerpunkte bei der Lösung eines Problems so individuell zu verteilen, dass der Lernende, der Lehrende und das Problem (Lernstoff) den jeweils optimalsten Beitrag zur Problemlösung liefern.

Bild 3.28 Das ZPD-Modell von Vygotsky,
L = Lernender,
T = Lehrender,
C = Lernstoff (contents)

4.3 Kognitivistisches Paradigma

Lernen wird im Kognitivismus als **„Wechselwirkung"** eines externen Informationsangebots mit einer bereits intern vorhandenen Wissensstruktur verstanden.

Dies steht im Gegensatz zum späteren Konstruktivismus, bei dem die Bildung interner Strukturen durch innere Zustände determiniert angesehen wird. Eine stärkere Zuwendung zu internalen Vorgängen bei den Lernenden ist – ist im Vergleich zum Behaviorismus – sehr positiv zu werten.

Generell geht es beim Kognitivismus nicht mehr darum, auf gewisse Reize mit einer (einzig) richtigen Antwort zu reagieren. Vielmehr sollen Verfahren und Methoden zum aktiven **Problemlösen** erlernt und mit Hilfe dieser Verfahren richtige Antworten (von denen es im Gegensatz zum Behaviorismus unter Umständen mehrere gibt) erarbeitet werden.

Lehren und Lernen aus der Sicht des Kognitivismus wird nicht als reine Vermittlung, sondern als eine **Verarbeitung von Information zu Wissen** durch die Lernenden angesehen.

Bild 3.29 Die Informationsverarbeitung im Gehirn wird mit Rechenvorgängen in Computern verglichen

Dem Kognitivismus liegt vor allem die Vorstellung zugrunde, dass die wesentlichen Merkmale der Intelligenz grundsätzlich den Rechenvorgängen von Computern so sehr ähneln, dass Kognition als rechnerische Verarbeitung symbolischer Repräsentationen definiert werden kann.

Da beim Kognitivismus besonderes Augenmerk auf die im Gehirn ablaufenden Verarbeitungsprozesse gelegt wird, bestehen naturgemäß enge Beziehungen zum Forschungsgebiet der künstlichen Intelligenz (KI). In diesem Forschungsgebiet wird versucht, intelligentes Verhalten in technischen Systemen zu simulieren, d.h. es wird versucht, für die im menschlichen Gehirn ablaufenden geistigen Prozesse theoretische Modelle zu entwickeln, mit denen sich menschliche Denkprozesse erklären lassen (siehe Modul 2).

ITS versuchen, das Verhalten eines Lehrenden zu simulieren

Lernprogramme, die auf Basis dieser Forschungen entwickelt wurden, sind z.B. **intelligente tutorielle Systeme (ITS)**. Darunter wird eine Systemklasse von **adaptiven Lernsystemen** verstanden, die sich auf verschiedene Benutzer einstellen, ihnen individuelle Hilfestellungen geben und Alternativen beim Lösen von Aufgaben anbieten können (siehe Modul 4).

Mit dem Lernparadigma des Kognitivismus geht eine starke Betonung des so genannten **entdeckenden Lernens** einher, einem aus der kognitiven Psychologie heraus entwickelten Lehransatz, der auch mit späteren konstruktivistischen Auffassungen vereinbar ist.

4.4 Entdeckendes Lernen

Obwohl die Grundidee des entdeckenden Lernens (exploratory learning) sehr alt ist, wurde die **Theorie des entdeckenden Lernens** erst in den 60er Jahren von BRUNER entwickelt:

- Entdeckendes Lernen wird durch die Lernenden **selbst gesteuert.**
- Statt alle relevanten Informationen (wie im Behaviorismus) fertig strukturiert zu präsentieren, müssen die Lernenden **selbstständig** Informationen **entdecken, priorisieren** und **neu ordnen** – bevor sie daraus Wissen generieren, Regeln ableiten, Konzepte bilden und vor allem diese Regeln und Konzepte auf **neue Probleme** anwenden können.
- Lernvorgänge werden geleitet von **Neugier** und **Interesse** der Lernenden. Sie sollen **Lösungsansätze** und **Lösungswege** auf interessante Fragen und gestellte Probleme entwickeln – statt behavioristisch Fakten auswendig zu lernen.

Besonders wichtig ist bei dieser Form **selbst gesteuerten Lernens** ein hoher Grad an intrinsischer **Motivation** (siehe Modul 6). Der Stellenwert des impliziten Lernens und der Intuition wird, ganz im Gegensatz zum Behaviorismus, ebenfalls betont. Dem entdeckenden Lernen wird insgesamt eine motivierende Wirkung zugesprochen. Diese wird auch allgemein, z.B. von SCHULMEISTER (1996) bestätigt.

> intrinsisch = von innen her, aus eigenem Antrieb

Ziel kognitivistischen Lernens ist die Förderung des Konzeptlernens und die Ausbildung von **Problemlösungsfähigkeit.**

Die Anwendung des Konzepts des entdeckenden Lernens auf computerunterstützte Lernsysteme führte zur Entwicklung abwechslungsreicherer Lernumgebungen mit einer Vielzahl verschiedener Möglichkeiten. Diese lassen unterschiedlichen Lernenden verschiedene Wege offen und legen stärkeren Wert auf **Metawissen** (z.B. Wissen wie Wissen erworben wird).

Nach BALLIN (1996) geht es darum, ohne lange Vorbereitung durch freies Explorieren (d.h. durch selbstständiges Herumstöbern im angebotenen Lehrmaterial) nach eigenen Lösungswegen zu suchen und verschiedene Lösungsalternativen auszuprobieren.

Nach SIZEBKOWSKI (1997) ist es nicht ausreichend, den Lernenden einfach mehrere alternative Lernwege lediglich anzubieten, sie müssen auch daran interessiert sein, diese Lernwege auszuprobieren, d.h. die angebotenen Handlungsmöglichkeiten auch wirklich wahrzunehmen – entdeckendes Lernen kann aber selbst in der Lage sein, diese Motivation bei den Lernenden zu erzeugen.

> Entdeckendes Lernen ist auch gut mit konstruktivistischen Auffassungen zur Gestaltung von Lernumgebungen vereinbar. Zur Realisierung können u.a. Simulationen eingesetzt werden.

Aus dem Kognitivismus ging außerdem das Konzept des Lernens mit Mikrowelten hervor. Prominentestes Beispiel für Mikrowelten ist die von SEYMOUR PAPERT speziell für Kinder entwickelte Programmiersprache LOGO (siehe Modul 4, Kapitel 4.1).

Bild 3.30 Mit Logo können Kinder sehr früh beginnen ...

Schüler sollten nach PAPERT *mit LOGO programmieren und dadurch Konzepte aufbauen, erweitern und anwenden. Einer der Hintergründe des LOGO-Einsatzes war die Vermutung, dass das Lernen einer Programmiersprache die allgemeine kognitive Entwicklung fördert und positiven Einfluss auf logisches Denkvermögen und Problemlösungsfähigkeit hat. Dies konnte nach* WEIDENMANN *(1993) jedoch nicht nachgewiesen werden.*

Die Rolle der Lehrenden besteht beim entdeckenden Lernen darin, eine Lernumgebung vorzubereiten und die Lernenden zunächst einmal selbstständig handeln zu lassen. Eingriffe der Lehrenden erfolgen erst nach Bedarf, z.B. wenn die Lernenden gemachte Fehler nicht erkennen.

BALLIN *nennt die Analogie, dass die Lernenden ins Wasser geworfen werden und selbst versuchen müssen zu schwimmen. Die Lehrenden bieten lediglich Hilfsmittel an, die das Schwimmenlernen ermöglichen und greifen erst ein, wenn Lernende zu ertrinken drohen.*

Die beschriebenen Vorteile des entdeckenden Lernens müssen allerdings relativiert werden, denn die Wirkung dieser Art des Lernens hängt immer vom jeweiligen Lernenden ab. So differenziert z.B. SCHULMEISTER (1997) zwischen selbstsicheren, kompetenten Lernenden, für die entdeckendes Lernen seiner Meinung nach erfolgreich sein kann, und misserfolgsängstlichen Lernern, die eher vom angeleiteten Lernen profitieren. Auch BALLIN (1996) bemerkt, dass schwächere Lernende beim entdeckenden Lernen in manchen Fällen **überfordert** werden können.

> Entdeckendes Lernen ist *ein* positiver Ansatz, nicht jedoch ein Patentrezept für effektiveres Lernen.

4.5 Gestaltpsychologie

Society for Gestalt Theory, siehe [W6]

Der Gegenstand der Gestaltpsychologie (Gestalt psychology – der Begriff „Gestalt" wird auch im Englischen beibehalten) ist das Erkennen und Wahrnehmen der Umwelt – also wie Menschen die sensorischen Umweltreize interpretieren.

Aus der Gestaltpsychologie resultieren die **Wahrnehmungs-gesetze,** die für das Lernen generell und für das Design von Multimedia-Systemen speziell von Bedeutung sind (Band 3).

Menschen nehmen Objekte als eine sinnvolle „Ganzheit" wahr. Im Lernmaterial wird nach Zusammenhängen oder zu ergänzenden Lücken gesucht. Je nach Bedürfnis nehmen Menschen den Vordergrund oder den Hintergrund stärker wahr. Damit das eigentliche Lernmaterial, der Lerninhalt, in den Vordergrund rückt, muss aus der Sicht der Gestalt-psychologen der Lernstoff für die Lernenden von größtem Interesse sein.

Aus der Sicht der Gestaltpsychologie ist das Ganze mehr als die Summe seiner einzelnen Teile (Bild 3.31).

Wahrnehmung wird als ganzheitlich begriffen: Menschen sind in der Lage, ihre Umwelt holistisch (das Ganze betreffend) zu interpretieren. Beispiel: Die Bedeutung einer Note innerhalb einer Melodie. Die einzelne Note definiert sich von ihrem Umfeld her.

Bild 3.31 Typisches Beispiel für die Wirkung einer Gestalt

Gestalttheorie ist eine fächerübergreifende Theorie, die den Rahmen für unterschiedliche psychologische Erkenntnisse und Anwendungen darstellt.

Der Mensch wird als **offenes System** verstanden und steht ständig aktiv in einer (informationstheoretischen) Auseinan-dersetzung mit seiner Umwelt.

Die Interaktion eines Individuums mit einer aktuellen Situation im Sinne eines dynamischen Feldes bestimmt das Erleben und Verhalten und nicht allein „Triebe" (wie z.B. Psychoanalyse, FREUD) oder außenliegende Kräfte (z.B. Behaviorismus, SKINNER) oder feststehende Persönlichkeitseigenschaf-ten (klassische Persönlichkeitstheorie).

Zentrale Forschungsthemen der Gestaltpsychologie sind **Denken und Pro-blemlösen,** die durch sachbezogene Strukturierung, Umstrukturierung und Zentrierung des Gegebenen („Einsicht") in Richtung auf das Geforderte gekennzeichnet sind.

Im Gedächtnis werden Strukturen aufgrund assoziativer Ver-knüpfungen ausgebildet und differenziert. Sie folgen einer Tendenz zu **optimaler Organisation.**

Subjektiv nicht miteinander vereinbare Kognitionen einer Person führen zu **dissonantem Erleben** und zu kognitiven Prozessen, die diese **Dissonanz** zu reduzieren versuchen.

Erkenntnistheoretisch entspricht dem gestalttheoretischen Ansatz ein kritisch-realistischer Standpunkt. Auf der methodischen Ebene wird eine sinnvolle Verbindung von experimentellem mit phänomenologischem Vorgehen (experimentell-phänomenologische Methode) versucht. Zentrale Phänomene werden ohne Verzicht auf experimentelle Strenge angegangen. Gestalttheorie ist nicht als fixierte wissenschaftliche Position zu verstehen, sondern als ein sich weiter entwickelndes Paradigma. Durch Entwicklungen wie die der Theorie der Selbstorganisation von Systemen (HAKEN, PRIGOGINE) gewinnt sie auch über den herkömmlichen Rahmen der Psychologie hinaus an Bedeutung.

Prägnanz = optimale Abhebung und Gliederung eines Gebildes

Die wichtigsten Erkenntnisse der Gestaltpsychologie beziehen sich auf die **Prägnanz** wahrnehmbarer Figuren (Gesetz der guten Gestalt). Figuren, die durch Prägnanzfaktoren gekennzeichnet sind, heben sich besser von der Umgebung ab als Figuren, denen solche Merkmale fehlen.

Das Ganze ist nicht nur mehr als die Summe seiner Teile, sondern es hat Eigenschaften, die die einzelnen Komponenten nicht aufweisen

Prägnanzfaktoren sind z.B. Regelmäßigkeit, Symmetrie, Einfachheit und Geschlossenheit (siehe Band 3). Prägnante Figuren (gute Gestalten) werden schneller und genauer wahrgenommen und besser behalten (bessere Aufmerksamkeits- und Erinnerungswerte).

4.6 Konzeptlernen

Unter Konzeptlernen (concept learning) nach BRUNER wird ein induktives Lernen verstanden, bei dem eine **Zuordnungsregel** zu erschließen ist, mit deren Hilfe Objekte einem sprachlich-begrifflichen **Konzept** zugeordnet werden können. Dieses Prinzip ist nicht nur für menschliches Lernen wichtig, sondern vor allem für Prinzipien des maschinellen Lernens.

Ein Konzept ist jede „Regel", nach der bestimmte Reize mit bestimmten Reaktionen verknüpft sind. Ist die Regel durch ein Wort bezeichnet, sprechen wir von „Begriff".

Die wichtigsten Grundlagen zur Bildung von Konzepten lieferte BRUNER. Er unterschied zwischen der

- Konzeptbildung und dem
- Konzepterwerb.

Konzeptbildung heißt Wissen aufzubauen, dass einige Objekte (in ein Konzept) zusammengefasst werden können – andere Objekte hingegen nicht in dieses Konzept passen.

Konzepterwerb ist die Entdeckung von Eigenschaften (Attributen), die geeignet sind, zwischen Mitgliedern und Nichtmitgliedern einer gegebenen Objektklasse zu unterscheiden.

Das wohl bekannteste Beispiel dazu ist das Konzept „Vogel":

Das Individuum „Hansi" hat Federn und ist gelb. Es ist ein Vogel.
Das Individuum „Tweety" hat Federn und ist braun. Es ist ein Vogel.
Das Individuum „Billo" hat keine Federn und ist braun. Es ist kein Vogel.

Hierauf aufbauend wird eine Hypothese über Vögel aufgestellt: Sie haben Federn und irgendeine (eine beliebige) Farbe.

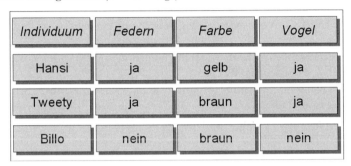

Bild 3.32 Ein typisches Klassifikationsschema

Individuum	Federn	Farbe	Vogel
Hansi	ja	gelb	ja
Tweety	ja	braun	ja
Billo	nein	braun	nein

PIAGET und VYGOTSKY beschäftigten sich beide mit der **Parallelität der Denk- und Sprachentwicklung.** PIAGET interpretierte seine Beobachtungen zur kindlichen Sprache als direkten Ausdruck der kindlichen Denkentwicklung. Das Kind spricht egozentrisch, weil es egozentrisch denkt. Seine Argumentation legt den Schluss nahe, dass sich die Denkentwicklung *unabhängig* von der Sprachverwendung vollzieht.

VYGOTSKY kritisierte eine Reihe von PIAGETS Aussagen und versuchte sie mit Hilfe von modifizierten Experimenten zu widerlegen. Seiner Meinung nach ist die Sprache des Kindes ein wichtiges Hilfsmittel beim Vollzug und bei der Entwicklung von Denkvorgängen. Eine Denkentwicklung ohne die Sprache erscheint *nicht* vorstellbar.

Nach BRUNER entstehen **Sprachmuster** direkt aus zuvor erworbenen sozial-kommunikativen Mustern. Gleichzeitig mit dem Sprechen erlernen Kinder die Kultur, in der sie leben werden. Als Voraussetzung dafür benötigen sie eine kognitive Grundausstattung. Unterstützt wird der Spracherwerb durch konventionalisierte soziale Routinen, die BRUNER als „Formate" bezeichnet. Laut SLOBIN benötigt ein Kind zwei wichtige kognitive Voraussetzungen zum Erlernen von Sprache:

- Verständnis für den **Inhalt**, den es ausdrücken möchte, und
- die Fähigkeit, **informationsverarbeitende Strategien** anzuwenden.

SLOBIN trennt dabei zwischen dem Verstehen einer Information und ihrem formal korrekten Ausdruck.

Bild 3.33 Die drei kognitiven Entwicklungsstufen der Menschheit nach Bruner: Kraft, Sinne, Intelligenz

APFEL

Bild 3.34 Ein Apfel kann repräsentiert werden a) durch einen echten Apfel, den man angreifen kann (enaktiv), b) durch ein Bild von einem Apfel, oder c) durch eine symbolische Repräsentation eines Apfels mit Hilfe eines Symbolsystems

In seinem klassischen Artikel „The course of cognitive growth" von 1964 vergleicht BRUNER die Entwicklung des Kindes mit der Evolution der Menschheit: In der frühen Entwicklungsstufe der Menschheit waren die Menschen weitaus nicht die „Schnellsten", die „Besten" oder die „Stärksten". Mittlerweile besteht kein Zweifel, dass der Mensch sich nur aus einem einzigen Grund bis heute erhalten hat: durch seine **Lernfähigkeit.**

BRUNER zählt drei kognitive Evolutionsstufen auf, die durch drei Wellen revolutionärer intellektueller Entwicklungen gekennzeichnet sind, wie die Entwicklung von Vorrichtungen zur Verstärkung (amplification)

*   der menschlichen **Kraft** („amplify human motor capacities"), wie z.B. Hebel, Flaschenzug, Rad usw.,
*   der menschlichen **Sinnesorgane** („amplify human senses"), wie z.B. Teleskop, Radio, Radar usw.,
*   der menschlichen **Intelligenz** („amplify human intellectual capacities"), wie z.B. Computer.

BRUNER meinte, dass sich das Repräsentationssystem von Kindern parallel zur Evolution der Menschheit entwickelt und sich in drei Schritte einteilen lässt:

*   enaktiv (enactive),
*   ikonisch (iconic), und
*   symbolisch (symbolic).

Die niedrigste Repräsentationsstufe ist **enaktiv** (motorisch, haptisch) und bezieht sich auf die erste Entwicklungsstufe: menschliche Muskelkraft (ein „realer" Apfel kann angegriffen werden (Bild 3.34). **Ikonisch** bezieht die Verwendung von (mentalen) Bildern als Hilfsmittel zur Repräsentation ein (Bild eines Apfels). **Symbolisch** ist die fortgeschrittenste Form der Repräsentation: durch Verwendung eines Symbolsystems (vgl. LEFRANCOIS (1995), S. 187)

4.7 Kognitive Entwicklung

Nach PIAGET strebt der menschliche Organismus mit Hilfe von zwei komplementären Mechanismen stets ein Gleichgewicht (Homöostase) mit seiner Umwelt an:

*   **Assimilation** – die Umwelt wird so behandelt, dass sie in die eigenen Strukturen passt,
*   **Akkomodation** – die eigenen Strukturen werden an die Umwelt angepasst (adaption).

142

Dadurch verändern sich die kognitiven Strukturen, d.h. die geistigen Instrumente, mit denen die Welt „begriffen" wird.

Die Welt differenziert sich aus (die Realität kann schrittweise immer genauer verstanden werden), immer mehr Welt kann integriert werden, und es kann immer mehr Distanz vom eigenen Standpunkt genommen werden (Dezentrierung). Die kognitve Entwicklung wird von inneren Gesetzmäßigkeiten gesteuert, ist aber auf eine vielfältige Umwelt angewiesen, die die kognitiven Prozesse anregt. Nach PIAGET verläuft diese Entwicklung in aufeinander aufbauenden Stufen:

- **Sensomotorische Phase:** Verstehen der Welt durch aktives Tun. Dabei entwickeln sich immer neue Handlungsschemata. Am Ende der Phase sind Objektpermanenz (die Person weiß, dass ein Gegenstand existiert, auch wenn sie ihn im Moment nicht sieht), Nachahmung (die Fähigkeit, bei anderen beobachtete, einfache Gesten und Handlungen nachzuahmen) und erster Symbolgebrauch (Symbolspiel, z.B. ein Stück Holz stellt ein kleines Kind dar und wird entsprechend behandelt) aufgebaut. **Alter: 0 bis 2 Jahre**

- **Präoperationale Phase:** Zusammenhänge werden in einer Richtung gesehen und sind, wie der Gebrauch von Symbolen und Begriffen, noch stark vom eigenen Standpunkt geprägt (das Kind ist noch nicht fähig, den Standpunkt anderer Personen zu verstehen und gleichzeitig seine eigene Sichtweise zu behalten). **Alter: 2 bis 7 Jahre**

- **Phase der konkreten Operationen:** In konkreten Handlungen können zwei Standpunkte gleichzeitig berücksichtigt und Zusammenhänge von beiden Richtungen her verstanden werden (Argumente anderer können verstanden werden, während der eigene Standpunkt nicht aufgegeben werden muss). **Alter: 7 bis 12 Jahre**

- **Phase der formalen Operationen:** Es kann hypothetisch gedacht (die real existierende Wirklichkeit wird als eine Möglichkeit von vielen gesehen) und abstrahiert werden (z.B. Algebra). **Alter: ab 12 Jahre**

In der neueren Literatur wird teilweise für das Erwachsenenalter noch die Phase des **dialektischen Denkens** hinzugefügt. Es geht dabei darum, dass Widersprüche erkannt und ausgehalten werden.

4.8 Lernstufen nach Gagné

GAGNÉ stellte mit dieser Theorie eine Verbindung zwischen Behaviorismus und Kognitivismus her. Er sieht weniger die äußeren Bedingungen (Reize, Verstärkungen) als bedeutend an, sondern die **innere Repräsentation** der Umwelt und die Informationsverarbeitung dieser Umweltreize. Allerdings hält er behavioristische Lernstrategien als eine notwendige Voraussetzung für „höherwertiges" Lernen und ordnete seine 8 Lerntypen hierarchisch an:

Instruktions Modell von Gagné siehe Modul 5, Kapitel 3.3.4

- Signallernen (PAWLOW),
- Reiz-Reaktions-Lernen (SKINNER),
- motorische Kettenbildung,
- sprachliche Kettenbildung,
- Lernen von Unterscheidungen (Diskrimination),
- Begriffslernen,
- Regellernen,
- Problemlösen.

In der Lernstufentheorie von GAGNÉ ist Signallernen die niedrigste und Problemlösen die höchste Stufe des Lernens.

4.9 Implikationen für Lernen und Computer

Lernen wird im Kognitivismus als **aktiver Prozess** aufgefasst. Denken ist dabei ein Prozess der Informationsverarbeitung. Auf dieser sehr abstrakten Ebene sind menschliches Gehirn und Computer äquivalent. Beide erscheinen als Geräte zur Informationsverareitung. Die Art des Lernens, die beim Kognitivismus im Mittelpunkt steht, ist das Problemlösen, anstatt auf gewisse Stimuli eine (einzig) richtige Antwort zu finden. Ein kognitivistisches Lernprogramms ist ein „beobachtender und helfender" Tutor. Das Programm gibt zur Problemlösung bei Bedarf Hilfestellungen. Die Lernenden (Tutanden) stehen in einem **aktiven Dialog** mit dem Programm.

4.10 Kritik am Kognitivismus

Kritisiert wird hauptsächlich die Überbetonung proportionaler Repräsentationen und die Konzentration auf Informationsverarbeitungsprozesse. Aus konstruktivistischer Sicht gilt die Kritik der Tatsache, dass sich der Kognitivismus (gleich wie der Behaviorismus) die objektivistische Vorstellung von einer einzigen, objektiv wahren und erkennbaren Realität zu eigen macht. Damit verbunden ist die Auffassung, dass Wissen extern und unabhängig vom Bewusstsein existiert. Aspekte der Informationsverarbeitung spielen beim Lernen zwar sicherlich eine große Rolle – als alleiniges Erklärungsmodell scheinen sie jedoch fragwürdig. Die entwickelten pädagogisch-methodischen Konzepte der Mikrowelten und des entdeckenden Lernens sind zwar auch mit konstruktivistischen Sichtweisen gut vereinbar – aber es wird zu großes Gewicht auf den Bereich der Künstlichen Intelligenz gelegt.

Beim Kognitivismus wird von einer einzigen, objektiv wahren und erkennbaren Realität ausgegangen, die jeder Mensch mit seinen Sinnesorganen wahrnimmt und in individuellen internen Prozessen lediglich unterschiedlich verarbeitet.

Die Kognitivisten haben Schwierigkeiten, körperliche **Fertigkeiten** zu erklären. Beispielsweise gibt es exzellente Schachcomputer – Roboter haben jedoch beim „einfachen" Vorgang des Gehens noch große Probleme.

Der Informationsfluss im menschlichen Gehirn mit seiner sehr komplexen Neuronenaktivität kann bis heute *nicht* genau beobachtet bzw. interpretiert werden, folglich ist es sehr schwer (wenn nicht sogar unmöglich), Modelle zu entwickeln, mit denen sich menschliche Denkprozesse genau erklären lassen [vgl. BAUMGARTNER 1994, S. 104].

4.10.1 Nachteile des Kognitivismus

Nach BAUMGARTNER & PAYR (1996) hat der Kognitivismus einige zentrale Nachteile:

- Ähnlich wie beim Behaviorismus wird die „Qualia", das ist die Qualität menschlicher Geisteszustände (das Bewusstsein), vernachlässigt.
- Im Kognitivismus wird der *individuelle* menschliche Geist untersucht. Nach GEORGE HERBERT MEAD (1934) lässt sich Geist aber nicht im menschlichen Hirn lokalisieren, sondern ist in der **Beziehung zur Welt** und in der **Beziehung zu anderen Menschen** zu sehen (soziale Kommunikation).

  Symbolischer Interaktionsmus

- Auch der Kognitivismus stützt sich auf Repräsentationen (mit logischen Beziehungen und Wahrheitsbedingungen) – die sich aber wieder (wie der Behaviorismus) auf eine objektive Wirklichkeit stützt (was z.B. Konstruktivisten nicht anerkennen).

4.10.2 Vorteile des Kognitivismus

Einige Vorteile des Kognitvismus sind:

- Die Lehrenden sind nicht mehr länger „strikte Experten" (wie im Behaviorismus), sondern **Tutoren** und „aktive Helfer", die die Lernenden während der kognitiven Lernprozesse „begleiten" und beim Problemlösen behilflich sind.
- Beurteilungskriterium ist *nicht* eine Einzelleistung (Faktenwissen – das im Behaviorismus im Vordergrund steht), sondern umfassendes und ganzheitliches **Problemlösewissen.**
- Lernziel ist nicht die Produktion korrekter Input-Output-Relationen, sondern das **Entdecken von Lösungsmethoden.**

Bild 3.35 Lehrende sind Tutoren, die die Lehrenden beim Lernprozess begleiten

Jetzt sind wir natürlich schon gespannt auf den Konstruktivismus.

5 Konstruktivismus

5.1 Überblick

Kern der konstruktivistischen Position ist die Auffassung, dass Wissen erst durch interne subjektive *Konstruktion* von Ideen und Konzepten entsteht:

„ *... meaning is imposed on the world by us, rather than existing in the world independently of us. There are many ways to structure the world, and there are many meanings or perspectives for any event or concept. Thus there is not a correct meaning that we are striving for.* " [DUFFY & JONASSEN (1992), S. 3].

Konstruktivismus betont die subjektive Interpretation und Konstruktion und ist die Gegenposition zum Objektivismus.

Solipsismus = lässt nur Erfahrungen des Individuums zu, verneint die Existenz einer „objektiven" Welt

Im Extremfall neigen radikale Konstruktivisten – in völligem Gegensatz zu den Behavioristen – zu einem **Solipsismus**. Dieser schließt eine Existenz einer äußeren, realen und objektiven Wirklichkeit gänzlich aus.

In gemäßigter Form gehen manche Konstruktivisten davon aus, dass zwar eine externe Welt existiert, aber nicht in einer objektiven Weise wahrgenommen werden kann.

Sinneswahrnehmungen sind *keine* objektiven Abbilder. Sie sind **individuelle Konstruktionen**. Die eigentliche Wahrnehmung findet nicht in den Sinnesorganen statt, sondern erst als **Ergebnis kognitiver Prozesse** in den Hirnarealen.

Dieses Konzept beruht auf einer „informationellen Geschlossenheit" und steht in Widerspruch zum Informationsverarbeitungsansatz, der von den Kognitivisten vertreten wird.

Vielmehr determiniert (bestimmt) immer die interne Struktur des Organismus, wie auf die Perturbationen (äußere Störungen) reagiert wird. Lebewesen sind autonom und strukturdeterminiert, d.h., sie können ihre eigenen Gesetzlichkeiten spezifizieren [MATURANA & VARELA *(1987)]. Damit gibt es keine Ursache-Wirkungs-Relation zwischen Reizen der Umwelt und individuell aufgebauten Wissensstrukturen.*

Im Gegensatz zum Behaviorismus betont der Konstruktivismus **interne Verstehensprozesse**. In Abgrenzung zum Kognitivismus wird eine Wechselwirkung zwischen der externen Präsentation und dem internen Verarbeitungsprozess betont.

Der Sichtweise von Lernen als einem Informationsverarbeitungsprozess wird die Vorstellung von Wissen als der individuellen Konstruktion von interaktiven Lernenden in einem sozialen Kontext gegenübergestellt.

Die Lernenden stehen in einem sozialen Kontext

Das **Vorwissen** der Lernenden ist von entscheidender Bedeutung. Neues Wissen wird *immer* in Bezug darauf **konstruiert.**

Bei Lernprozessen sind die Aktivierung von Vorkenntnissen, ihre Ordnung, Korrektur, Erweiterung und Integration sehr wichtig. Durch Lernen werden individuelle Konstrukte aufgebaut, verknüpft, reorganisiert und modifiziert. Lernen ist eine zweckmäßige Modifikation kognitiver Strukturen [vgl. KLIMSA (1993), S. 134]. Anstelle des Auswendiglernens von Fakten treten „skills and strategies" in den Vordergrund.

THISSEN (1997) bezeichnet das klassische Wissen als „träges Wissen" und kritisiert, dass das erlernte Wissen zwar prinzipiell vorhanden ist, aber im konkreten Fall nicht abgerufen und angewandt werden kann. In vielen Fällen wird im klassischen Unterricht zwar eine große Menge von Wissen vermittelt, aber der tatsächliche Nutzen ist den meisten Lernenden häufig unklar, da praktische und authentische Anwendungssituationen im Unterricht meistens nur eine untergeordnete Rolle spielen.

Sehr interessant sind Untersuchungen zum Wissen über Logarithmen bei College-Studenten [BRANSFORD et. al. (1990), S. 116]. Die große Mehrheit der Studierenden hatte keine Vorstellung davon, wozu Logarithmen praktisch eingesetzt werden und warum diese überhaupt „erfunden" wurden. Sie konnten sich zwar an die Vermittlung von Logarithmen im Schulunterricht erinnern, jedoch lediglich als Mathematikübungen ohne praktischen Kontext.

Nach konstruktivistischer Auffassung soll anhand authentischer (echter, realer) Situationen gelernt werden.

Informationen sollen nicht – wie im Behaviorismus – in kleine, dekontextualisierte (aus dem Zusammenhang herausgerissene) „Chunks" aufgeteilt, sondern anhand realistischer Probleme in komplexen Zusammenhängen mit einer Vielzahl gegenseitiger Abhängigkeiten (holistisch, ganzheitlich) dargestellt werden. Erst dadurch wird es den Lernenden ermöglicht, die **Prinzipien** und **Strategien** zunächst zu abstrahieren (zu verallgemeinern) und anschließend von einem Kontext auf einen anderen zu übertragen.

Kontextualisierung: in Sinnzusammenhang eingebettet

In diesem Zusammenhang unterscheiden MANDL, GRUBER & RENKL (1997) abstrahiertes Wissen von abstraktem Wissen. Abstrahiertes Wissen ist durch einen individuellen Abstraktionsprozess des Lernenden gebildet worden. Es ist mit situativem Wissen verknüpft, so dass es in verschiedenen Kontexten anwendbar ist.

Die Aufgabe von Lehrern wird primär als die von **„Coaches"** (Betreuer) gesehen, die individuelle Konstruktionsprozesse anregen und unterstützen, aber nicht wirklich steuern können.

Konstruktivistisch Lehrende zeichnen sich durch drei Eigenschaften aus:

Metakognition = „Wissen über das Wissen"

- **Verantwortlichkeit** für die Aktivierung der Lernenden,
- **Anregung** eines (natürlichen und individuellen) Lernprozesses, und
- Aufbau von **Metakognition** und **Toleranz** für andere Perspektiven.

Teamwork

Eine konstruktivistische Lernumgebung soll ein herausforderndes Milieu gewährleisten. Es soll die Lernenden dazu anregen, Probleme in **Zusammenarbeit** mit anderen zu lösen.

Nach KLIMSA (1993) sind die Lehrenden zwar ein wichtiger, aber längst nicht der einzige Einflussfaktor auf die Qualität des Lernprozesses. Theorieansätze sind wesentlich stärker am Lernenden als am Lehrenden orientiert.

Diese Sichtweise weist Parallelen zum Kognitivismus (entdeckendes Lernen) auf. Innerhalb der Hauptströmung „Konstruktivismus" gibt es aber eine Vielzahl unterschiedlicher Richtungen und Einstellungen.

5.2 Historische Entwicklung

Der Begriff des Konstruktivismus wurde bereits im 18. Jahrhundert durch den neapolitanischen Philosophen GIAMBATTISTA VICO geprägt. Weitere historische Wurzeln sind die einflussreichen Arbeiten von COMENIUS, MONTESSORI und natürlich JEAN PIAGET (siehe Kapitel 4). Der Konstruktivismus in der Mathematik wurde etwa um 1900 von den „Intuitionisten" (L.E. BROUWER und A. HEYTING) entwickelt. Der „Erlanger Konstruktivismus" wurde begründet von P. LORENZEN und W. KAMLAH als eine wissenschaftstheoretische Richtung.

Besonders einflussreich waren die Arbeiten des chilenischen Biologen und Erkenntnistheoretikers HUMBERTO MATURANA. Er prägte den Begriff der **autopoietischen Organisation** für das wesentliche Unterscheidungsmerkmal zwischen Lebendem und Nicht-Lebendem [MATURANA & VARELA (1987)]. Eine solche Organisationsform ist **selbstorganisiert** und **strukturell geschlossen**.

Autopoiese = die Fähigkeit, sich selbst erhalten, wandeln und erneuern zu können

Menschliche Individuen haben als autopoietische Systeme keinen informationellen Input und Output, wie im kognitivistischen Informationssystemansatz.

Informationen werden nur vom System selbst erzeugt – alle Austauschprozesse mit der Umwelt sind energetischer Art.

1970 veröffentlichte MATURANA *„Biology of Cognition", in dem er seine Erkenntnisse aus der Neurobiologie vorstellte. 1984 (1987 in Deutsch) folgte dann zusammen mit seinem Kollegen* FRANCISCO J. VARELA *das Buch „Der Baum der Erkenntnis".*

Seit Mitte der 70er Jahre haben viele Wissenschaftler interdisziplinär an der Weiterentwicklung konstruktivistischer Theorien gearbeitet. Sehr bekannt sind dabei PAUL WATZLAWICK (siehe Band 1, Modul 1), HEINZ VON FÖRSTER (Wiener Physiker und Kybernetiker) und ERNST VON GLASERSFELD (Kybernetiker und Kognitionswissenschaftler).

5.3 Konstruktivistisches Paradigma

Die konstruktivistische Auffassung vom Lernen und Lehren kann nach THISSEN (1997) folgendermaßen zusammengefasst werden:

Lernen ist **aktive Wissenskonstruktion** in Verbindung mit bereits bestehendem **Vorwissen.** Lernen ist **individuell** – der jeweilige Lernweg ist *nicht* vorhersehbar.

Der Lernprozess soll mit der Anregung richtiger Fragen bei den Lernenden beginnen:

*„Bevor der Lerner mit Antworten überhäuft wird, sollte er die Fragen, das Problem verstehen. Danach ist er für den Lernstoff und die Antworten bereit [*THISSEN *97, 75]. "*

Lernen wird als Konstruktion und Verfeinerung mentaler kognitiver Landkarten (cognitive maps) gesehen (siehe Modul 2).

Wissen ist durch Lehrende prinzipiell **nicht vermittelbar.** Die Lehrenden begleiten die Lernenden nur durch Hilfestellung, Hinweise, Rückmeldungen usw., um **selbstständig** Wissen zu konstruieren (coaching).

Lernen bedeutet nach dem konstruktivistischen Paradigma:

Wahrnehmen, Erfahren, Handeln (Entscheiden und Problemlösen), Erleben und Kommunizieren in **sozialer Interaktion** mit der Umwelt und anderen Lernenden (Teamwork) in jeweils möglichst realen (wirklichkeitstreuen) Problemsituationen.

Bild 3.36 Lehrlinge (Auszubildende) lernen konstruktivistisch

Modeling of excellence (Novizen-Experten-Beziehung)

Bild 3.37 Bei Schwierigkeiten bietet der Experte Unterstützung und Hilfe

situieren = in einer bestimmten Umgebung anordnen, einsetzen

5.4 Cognitive Apprenticeship

Dieser Ansatz lehnt sich an die Vorgehensweise bei der Lehrlingsausbildung (Berufsausbildung) im Handwerk an (Bild 3.36). Als wesentliche Merkmale einer Lehrlingsausbildung (apprenticeship) nennt SIMONS (1991):

*   Lernen erfolgt in **Kooperation** mit Experten und anderen Lernenden,
*   es wird mit **Werkzeugen** an *realen* Objekten gearbeitet,
*   die Lerninhalte sind an konkreten **Anwendungssituationen** orientiert und nicht an theoretischen Überlegungen, und
*   unter **Anleitung** von Experten steigert sich der Schwierigkeitsgrad sukzessive (allmählich) von einfachen zu komplexen Aufgaben.

Der Experte (oder das Lernsystem!)

*   bietet bei Schwierigkeiten Unterstützung und Hilfestellung (scaffolding),
*   gibt Hinweise, Rückmeldungen und Empfehlungen (feedback) und
*   kann teilweise auch einzelne Schritte bei der Problemlösung übernehmen (coaching).

Die Unterstützung (scaffolding) wird mit zunehmendem Lernfortschritt allmählich (gradually) zurückgenommen (fading).

Das Cognitive-apprenticeship-Modell [vgl. z.B. BROWN, COLLINS & DUGUID, 1989] basiert auf der Kritik am formalen traditionellen Schulunterricht.

Gegenüber der klassischen Berufsausbildung, wie sie vor der Industrialisierung für die Ausbildung üblich war, wurden im Schulunterricht Wissen und Fertigkeiten von ihrem Gebrauch in Realsituationen abgelöst.

Im Cognitive-apprenticeship-Modell steht Vermittlung von Problemlösefähigkeit in Real-life-Situationen im Vordergrund.

Um dieses Ziel zu erreichen, wird besonderer Wert auf jene Prozesse gelegt, die Experten beim Einsatz und beim Erlernen von Wissen nutzen, um komplexe Probleme, Aufgaben und Anforderungen zu bewältigen. In diesen Prozessen sind kognitive und metakognitive Strategien von größerer Bedeutung als das Nachvollziehen einfacher Aufgaben (low-level subskills) oder hoch abstraktes Fakten- und Begriffswissen – das im Behaviorismus im Vordergrund steht.

Das jeweilige Problemlösewissen wird in dem Kontext, in dem es tatsächlich eingesetzt wird, vermittelt und situiert.

Damit wird einerseits ein Verständnis der Bedeutung der (grundlegenden) Daten, Fakten und Begriffe vermittelt. Andererseits wird ein **Netzwerk** von erinnerbaren kognitiven Verbindungen zwischen dem Fakten- und Begriffswissen und den Problemlösesituationen vom Lernenden **konstruiert.**

Konstruktion kognitiver Verbindungen zwischen Faktenwissen und Problemlösewissen

Umgesetzt wird dieser Ansatz, indem die Lernenden innerhalb einer möglichst realitätsnahen problemhaltigen Lernsituation das Vorgehen eines Experten vermittelt bekommen. Die Vermittlung geschieht durch die

- Darbietung der Vorgehensweisen (Strategien) von Experten beim Lösen der jeweiligen Probleme (Problemlösestrategien) und durch
- Vermittlung von Faktenwissen und Begriffswissen zu genau diesem Wissensgebiet.

Anschließend haben die Lernenden ebenso realitätsnahe Lernsituationen selbstständig zu bewältigen. Die Lernumgebung verhält sich **adaptiv**, indem sie den Lernenden Lösungsschritte abnimmt, die sie noch nicht lösen können, aber Hilfen (hints) und Ratschläge (advices) zur Vorgehensweise gibt.

Die Hilfestellungen in der jeweiligen Lernumgebung werden jedoch sukzessive zurückgenommen, wodurch das Ausmaß der **Selbstkontrolle** im Lernprozess stetig zunimmt.

Die Instruktionsparameter, wie für das spätere Design (Band 3) benötigt, werden von COLLINS et. al. (1989) in **vier Dimensionen** unterteilt:

- 1) **Inhalt** bzw. Gegenstand (content bzw. subject),
- 2) **Lehrmethoden** (methods),
- 3) **Arbeitsabläufe** (sequence) und
- 4) **Sozialer Kontext** des Lernens (sociology).

Inhalt	Methoden	Sequenzierung	Sozialer Kontext
Fachwissen	Modelling	Zunehmende Komplexität	Situiertes Lernen
Heuristische Strategien	Coaching	Zunehmende Differenzierung	Expertenkultur
Kontrollstrategien	Scaffolding	Globale Fähigkeiten	Intrinsische Motivation
Lernstrategien	Articulation		Kooperatives Lernen
	Reflection		Wettbewerbsorientiertes Lernen
	Exploration		

Bild 3.38 Überblick über die einzelnen Dimensionen (waagrecht) und Prinzipien (senkrecht) im „Cognitive-apprenticeship-Modell"

1) Zur Dimension **Inhalt bzw. Gegenstand** zählen:

Fachwissen. Darunter wird Faktenwissen und Begriffswissen, also die notwendige Basis, eines Lernbereichs verstanden.

Strategien zum Problemlösen. Es handelt sich dabei um heuristische Strategien und effektive Techniken zur Bewältigung von Problemen. Solche Strategien werden von Experten während Problemlöseprozessen meist inzidentiell („zufällig", „nebenbei") erworben.

Lernstrategien. Das ist das „knowledge about how to learn" und ist individuell von Person zu Person verschieden.

Kontrollstrategien. Damit ist *nicht* eine Kontrolle im behavioristischen Sinne gemeint, sondern das Wissen von Experten über die Steuerung und Handhabung ihrer Problemlöseprozesse. Kontrollstrategien reflektieren den Problemlöseprozess durch überwachende und regulierende Komponenten und helfen die Strategien festzulegen, wie mit jeweils dem nächsten Problemlöseschritt fortgefahren werden kann.

In dieser Dimension werden metakognitive Strategien (Lern- und Kontrollstrategien) als gleichwertig neben den kognitiven Strategien (Fachwissen und Problemlösewissen) angesehen.

---

2) Zur Dimension **Lehrmethoden** zählen:

Modelling of Excellence. Ein Experte stellt den Lösungsweg eines konkreten Problems den Lernenden vor. Ziel ist der Aufbau eines mentalen Modells, das die für die Problemlösung notwendigen Prozesse und Lösungsschritte enthält. Dabei werden (nicht sichtbare) interne kognitive Prozesse – wie heuristische Strategien und Kontrollstrategien – von diesem Experten **externalisiert** und damit für die Lernenden wahrnehmbar gemacht.

Coaching. Hier wird der Lernende vom Experten bei einer Problemlösung nicht nur laufend beobachtet, sondern auch „gecoacht". Der Experte gibt den Lernenden individuelle Hilfestellungen, Tipps, Feedback, Vorschläge usw. und lenkt die Aufmerksamkeit der Lernenden auf zuvor nicht wahrgenommene Aspekte des jeweiligen Problems oder auf Problemlösungvorschläge des Experten.

Scaffolding. Das ist ein **kooperatives Problemlösen** zwischen einem Experten und den Lernenden. Dabei sollen die Lernenden – hinsichtlich Schwierigkeit und Umfang – gerade so viel übernehmen, wie diese gerade noch können. Bei jenen Lösungsschritten, die ein Lernender (noch) nicht selbstständig durchführen kann, erhält er individuelle Hilfestellung des Experten. Der Experte wendet nun **Fading** an: Er nimmt seine Hilfestellungen – abhängig vom Grad der Selbstständigkeit des Lernenden – immer weiter zurück, bis der Lernende das Problem (oder ähnliche) völlig selbstständig (nicht unbedingt allein!) lösen kann.

Articulation. Die Lernenden sollen ihr – im behandelten Wissensgebiet – erworbenes Wissen auf allen Wissensdimensionen **artikulieren** (gliedern und verständlich ausdrücken). Diese Methode enthält praktisch alle Formen, in denen eine Artikulierung von Wissen möglich ist, beispielsweise von **Frage-Antwort-Spielen** bis zum **Rollentausch.** Insbesondere der Rollentausch, bei dem die Lernenden die Rolle des Experten übernehmen, gibt den Lernenden die Möglichkeit, in kooperativen Aktivitäten ihr erworbenes Wissen zu externalisieren.

Reflection. Diese Methode erlaubt den Lernenden, ihre eigenen Problemlöseprozesse mit jenen von Kollegen oder Experten zu vergleichen. Dazu eignen sich besonders Medien, die Aufzeichnungen der Problemlöseprozesse erlauben (Video).

Bild 3.39 Video ist eine Medienart, die sich für „Learning as reflection" eignet

Exploration. Zunächst durch das Wecken von Interesse an einem Problem, der Definition des Problemraumes und der Generation von verschiedenen Problemstellungen mit angepasster Schwierigkeit, sollen die Lernenden selbstständiges Problemlösen erlernen. Ebenso wie beim scaffolding soll der Lehrende hier fading anwenden: Bei fortschreitender Eigenständigkeit eines Lernenden werden die Hilfestellungen immer weiter zurückgenommen, bis die Lernenden in der Lage sind, eigene Probleme zu definieren, abzugrenzen und systematisch zu lösen.

3) Zur Dimension **Sequenzierung von Lernaufgaben** zählen nach COLLINS u.a. (1989) drei Prinzipien:

Increasing complexity. Lernaufgaben können in einfachsten behavioristischen Reiz-Reaktions-Lernumgebungen bis hin zu konstruktivistischen „Microworlds" präsentiert werden (siehe Modul 4: Lernen mit Computern). Mit zunehmender Tendenz in Richtung „Microworld" werden immer mehr Fertigkeiten und Wissen benötigt, die für ein Expertentum im jeweiligen Wissensgebiet erforderlich sind.

Increasing diversity (zunehmende Differenzierung). Neben der ansteigenden Komplexität der Lernaufgaben ist für eine erfolgreiche Einübung neuer Strategien und Fertigkeiten auch eine ansteigende Vielfalt bzw. nach DÖRIG (1993) eine „zunehmende Verschiedenheit und Mannigfaltigkeit" dieser Lernaufgaben notwendig.

Die Lernenden sollen durch dieses Prinzip unterscheiden lernen, wann eine Fertigkeit oder eine Strategie bei der Lösung eines bestimmten Problems sinnvoll angewendet werden kann. Dadurch sollen die Fertigkeiten und Strategien von ihren kontextuellen Bindungen befreit und auf neue Problemstellungen angewendet werden.

Allerdings gibt WEINERT *(1994) in Bezug auf diesen Transfer von Fertigkeiten und Strategien auf neue Problemstellungen zu bedenken, dass je allgemeiner eine Regel oder Strategie ist, desto geringer der Beitrag zur Lösung komplizierterer und spezifischerer Probleme ist (Nicht erschrecken, das nennt sich: Anwendungsextensitäts-Nutzungsintensitäts-Disproportionalität).*

Global before local skills (umfassende vor speziellen Fertigkeiten). Nach diesem Prinzip soll bei der Sequenzierung von Lernaufgaben die Scaffolding-Methode stärker eingesetzt werden. Damit sollen den Lernenden bei „lower level" oder „composite skills" Hilfestellungen gegeben werden. Ziel dabei ist es, den einzelnen Lernenden in die Lage zu versetzen, die ihn interessierende Lösung eines komplexen Problems herbeizuführen, noch *bevor* er alle dafür notwendigen Fertigkeiten und Strategien beherrscht. Die Lernenden haben dadurch die Möglichkeit, ein mentales Modell der Gesamtaktivitäten sowie der angestrebten Fertigkeiten und Prozesse aufzubauen. Das soll auch helfen, die Einzelschritte die zur Lösung führen, zu verstehen.

Darüber hinaus ist ein solches Modell für die Lernenden eine Hilfe, um die eigenen Lernfortschritte zu beurteilen und Kontrollstrategien aufzubauen. Der Ansatz zur Sequenzierung von Lernaufgaben findet sich auch in den Prinzipien zur Makrosequenzierung von Instruktionen bei AUSUBEL *(1963, 1968) wieder. Dort wird hervorgehoben, dass eine erste Instruktion das Wissen auf einer allgemeinen Ebene vermitteln soll (enthält Inhalte nachfolgender Instruktionen). Auch die Curriculumspirale von* BRUNER *(1960) und die „elaboration theory" von* REIGELUTH *(1983) verwenden dieses Sequenzierungsprinzip.*

Lernende sollen zuerst ein **mentales Modell des gesamten Lerngebiets** aufgebaut haben, bevor sie mit den spezielleren (tieferen) Inhalten konfrontiert werden.

4) Zur Dimension „**sozialer Kontext des Lernens**" zählen nach COLLINS u.a. (1989) fünf Prinzipien:

Situated Learning (situiertes Lernen). Dieses Prinzip ist eine Kombination kognitivistischer und konstruktivistischer Ansätze. Die **konkrete Lernsituation** während der Wissenskonstruktion spielt eine zentrale Rolle. Die mentale Repräsentation eines Konzepts erfolgt beim situierten Lernen nicht in abstrakter und isolierter Form, sondern stets in Verbindung mit dem sozialen und physischen Kontext der konkreten Lernsituation.

Obwohl der Begriff „Situation" nicht klar definiert ist, umfasst dieser aber in jedem Fall Aspekte der materiellen Umwelt ebenso wie soziale und kulturelle Komponenten inklusive der Interaktionen mit anderen am Lernprozess Beteiligten.

Im situierten Lernen wird die Unmöglichkeit der Trennung von Wissenserwerb und praktischer Anwendung betont.

Die Hauptkritik des situierten Lernens richtet sich an den Frontalunterricht, der oft wenig mit realistischen Problemlösungssituationen zu tun hat.

Situiertes Lernen hat folgende Vorteile:

- Die Lernenden verstehen den **Zweck** und sehen die tatsächlichen Einsatzmöglichkeiten des zu lernenden Wissens.
- Die Lernenden lernen durch aktive **Benutzung des Wissens** und nicht durch lediglich passives Rezipieren.
- Die Lernenden erlernen die **unterschiedlichen Bedingungen,** unter denen das Wissen Anwendung findet.

Culture of expert practice (Expertenkultur). Mit diesem Prinzip wird betont, dass Lernumgebungen so gestaltet werden sollten, dass Lernende sich aktiv mit der Expertenpraxis und den damit verbundenen Fertigkeiten beschäftigen und darüber kommunizieren. Mit Expertenkultur werden nach DÖRING die kulturellen und normativen Besonderheiten der Expertendenkweise hervorgehoben. Die Beschäftigung mit der Expertenpraxis befähigt die Lernenden schließlich „zu denken wie Experten".

Intrinsic motivation (intrinsische Motivation). Im Cognitive apprenticeship-Modell dienen die Methoden modelling – coaching – fading dazu, intrinsische Motivation zu fördern. Über die Methoden sollen Fertigkeiten vermittelt werden, die zu einer verständlichen und klaren Gesamtaktivität beitragen. Zur Erhöhung der intrinsischen Motivation tragen auch möglichst **wirklichkeitsnahe Aufgaben und Probleme** bei.

Exploiting cooperation (kooperatives Lernen). Die Lernenden sollen auf eine Weise zusammenarbeiten, die **kooperatives Problemlösen** fördert. Dies ist für die Lernenden einerseits motivierend, andererseits auch eine Methode, ihre Lernressourcen zu erweitern. Die Lernenden erhalten eine zusätzliche Quelle des scaffolding, da sie von den Kompetenzen anderer Gruppenmitglieder profitieren. Meistens sind eigene Gruppenmitglieder sogar in der Lage, Wissen besser an Kollegen weiterzugeben als Experten!

Als Nebeneffekt erwerben die Gruppenmitglieder durch kooperatives Problemlösen sowohl kommunikative Kompetenz als auch kooperative Kompetenz.

Exploiting competition (wettbewerbsorientiertes Lernen). Die Lernenden sollen alle das gleiche Problem lösen und anschließend ihre Lösungen und insbesondere die Lösungswege vergleichen. Das erhöht die Aufmerksamkeit (siehe Modul 6) der Lernenden und motiviert zu größeren Anstrengungen. Wichtig ist nicht der Vergleich der Lösung, sondern vor allem der **Prozess**, der zu dieser Lösung geführt hat.

5.5 Goal-Based-Learning

Nach der Überzeugung von ROGER SCHANK erfolgt das ganze menschliche Verhalten zielorientiert [W7, W8]:

*„Every aspect of human behavior involves the pursuit of goal (*SCHANK *(1993), S. 429). "*

Unter einem goal (Ziel) wird von SCHANK *jede* bewusste Motivation für menschliches Handeln verstanden. Insbesondere das (intentionale) Lernen als eine Form menschlichen Handelns, ist auf ein Ziel ausgerichtet.

Bild 3.40 Roger Schank von der Northwestern University, Vorstand des Institutes for the Learning Sciences [W7]

Die Art dieser Ziele ändert sich jedoch im Laufe der Entwicklung eines menschlichen Individuums: Während frühkindliche Lernprozesse noch durch intrinsische Ziele (z.B. Erhöhung der eigenen Handlungsfähigkeit) bestimmt werden, ändern sich die Ziele beim Eintritt in das Schulsystem grundlegend. Plötzlich bestimmen Ziele die nunmehr vorrangig extrinsische Motivation für das Lernen, wie z.B. den Lehrer zufrieden zu stellen, Bestrafungen zu vermeiden, gute Noten zu erlangen usw.

Diese externalen „künstlichen" Lernziele werden in den Curricula (Lehrpläne) der jeweiligen Schulart festgelegt und gelten immer für eine große Anzahl von Lernenden. Damit können diese auch *nicht* persönliche Interessen eines Einzelnen berücksichtigen. Nach SCHANK ist es aber gerade diese Komponente, die einen Großteil der Motivation zum Lernen ausmachen.

Lernprozesse sollten so gestaltet werden, dass persönliche und individuelle Interessen der Lernenden genutzt werden können.

Im Goal-based-learning ist ein zentrales Konzept das Interesse (Modul 6) der Lernenden für den Lernstoff. Nach SCHANK sollten Curricula (wählbare) Interessensgebiete der Lernenden darstellen, innerhalb derer sie bestimmte Ziele (die möglichst mit den Interessen korrespondieren) zu erreichen versuchen. SCHANK bezeichnet einzelne Goal-based-learning Sequenzen als **Goal-Based Scenarios (GBS)** und begründet den Einsatz solcher GBS im Curriculum folgendermaßen:

„As long as the goal is of inherent interest to a student, and the skills that are needed in

any attempt to accomplish that goal are those, that the course designer wants students to have, we have a match, and thus, a workable GBS." [SCHANK (1993), S. 437].

Im jeweiligen Interessensgebiet sollen die Lernenden zwei Arten von Wissen erwerben:

*   Fertigkeiten und
*   Basiswissen.

Unter Fertigkeiten werden Strategien zur Zielerreichung und zum Problemlösen verstanden. Unter Basiswissen im jeweiligen Gebiet ist hier das Wissen über Ursache-Wirkungs-Zusammenhänge gemeint, die charakteristisch für dieses Gebiet sind.

Wissen im GBS unterscheidet sich von reinem Faktenwissen dadurch, dass es das Verständnis der funktionalen Prozesse des Systems impliziert, wohingegen Faktenwissen nur die Fähigkeit, sich an diese Fakten zu erinnern, darstellt.

Nach SCHANK u.a. (1993) sind sieben allgemeine Grundsätze für Goal-Based Scenarios relevant:

1) Thematic coherence. Die Lernenden werden nur motiviert sein, Ziele im GBS zu erreichen, wenn der Prozess der Zielerreichung in direktem thematischen Zusammenhang mit dem Ziel selbst steht.

2) Realism and richness. Ein GBS muss realistisch genug sein und den Lernenden verschiedene Möglichkeiten zur Erlernung der beabsichtigten Fertigkeiten bieten.

3) Control and empowerment. Für Lernfortschritte ist nicht die Lösung eines Problems wichtig, sondern dass die Lernenden das Gefühl haben, sie haben es gelöst. Daraus resultiert intrinsische Motivation zu weiteren Lernprozessen (siehe Modul 6).

4) Challenge consistency. Für die Zielerreichung ist es wichtig, dass die Lernenden mit einem angemessenen Anforderungsniveau konfrontiert werden. Ein GBS sollte Methoden zur dynamischen Anpassung des Schwierigkeitsgrades an die jeweiligen Fähigkeiten der Lernenden enthalten.

5) Responsiveness. Die Lernenden sollen mit allen Informationen versorgt werden, die für ihre Handlungen (Lernschritte) notwendig sind. Dazu gehören nicht nur Informationen zur Handlung selbst, sondern auch zu deren Notwendigkeit und eine prompte Rückmeldung über die Effekte, die diese Handlung hervorrief. Promptes Feedback erhöht die Geschwindigkeit, in der der Lerner sich Fertigkeiten aneignet.

6) Pedagogical goal support. Die vermittelten Fertigkeiten müssen im Kontext des vorgeschlagenen Szenarios einen Sinn ergeben.

7) Pedagogical goal resources. Ein GBS sollte in der Lage sein, den Lernenden angemessene Hilfestellung zur Zielerreichung zur Verfügung zu stellen.

SCHANK spezifiziert zusammenfassend vier zentrale Komponenten von GBS, die wiederum aus einzelnen Komponenten bestehen:

- Mission,
- Mission Focus,
- Cover Story und
- Scenario Operations.

Mission. Diese spezifiziert das Ziel, das die Lernenden durch ihre Handlungen im GBS erreichen können:

Bild 3.41 Die fünf Kriterien der „Mission" von Schank sind besonders beim Entwurf eines GBS zu beachten

Mission: Das Ziel der Lernenden, das im GBS erreicht werden soll	
Kriterium	Definition
Goal distinction	Ziel soll klar, plausibel und konsistent sein, Fortschritte sollen für die Lernenden gut sichtbar sein.
Goal motivation	Das GBS muss genug Motivation bieten, um mit dem GBS zu arbeiten und die Ziele erreichen zu wollen.
Target skill dependance	Zur Erfüllung der Mission sollen die im GBS vermittelten Kenntnisse notwendig sein.
Empowerment	Die Erfüllung der Mission sollte den Lernenden das Gefühl geben, nun auch andere Ziele zu erreichen.
Flexible achievement	Die Mission sollte auf verschiedenen Wegen erfüllbar sein.

Mission Focus. Lernende versuchen ihre Ziele durch bestimmte Art von Aktivitäten zu erreichen. Der mission focus ist die zugrunde liegende Organisationsform dieser Aktivitäten. GBSs lassen sich nach vier Grundtypen von Aktivitäten der Lernenden unterscheiden:

- Design (Gestalten),
- Explanation (Erklären),
- Control (Steuern) und
- Discovery (Entdecken).

Die folgenden vier Kriterien sollten nach SCHANK beim Design des mission focus beachtet werden, damit die Aktivitäten der Lernenden effizient mit den Lehrzielen verbunden werden können.

Mission Focus: Organisationsform der Aktivitäten von Lernenden	
Kriterium	*Definition*
Task consistency	Die Hauptaktivitäten im GBS sollen "Gestalten", "Erklären", "Steuern" und "Entdecken" sein.
Student investment	Die Lernenden sollen sich persönlich für die Ergebnisse ihres Einsatzes verantwortlich fühlen.
Process emphasis	Die Zielerreichung soll vom Problemlöseprozess innerhalb der Mission abhängen.
Artifact depencance	Der Teilgegenstand im GBS sollte das Verständnis für den gesamten Lehrbereich erhöhen.

Bild 3.42 **Vier zugrunde-liegende Organisations-formen der Aktivitäten der Lernenden**

Cover Story. In Verbindung mit der mission stellt diese den Kontext des GBS dar, in dem die Lernenden ihre Handlungen ausführen. Dabei sollte eine potentiell motivierende **Rahmenhandlung (cover story)** so ausge-wählt werden, dass die Lernenden in dieser entweder etwas ausführen sollen, was sie schon immer gerne getan hätten, oder etwas, was im realen Leben zu gefährlich wäre und vor dem sie folglich Angst hätten. Diese Gefühle wer-den benutzt, um langweilige Rahmenhandlungen zu vermeiden. Die cover story eines GBS besteht aus folgenden drei Elementen:

Role. Die Rolle wird über die Beschäftigung des Lernenden in der Mikro-welt des GBS definiert. Durch die Art der Rolle wird auch festgelegt, wie der Lernende die mission erfüllen kann.

Setup. Das setup stellt den Lernenden Details der Bedingungen im GBS dar (z.B. welche Hilfsmittel dem Lernenden zur Verfügung stehen, wo die Aktionen stattfinden, welche Hindernisse ihn erwarten usw.)

Scenes. Szenen sind bestimmte Situationen, in denen die Lernenden aus zur Verfügung stehenden Handlungsmöglichkeiten, die für die Bewältigung der Situation bestmöglichste auswählen können (Eine cover story besteht aus vielen einzelnen Situationen als Elemente des Handlungsablaufs).

Für eine erfolgreiche cover story hat SCHANK vier Kriterien identifiziert:

Cover Story: Rahmenhandlung für die mission	
Kriterium	*Definition*
Role coherence	Rolle der Lernenden sollte anregend, plausibel und aufregend innerhalb des GBS sein.
Target skill density	Es sollten so oft als möglich die angestrebten Fertigkeiten zum Einsatz kommen.
Frequent practice opportunities	Weiterkommen in der Rahmenhandlung soll von den angestrebten Fertigkeiten abhängen.
Integrated support	Hilfestellungen zur Ausführung einer Rolle sollen zur Verfügung stehen.

Bild 3.43 **Von vier Krite-rien hängt nach Schank der Erfolg der Cover Story ab**

Scenario Operations. Das ist SCHANKs letzter Punkt und enthält die Aktivitäten, die Lernende im GBS (tatsächlich) ausführen. Sind die konkreten Aktivitäten nicht für die angestrebten Lernziele relevant oder zu kompliziert, so demotivieren diese die Lernenden. SCHANK nennt wieder vier allgemeine Kriterien für die Gestaltung der scenario operations:

Bild 3.44 Vier Aktivitäten bestimmen die Gestaltung eines GBS

Scenario Operations: Aktivitäten, um die mission zu erfüllen	
Kriterium	*Definition*
Responsiveness	Die Lernenden sollen so schnell als möglich ein Feedback auf ihre Handlungen erhalten.
Expressivity	Ausreichende Handlungsmöglichkeiten sollen zur Verfügung stehen.
Causal consistency	Alle Aktivitäten sollen konsistent mit den Handlungszielen der Rahmenhandlung sein.
Peripheral support	Die Lernenden sollen von ablenkenden Tätigkeiten befreit sein.

5.6 Anforderungen an Lernumgebungen

Aus den Überlegungen zur konstruktivistischen Sicht des Lernens und dem situierten Lernen lassen sich einige konkrete Anforderungen für die Gestaltung von konstruktivistischen Lernumgebungen ableiten.

REINMANN-ROTHMEIER, MANDL & PRENZEL (1994) nennen für die Gestaltung konstruktivistischer Lernsysteme die Prinzipien:

* Authentizität der Lernumgebung,
* situierte Anwendungskontexte,
* multiple Perspektiven und multiple Kontexte sowie
* sozialer Kontext.

In MANDL, GRUBER & RENKL 1997 werden aus dem situierten Lernen zusätzlich noch folgende Forderungen abgeleitet:

* komplexe Ausgangsprobleme sowie
* Artikulation und Reflexion.

Empfohlen wird, als Ausgangspunkt des Lernprozesses ein interessantes komplexes Problem darzustellen. Dieses wird im Idealfall vom Lernenden als Herausforderung angesehen („ownership"). Das Problem sollte einen Bezug zum Erfahrungsbereich des Lernenden aufweisen, gleichzeitig jedoch einen hinreichenden Neuigkeitswert bieten. Auf diese Weise soll die Lösung eines konkreten Problems die Zielvorstellung „gute Note in der Prüfung" ersetzen oder zumindest ergänzen (siehe Modul 6).

5.7 Anchored Instruction

Dieser Ansatz wurde ursprünglich durch die Cognition and Technology Group an der Vanderbilt University (CTGV) entwickelt und von BRANS-FORD et.al. (1990) vorgestellt [W10].

Kern des Anchored-instruction-Modells ist die Existenz eines **„Ankerreizes"** (anchor) am Beginn einer Instruktion, der **Aufmerksamkeit** und **Interesse** der Lernenden wecken soll.

Bild 3.45 John Bransford, derzeit am CILT, Center for Innovative Learning Technologies [W10]

Der Anker kann eine spezielle Aufgabenstellung oder interessante Problemsituation sein. Diese sollte für möglichst viele Lernende intrinsisch motivierend wirken (siehe Modul 6) und ein allgemeines Ziel beinhalten, das über eine Reihe von **Teilzielen** erreichbar ist.

Neue Konzepte und Theorien sollen nicht als Ansammlung von Fakten gesehen werden – die auswendig gelernt und schnell wieder vergessen werden.

Beispiele für die Realisierung dieses Prinzips sind fallbasierte Unterrichtsansätze (z.B. Harvard case studies oder Problem-based-learning in der medizinischen Ausbildung).

case-studies (fallbasiertes Lernen)

Die Präsentation von Ankern in multimedialer Form kann eine Reihe von Vorteilen bieten: Im Gegensatz zu gedruckten oder verbal präsentierten Darstellungsformen können reichere Informationsquellen integriert werden, um beispielsweise diagnostische Fähigkeiten anhand realistischer Aufnahmen zu schulen. Die Anforderung an Lernende, relevante von weniger relevanten Informationen zu trennen, ist dabei allerdings größer.

Zur Problemlösung in der Anchored-instruction müssen die Lernenden selbstständig Strategien zur Problemlösung erarbeiten und Wissen aus verschiedenen Bereichen integrieren.

Ein bekanntes Beispiel für Anchored Instruction ist die Videodisk-Serie „Adventures of Jasper Woodbury" (Jasper Series) der CTGV. Im Mittelpunkt steht hier die mathematische Problemlösung. Aufgrund einer Analyse von Problemstellungen sollen die Lernenden eine Lösung entwickeln. In jedem „Abenteuer" wird zunächst in einer 15-minütigen Videosequenz die Situation präsentiert. Beispielsweise plant die Hauptfigur eine Bootsreise oder will ein Geschäft eröffnen. Die Lernenden sollen in Arbeitsgruppen die aufgeworfenen Probleme diskutieren und lösen. Anschließend wird die Lösung im Video präsentiert und mit den Lösungen der Gruppen verglichen.

5.8 Implikationen für das Lernen und Computer

Während einige der genannten Punkte auch gut mit den von Kognitivisten vertretenen Konzepten vereinbart werden können, herrscht bei Konstruktivisten aufgrund des abweichenden erkenntnistheoretischen Paradigmas eine andere Vorstellung von Instruktion vor. Insgesamt steht der Konstruktivismus einer Instruktion eher *skeptisch* gegenüber.

Wenn Lernen primär durch das Individuum und nicht durch die Umwelt bestimmt und Wissen als individuelle Konstruktion aufgefasst wird, ist Instruktion als „Vermittlung von Wissen" streng genommen unmöglich. Zumindest es ist nicht möglich, eine bestimmte Instruktion zu schaffen, die direkt dafür sorgt, dass die Lernenden nach einer gewissen Zeit ein bestimmtes erwünschtes Verhalten aufweisen.

Die Lernprozesse sind individuell und nicht vorhersagbar. Damit ist es auch nicht möglich, eine Lehrstrategie oder Darstellungsweise zu finden, die „optimales" Lernen sichert, wie es z.B. bei der „Task Analysis" im Instructional Design angestrebt wird. Konstruktivisten stehen daher dem Computereinatz kritisch gegenüber und sehen hauptsächlich die Chancen des Computers eher in Einflussfaktoren wie Anregung und Motivation.

5.9 Kritik

Die konstruktivistische Kritik am Behaviorismus scheint grundsätzlich berechtigt: Eine Reduzierung auf äußere Einflüsse und Reaktionen ist als einzige Erklärung für Lernen viel zu stark vereinfacht.

Während objektivistische Positionen individuellen Konstruktionsprozessen zu geringe Aufmerksamkeit schenken, vernachlässigen extreme Formen des Konstruktivismus die Beschränkungen, die diesen individuellen Konstruktionen durch die physische und soziale Umgebung auferlegt werden:

„Even in a constructivist framework, students still have goals to pursue, some of which may be set by the teacher." [WINN (1991), S. 207].

In der Praxis gibt es häufig einen festen „objektiven" Bestand an relativ gut strukturierten Fakten und Vorgehensweisen, die relevant für die Ausübung bestimmter Tätigkeiten sind. Dabei geht es oft gar nicht darum, ein Objekt in einer Vielzahl unterschiedlicher Details zu verstehen, sondern es geht lediglich um die Anwendung eines ganz bestimmten Modells. Im Kontext von Schulen, Hochschulen, Universitäten und anderen Bildungseinrichtungen wird die Vermittlung klar definierter Fähigkeiten und Fakten in vielen Fällen explizit (ausdrücklich) vorgegeben.

Die Sichtweise von Lernen als Konstruktionsprozess darf natürlich nicht zur „Beliebigkeit der Wissensbildung" führen. Offensichtlich ist nicht jede individuelle Konstruktion gleichwertig und sinnvoll.

> Computer sollen nicht als Mittel zur Steuerung von Lernprozessen, sondern als „Informations- und Werkzeugangebote für selbstgestaltete Lernprozesse" eingesetzt werden. Zur Befriedigung solcher Ansprüche ist Multimedia gut geeignet.

5.9.1 Nachteile des Konstruktivismus

Die Gestaltung von Lernumgebungen nach konstruktivistischen Prinzipien kann nach PERKINS (1992) zu einer Reihe von Problemen für die Lernenden führen:

- Konstruktivistische Lernumgebungen weisen meist einen hohen Grad an **Komplexität** auf (hohe Anforderungen an die Lernenden).
- Verantwortung geht vom Lehrenden auf die Lernenden über. Dies setzt Kompetenz und Motivation zum **selbstgesteuerten Lernen** voraus. Eine ausschließliche Ausrichtung am momentanen Interesse der Lernenden kann zu Problemen führen (setzt Reife voraus).
- Der **Entwicklungsaufwand** für konstruktivistisch bzw. nach den Vorstellungen des situierten Lernens gestaltete Lernumgebungen ist im Vergleich zu traditionellem computerunterstütztem Lernen sehr hoch.

Untersuchungen ergaben, dass nicht alle Lernenden von situierten Lernumgebungen profitieren. Sie sind tendenziell stärker für Studenten geeignet, die über bessere generelle Lernvoraussetzungen verfügen, eine konstruktivistisch orientierte Lernauffassung vertreten und ein höheres Fertigkeitsniveau im jeweiligen Fachgebiet aufweisen.

5.9.2 Vorteile des Konstruktivismus

Die konstruktivistische Lerntheorie hat viele wertvolle Hinweise zur Gestaltung von Lernumgebungen gegeben:

- Im Gegensatz zu anderen Ansätzen werden **individuelle Unterschiede** stärker berücksichtigt.
- Die Konzepte sind weniger autoritär und besser geeignet zur Vermittlung **komplexer Fähigkeiten,** wie z.B. Problemlösungskompetenz, vor allem kritisches, vernetztes und ganzheitliches Denken und ein großes Maß an Eigeninitiative und Selbstständigkeit innerhalb eines Teams.

Bild 3.16 Konstruktivismus betont die Arbeit im Team

- Das Hauptziel des Lernprozesses ist **Kompetenz**, nicht Wissen, wie im Kognitivismus, oder (kognitive) Leistung (performance) wie im Behaviorismus.

6 Modulkurzzusammenfassung

Lernen ist ein kognitiver individueller **Prozess** und bewirkt eine **Veränderung** von Verhalten oder Wissen. Computer mit multimedialer Lernsoftware können das Lernen zwar nicht direkt verbessern, aber durchaus durch verbesserte Didaktik, erhöhte Motivation und Aufmerksamkeit erleichtern. Jede Software basiert auf einer Lerntheorie. Die vielen verschiedenen Lerntheorien können in **drei Hauptströmungen** zusammengefasst werden.

Der **Behaviorismus** beschäftigt sich mit messbaren Daten und schließt Ideen, Emotionen und innere Erfahrungen aus: Lernen sind Reiz-Reaktions-Mechanismen. Das erste Paradigma dazu ist die **klassische Konditionierung.** SKINNER als Begründer des **programmierten Lernens** formulierte 7 didaktische Schritte: Rückmeldung, Lerntempo, Lernziele, Erfolgssicherheit, festgelegte Lernabfolge, Interaktivität und Belohnungen. Gut zum Erlernen von Reaktionsmustern und zur Aneignung von Faktenwissen, jedoch wird der Mensch nur als passiver „Wissensbehälter" gesehen.

Der **Kogntivismus** beschreibt Lernen als Prozesse der **Informationsverarbeitung,** mit enger Verbindung zur **künstlichen Intelligenz.** Ziel ist das **Konzeptlernen** und **Problemlösen.** Wichtig für das Multimedia-Design ist die **Gestaltpsychologie:** „Das Ganze ist mehr als die Summe seiner Teile". Die Lehrenden sind nicht mehr strikte Experten, sondern **Tutoren.** Sie begleiten die Lernenden während des Lernprozesses und leiten zum aktiven Problemlösen an. Lernziel ist nicht die Reproduktion von Faktenwissen, sondern das **Entdecken von Lösungsmethoden.** Aber auch hier wird zwar das einzelne Individuum betrachtet, aber die Beziehung zur Welt und zu anderen Menschen vernachlässigt.

Im **Konstruktivismus** ist Lernen eine **aktive Wissenskonstruktion** in Verbindung mit bereits bestehendem **Vorwissen:** Lernen ist **individuell** – ein Lernweg ist nicht voraussagbar. Wissen ist durch Lehrende prinzipiell nicht vermittelbar, Lehrende können nur die Rolle von **Trainer** (coaches) einnehmen. Wichtige Ansätze sind **Cognitive Apprenticeship** (Lehrlings-bzw. Berufsausbildung), **Situated Learning** (in konkreter, **realer Lernumgebung), Goal-Based-Learning** (Nutzung individueller Interessen der Lernenden) und **Anchored Instruction** (mit einem Ankerreiz am Beginn eines Lernprozesses, der Aufmerksamkeit und Interesse wecken soll). Anchored Instruction ist die Basis für **Case-based-learning** (fallbasiertes Lernen) und **Problem-based-learning** (PBL) wie z.B. in der Medizin oft angewendet. Das Hauptziel des Konstruktivismus ist **Kompetenz,** nicht Wissen wie im Kognitivismus oder Leistung wie im Behaviorismus. Der Entwicklungsaufwand für konstruktivistische Lernumgebungen ist dafür aber unverhältnismäßig höher.

7 Modulanhang

7.1 Literatur

7.1.1 Bücher

AEBLI, HANS (1981): *Denken: das Ordnen des Tuns.* Stuttgart: Klett-Cotta.

ANDERSON, JOHN R. (1988): *Kognitive Psychologie: eine Einführung.* Heidelberg: Spektrum der Wissenschaft.

ANGERMEIER, WILHELM F.; BEDNORZ, PETER; SCHUSTER, MARTIN (1984): *Lernpsychologie (UTB für Wissenschaft: Uni-Taschenbücher: 1305).* Basel: E. Reinhardt.

BALLSTAEDT, STEFFEN-PETER (1994): *Lerntexte und Teilnehmerunterlagen (Mit den Augen lernen; 2).* Weinheim: Beltz.

BAUMANN, HANS ULRICH (1974): *Methoden zur quantitativen Erfassung des Unterrichtsverhaltens.* Bern: Hans Huber.

BAUMGARTNER, PETER; PAYR, SABINE (1994): *Lernen mit Software (Digitales Lernen, Bd. 1).* Innsbruck: Österreichischer Studien Verlag.

BEELICH, KARL HEINZ; SCHWEDE HANS-HERMANN (1982): *Lern- und Arbeitstechnik: Grundtechniken für zweckmäßiges Lernen und Arbeiten.* 2. Auflage. Würzburg: Vogel.

BIRKENBIHL, VERA F.(1987): *Die Birkenbihl-Methode, Fremdsprachen zu lernen: (Gehirngerecht, deshalb kein Vokabel-Pauken).* Speyer: Gabal.

BOWER, GORDON H.; HILGARD, ERNEST R. (1984): Theorien des Lernens II. Stuttgart: Klett-Cotta.

BRUNER, JEROME S. (1988): *Studien zur kognitiven Entwicklung: eine kooperative Untersuchung am Center for Cognitive Studies (Harvard).* 2. Auflage. Stuttgart: Klett-Cotta.

BUZAN, TONY (1982): *Kopftraining (Goldmann-Tb.10926).* New York: Goldmann.

GAGE, NATHANIEL L.; BERLINER, DAVID C. (1986): *Pädagogische Psychologie.* 4. Auflage. Weinheim: Beltz.

GAGNÉ, ROBERT (1973): *Die Bedingungen des menschlichen Lernens.* 3. Auflage. Hannover: Hermann Schroedel.

HAUSSMANN, K.; REISS, M., Hrsg. (1990): *Mathematische Lehr-Lern-Denkprozesse (Ergebnisse der Pädagogischen Psychologie; Bd. 9).* Göttingen, Bern, Toronto, Seattle: Hogrefe.

HUSSY, WALTER (1984): *Denkpsychologie: Ein Lehrbuch (Urban-Taschenbücher; Bd. 363).* Stuttgart, Berlin, Köln; Mainz: Kohlhammer.

KAUFMANN-HAYOZ, RUTH (1991): *Kognition und Emotion in der frühkindlichen Entwicklung (Lehr- und Forschungstexte Psychologie; 39)*. Berlin, Heidelberg, New York: Springer.

KIRCKHOFF, MOGENS (1992): *Mind Mapping: Die Synthese von sprachlichem und bildhaftem Denken*. Bremen: Gabal.

KLIX, FRIEDHART (1976): *Psychologische Beiträge zur Analyse kognitiver Prozesse*. München: Kindler.

KLIX, FRIEDHART (1993): *Erwachendes Denken: geistige Leistungen aus evolutionspsychologischer Sicht*. Heidelberg, Berlin, Oxford: Spektrum, Akademischer Verlag.

LEFRANCOIS, GUY R. (1986): *Psychologie des Lernens*. 2. Auflage. Berlin, Heidelberg, New York, Tokyo: Springer.

MANDL, HEINZ; FRIEDRICH, HELMUT F., Hrsg. (1992): *Lern und Denkstrategien: Analyse und Intervention*. 2. Auflage. Göttingen, Toronto, Zürich: Hogrefe.

MIETZEL, GERD (1993): *Psychologie in Unterricht und Erziehung: Einführung in die Pädagogische Psychologie für Pädagogen und Psychologen*. 4. Auflage. Göttingen u.a.: Hogrefe.

REUSSER, KURT; REUSSER, MARIANNE, Hrsg. (1994): *Verstehen: Psychologischer Prozess und didaktische Aufgabe*. Bern, Göttingen, Toronto, Seattle: Huber.

ROTH, ERWIN; OSWALD, W.D.; DAUMENLANG, K. (1980): *Intelligenz: Aspekte-Probleme-Perspektiven (Urban-Taschenbücher;Bd.144)*. 4. Auflage. Stuttgart u.a.: Kohlhammer.

VESTER, FREDERICK (1987): *Denken, Lernen, Vergessen (dtv 1327)*. 14. Auflage. München: Deutscher Taschenbuch Verlag.

WEIDENMANN, BERND; KRAPP, ANDREAS, Hrsg. (1994): *Pädagogische Psychologie*. 3. Auflage. Weinheim: Beltz, Psychologie Verlags Union.

WEINERT, FRANZ E., Hrsg. (1995): *Psychologie des Lernens und der Instruktion (Enzyklopädie der Psychologie; Themenbereich D; Serie I; Bd.2)*. Göttingen u.a.: Hogrefe.

WERTHEIMER, MAX (1964): *Produktives Denken (Übersetzung von Metzger, Wolfgang)*. 2. Auflage der deutschen Ausgabe. New York, London: Harper & Brothers Publishers.

7.1.2 Artikel

NIEGEMANN, H. M. (1994). Zum Einfluss von modelling einer computergestützten Lernumgebung: Quasi-experimentelle Untersuchung zur Instruktionsdesign-Theorie. *Unterrichtswissenschaft*, 23, S. 75-87.

THISSEN, FRANK (1997): Das Lernen neu erfinden. Grundlagen einer konstruktivistischen Multimedia-Didaktik, *Proceedings of LearnTec 97*, Karlsruhe 1997.

7.1.3 Books in English

ANDERSON, JOHN R. (1985): *Cognitive Psychology and Its Implications.* 2nd Ed., New York: Freeman.

ANDERSON, JOHN R. (1995): *Learning and Memory: An Integrated Approach.* New York: Wiley.

APPS, J. W. (1978): *Study Skills for Those Adults Returning to School.* New York: McGraw Hill.

BRANSFORD, J. D.; BROWN, A. L.; COCKING, R.R., Eds. (1999): *How people learn: Brain, Mind, Experience, and School.* Washington (DC): National Academy Press.

BRUNER, JEROME S. (1986): *A Study of Thinking.* Reprint (Originally published: New York: Wiley 1956; New Brunswick (NJ): Transaction Publishers.

BRUNER, JEROME S. (1983): *Child's Talk: Learning to Use Language.* New York, London: Norton & Company.

BUSH, R. R; MOSTELLER, F. (1955): *Stochastic models for Learning.* New York: Wiley.

CHANCE, PAUL (1999): *Learning and Behavior.* 4th Ed., Pacific Grove (CA): Wadsworth, ITP International Thomson Publishing Company.

DUFFY, T. M.; JONASSEN, D. H., EDS. (1992): *Constructivism and the technology of instruction.* Hillsdale (NJ): Erlbaum.

GENTNER, D.; STEVENS, A. L. (1983): *Mental Models.* Hillsdale (N.J.): Erlbaum.

GLASERSFELD, ERNST VON (1995): *Radical Constructivism: a Way of Knowing and Learning.* London: The Falmer Press.

GOLDSTONE, ROBERT L.; MEDIN, DOUGLAS L.; SCHYNS, PHILIPPE G. (1997): *Perceptual Learning: The Psychology of Learning and Motivation, Volume 36.* San Diego (CA): Academic Press and London: Academic Press Ltd.

HALL, JOHN F. (1982): *Learning and Memory.* 2nd Ed., Boston: Allyn and Bacon.

HULL, CLARK L. (1943): *Principles of behavior.* New York: Appleton-Century-Crofts.

HULL, CLARK L. (1951): *Essentials of behavior.* New Haven (CT): Yale University Press.

HULL, CLARK L. (1951): *A behavior system.* New Haven (CT): Yale University Press.

LEFRANCOIS, GUY R. (1995): *Theories of Human Learning: Kro's Report.* 3rd Ed., Pacific Grove (CA): ITP International Thomson Publishing Company.

MALONE, J. C. (1990): *Theories of Learning: A historical approach.* Belmont (CA): Wadsworth.

NICKERSON, RAYMOND S.; PERKINS, DAVID N.; SMITH, EDWARD E. (1985): *The Teaching of Thinking.* Hillsdale (NJ): Erlbaum.

PERKINS, D. N. (1986): *Knowledge as design.* Hillsdale (NJ): Lawrence Erlbaum.Skinner, Burrhus F. (1974): About Behaviourism. London: Jonathan Cape.

SQUIRE, LARRY R., Ed. (1992): *Encyclopedia of Learning and Memory.* New York: Macmillan.

STERNBERG, ROBERT J. (1997): *Thinking styles.* New York: Cambridge University Press.

STERNBERG, ROBERT J., Ed. (1982): Handbook of human intelligence. New York: Cambridge University Press.

STERNBERG, ROBERT J.; KOLLIGIAN, JOHN JR., Ed. (1990): *Competence Considered.* 2nd Ed., New Haven, London (CT): Yale University Press.

WILSON, JOHN A. R.; ROBECK, MILDRED C.; MICHAEL, WILLIAM B. (1974): *Psychological Foundations of Learning and Teaching.* 2nd Ed.; New York: McGraw-Hill.

7.1.4 Articles in English

ANDERSON, JOHN R.; REDER L. M.; SIMON, H. A. (1996): Situated learning and education. *Educational Researcher,* 24(4), 1996., 5-11.

BROWN, J. S.; COLLINS, A.; DUGUID, P. (1989): Situated cognition and the culture of learning. *Educational Researcher,* 18, 32-42.

COLLINS, A.; BROWN, J. S.; NEWMAN, S. E. (1989): Cognitive Apprenticeship: Teaching the crafts of reading, writing and mathematics. In: RESNICK (Ed.): *Knowing, learning and instruction.* Hillsdale (NJ): Erlbaum, 453-494.

McCORD, JOAN (1997): Discipline and the use of sanctions. *Aggression and Behavior,* Vol. 2, No. 4. 313-319.

MEALMAN, CRAIG A. (1993): Incidental Learning by Adults in a Nontraditional Degree Program: a Case Study. *Midwest Research-to-Practice Conference in Adult, Continuing, and Community Education.* Columbus (Ohio), October 13-15, 1993.

O'DONOHUE, WILLIAM; NOLL, JAMES P. (1995): Is behaviorism false because there is no such thing as conditioning? Popper and Skinner on learning. *New Ideas in Psychology,* Volume 13, Issue 1, March 1995, 29-41.

SCHANK, R. C. (1993). Goal-Based Scenarios: A radical look at education. *The Journal of the Learning Sciences,* 3, 429-453.

SCHANK, R. C.; FANO, A.; BELL, B.; JONA, M. (1993). The design of Goal-Based Scenarios. *The Journal of the Learning Sciences,* 3, 305-345.

SCHANK, ROGER C.; KASS, ALEX (1996): Goal-based scenario for high school students. *Communications of the ACM,* Volume 39, Issue 4, April 1996, 28-29.

STADLER M. AND KRUSE P. (1990): The Self-Organization Perspective in Cognition Research: Historical Remarks and New Experimental Approaches. In: HAKEN, H.; STADLER, M., Eds: *Synergetics of Cognition.* Berlin: Springer, 32-52.

7.1.5 Journals

European Journal of Engineering Education (ISSN: 0304-3797) | Carfax Publishing

Focus on Learning Problems in Mathematics (ISSN: 0272-8893) | Center for Teaching and Learning Mathematics

For the Learning of Mathematics (ISSN: 0228-0671) | FLM Publishing Association

Gestalt Theory - An International Multidisciplinary Journal (ISSN: 0170-057X) | Krammer Verlag Wien

Learning – Magazine for Creative Teaching (ISSN: 0090-3167) | Neodata Services

Learning and Leading with Technology (ISSN: 1082-5754) | ISTE International Society for Technology in Education

Learning and Instruction (ISSN: 0959-4752) | Elsevier Science

Learning and Memory - Plainview (ISSN: 1072-0502) | CSH Laboratory Press

Learning and Motivation (ISSN: 0023-9690) | Academic Press

New Directions for Teaching and Learning (ISSN: 0271-0633) | Jossey Bass

New Ideas in Psychology (ISSN: 0732-118X) | Elsevier

Open Learning (ISSN: 0268-0513) | Pearson Professional

Support for Learning (ISSN: 0268-2141) | Blackwell Publishers

7.2 Internet-Links:

[W1] http://www.uni-leipzig.de/~psycho/wundt.html (Sehr gute Information über Wilhelm Wundt, A. Meischner-Metge,Psychologisches Institut der Uni Leipzig, D)

[W2] http://psy.ed.asu.edu/~horan/ced522readings/watson/intro.htm (Der berühmte Artikel von Watson, C. Green, York University, Toronto, Kanada)

[W3] http://muskingum.edu/~psychology/psycweb/history/pavlov.htm (Sehr gute Sammlung über Ivan Pawlow, M. Lautenheiser, Muskinum College, Ohio, USA)

[W4] http://www.bfskinner.org/BooksList.asp (kommentiertes Schriftenverzeichnis von Skinner mit Zusammenfassungen, Skinner Foundation, WV, USA)

[W5] http://www.piaget.org (Jean Piaget Society, University of Utah, USA)

[W6] http://www.enabling.org/ia/gestalt/gerhards (Internationale Gesellschaft für Gestaltpsychologie und deren Anwendungen, B. Runde, Uni Osnabrück, D)

[W7] http://www.ils.nwu.edu/~e_for_e/people/RCS.html (Institute of the Learning Sciences, Engines for Education, R. Schank, NW-University, Australien)

[W8] http://www.ils.nwu.edu/~e_for_e/misc/roger-intro.au (Roger Schank introducing Engines for Education (Audiofile), NW-University, Australien)

[W9] http://www.grout.demon.co.uk/Barbara/chreods.htm (Constructivism and Teaching, Department of Educational Studies, University of Oxford, UK)

[W10] http://cilt.org/html/bransford.html (Center for Innovative Learning Technologies, Vanderbilt Univesity, John Bransford, Berkeley (CA), USA)

[W11] http://www-ang.kfunigraz.ac.at/~holzinge/multimedia/lernen/lerntheorien.html (Aktualisierte Literatur und Links zu Modul 3, A. Holzinger, Uni Graz, A)

7.3 Prüfungsfragen

Fragen-Typ 1: Dichotome Ja/Nein-Entscheidungen:

01	Lernen ist ein Prozess, der eine Veränderung von Verhalten oder Wissen bewirkt und immer intentiert (beabsichtigt) ist.	☐ Ja ☐ Nein
02	Der klassische Behaviorismus beschäftigt sich ausschließlich mit messbaren und beobachtbaren, objektiven Daten.	☐ Ja ☐ Nein
03	Operante Konditonierung (instrumentelles Lernen), verändert die Wahrscheinlichkeit der Reaktionen als Funktion ihrer Konsequenzen.	☐ Ja ☐ Nein
04	Im Behaviorismus wird in Lernprozessen auf individuell eingebrachtes Vorwissen Rücksicht genommen.	☐ Ja ☐ Nein
05	Der Kognitivismus untersucht nicht ein einzelnes Individuum, sondern die soziale Interaktion mit anderen Lernenden.	☐ Ja ☐ Nein
06	Lernziele in kognitivistischen Lernumgebungen sind die Produktion korrekter Input-Output-Relationen und das Entdecken von Lösungen.	☐ Ja ☐ Nein
07	Das Ziel von „Modelling of Excellence" ist der Aufbau von mentalen Modellen für spezifische Problemstellungen.	☐ Ja ☐ Nein
08	Im „Situated Learning" spielt die konkrete Lernumgebung eine entscheidende Rolle.	☐ Ja ☐ Nein
09	Nach ROGER SCHANK erfolgt das ganze menschliche Lernen zielorientiert (Goal-Based).	☐ Ja ☐ Nein
10	Das Anchored-instruction-Modell ist die Basis für fallbasierende Unterrichtsansätze (case-based-learning, problem-based-learning).	☐ Ja ☐ Nein

Fragen-Typ 2: Mehrfachauswahlantworten (Multiple Choice):

01	Im Behaviorismus ...
	☐ a) ... hat das Lösen von realen Problemen einen wichtigen Stellenwert.
	☐ b) ... ist das Lernparadigma der Reiz-Reaktions-Mechanismus.
	☐ c) ... ist die soziale Interaktion der Lernenden ein zentrales Anliegen.
	☐ d) ... ist das Gehirn ein geschlossenes Informationssystem.
02	Eine Beurteilung von Studierenden im Behaviorismus erfolgt ...
	☐ a) ... durch klares Abfragen von Fakten.
	☐ b) ... durch Überprüfung von Konzeptwissen.
	☐ c) ... durch Lösen von Problemen in einem Team.
	☐ d) ... leistungsorientiert.
03	Im Kognitivismus erfolgt die Präsentation des Lernmaterials ...
	☐ a) ... in kleinen und wohldosierten Teilen.
	☐ b) ... in unstrukturierter Realität.
	☐ c) ... mit ständiger Rückmeldung kombiniert mit Belohnung/Bestrafung.
	☐ d) ... problemzentriert.
04	Die Person des Lehrers im Konstruktivismus verkörpert ...
	☐ a) ... einen verantwortlichen Coach (Trainer).
	☐ b) ... einen Tutor (Mentor, Ratgeber).
	☐ c) ... einen autoritären Experten.
	☐ d) ... niemand, die Lernenden werden sich selbst überlassen.
05	Das Maschinen Paradigma im Behaviorismus ist ...
	☐ a) ... die künstliche Intelligenz.
	☐ b) ... die kybernetische Lernmaschine.
	☐ c) ... eine komplexe Umgebung.
	☐ d) ... die Mikrowelt.
06	Im situierten Lernen ...
	☐ a) ... verstehen die Lernenden den Zweck ihrer Anstrengungen.
	☐ b) ... ist das Lerntempo klar festgelegt.
	☐ c) ... werden Frustrationen vermieden, weil Erfolgssicherheit vorherrscht.
	☐ d) ... können die Lernenden ihr Vorwissen aktiv einbringen.
07	Konstruktivistische Lernumgebungen ...
	☐ a) ... erheben hohe Ansprüche an die Lernenden.
	☐ b) ... stellen Kompetenz und nicht Leistung oder Wissen in den Vordergrund.
	☐ c) ... fungieren als Instruktoren, die genau vorgegebnen Lernstoff vermitteln.
	☐ d) ... arbeiten unter anderem mit Biofeedback.
08	Fallbasiertes Lernen (case-based-learning, problem-based-learning) ...
	☐ a) ... ist aus den Arbeiten von SKINNER und THORNDIKE hervorgegangen.
	☐ b) ... kann beispielsweise in der Medizin sehr gut eingesetzt werden.
	☐ c) ... arbeitet hauptsächlich mit Reiz-Reaktions-Mechanismen.
	☐ d) ... soll durch Ankerreize die Aufmerksamkeit und das Interesse wecken.

7.4 Lösungen

Lösungen zu Fragen-Typ 1:

01 Nein; 02 Ja; 03 Ja; 04 Nein; 05 Nein, 06 Nein; 07 Ja; 08 Ja; 09 Ja; 10 Ja;

Lösungen zu Fragen-Typ 2:

Richtig sind: 01 b); 02 a) d); 03 d); 04 a); 05 b) 06 a) d); 07 a) b); 08 a) d)

7.5 Timeline: Lernen und Lerntheorien

um 420 v.Chr. SOKRATES versucht einem Sklaven den Satz des Pythagoras beizubringen, indem er ihn diesen selbst finden ließ – anstatt es ihn einfach auswendig aufsagen zu lassen. Er ist damit der erste Konstruktivist.

um 400 v.Chr. ARISTIPPOS: der Mensch versucht Freude zu erleben und Schmerz zu vermeiden: Hedonismus. Er ist damit der erste Behaviorist.

um 330 v.Chr ARISTOTELES: Wiederholung festigt das Lernmaterial (Gelerntes Material wird wie in einer Wachstafel eingestanzt).

um 1630 DESCARTES führt den Begriff „Reflex" ein, der später von PAWLOW experimentell untersucht wird.

1872 Spencer stellt fest, dass zwischen angenehmen und befriedigenden und unangenehmen und unbefriedigenden Reizen eine starke Korrelation besteht.

1879 WUNDT gründet das weltweit erste psychologische Labor in Leipzig.

1882 ALEXIUS MEINONG errichtet ein psychologisches Labor an der Uni Graz.

1890: Mit den psychologischen Theorien, die WILLIAM JAMES in „The Principles of Psychology" entwickelt, nimmt er die Grundideen der Gestaltpsychologie und des Behaviorismus vorweg.

1896 KÜLPE errichtet ein psychologisches Labor an der Uni Würzburg.

1900 TITCHENER glaubt, dass der Hauptgegenstand der Psychologie, solche Dinge wie Geist oder Verstand und Bewusstsein sind.

1904 IVAN PAVLOV erhält für seine Entdeckung des „konditionierten Reflexes" den Nobelpreis. Der klassische Behaviorismus erlebt in der Folge eine Blütezeit.

1919 WATSON gilt als eigentlicher Begründer des Behaviorismus.

1948 NORBERT WIENER begründet die Kybernetik und versucht lernen mit Hilfe regelungstheoretischer Modelle zu beschreiben.

1957 SKINNER (obwohl er sich auf die Arbeiten von THORNDIKE stützt) gilt als Begründer der „Lernmaschinen" und ist zentral für alle nachfolgenden „programmierten Instruktionen" und „Drill and practice"-Programme.

1962 VYGOTSKY präsentiert sein ZPD-Modell.

1970 MATURANA veröffentlicht sein Buch „Biology of Cognition". Der Konstruktivismus beginnt immer mehr Wissenschaftler und Praktiker zu interessieren.

1990 BRANSFORD stellt sein Anchored-instruction-Model vor, das die Basis für das aufkommende fallbasierende Lernen (case-based-learning, problem-based-learning) darstellt.

Modul 4:
Lernen mit Computern

„If you want to look into the future ...
take a look in the past. "

„The further back you look,
the further forward you can see. "

Winston Churchhill
(1874 - 1965)

Lernziele

In diesem Modul machen wir nicht nur einen Rückblick auf die historische Entwicklung von **„Informations- und Lernsystemen"**, sondern bauen das in Modul 3 angeeignete Basiswissen über die **Hauptströmungen der Lerntheorien** direkt ein und ergänzen es an **konkreten Beispielen** entsprechend. Die Grundprinzipien und Ideen der einzelnen Meilensteine werden dabei systematisch betrachtet.

Entwicklung

Informations- und
Lernsysteme

Anwendung der
Lerntheorien an kon-
kreten Beispielen

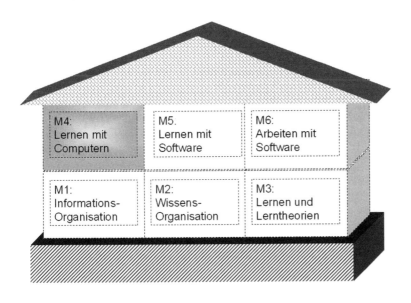

Obwohl die Geschichte des computerunterstützten Lernens praktisch erst mit der Einführung von **Digitalrechnern** beginnt und daher sehr jung ist, sind Ideen zur Verbesserung der Aneignung von Wissen schon so alt wie die Menschheit selbst.

Die Frage der ersten „echten Lernmaschine" wurde um 1950 in der amerikanischen Zeitschrift „Contemporary Psychology" heftig diskutiert. Schließlich einigte man sich auf die am 20. Februar 1866 patentierte Buchstabiermaschine von HALCYON SKINNER (Bild 4.1). In den zwanziger und dreißiger Jahren des zwanzigsten Jahrhunderts wurden vor allem in den USA eine Vielzahl verschiedenster Lehrmaschinen entwickelt und zum Patent angemeldet. Allerdings war generell das Interesse nicht sehr groß. Das änderte sich jedoch schlagartig mit dem „Sputnik-Schock" und der damit einher-gehenden Bildungs- und Wissenschaftsoffensive der USA. Um 1970 ebbte der Boom wieder ab, weil auch die stärksten Optimisten einsehen mussten, dass ein „Nürnberger Trichter" nicht realisierbar war.

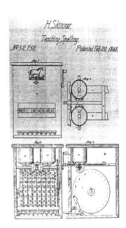

Bild 4.1 Die erste (patentierte) Lernmaschine, aus Benjamin (1988), 703

Wird die Entwicklung neuer Medien betrachtet, so lassen sich immer wieder **„euphorische Phasen"** beobachten. Bei der Einführung des Radios wurde das **Rundfunklernen** hochgepriesen. Die Einführung des Fernsehens machte **Telelernen** zum Renner. Die Einführung des Computers führte zum **Computer-Based-Training** (CBT).

Die neueste Euphorie gilt der Einführung des WWW (als ein Dienst im Internet) und dem **Web-Based-Training** (WBT). Der Trend geht in Richtung **virtuelle Universitäten**, von denen sich vor allem die (zukünftige) Informationsgesellschaft viel verspricht (z.B. [W1]).

Bild 4.2 Das WBT-System GENTLE [W1]

Unbestritten ist das „Internet" das bislang erfolgreichste und spannendste Medium der Menschheit.

Wird die Entwicklung des computerunterstützten Lernens zusammengefasst, ist erkennbar, dass Fortschritte immer von vier Faktoren abhängig waren:

- technologische Fortschritte (besonders in der Computertechnologie),
- finanzielle Unterstützung durch staatliche Stellen,
- Bedürfnisse und Erwartungen der Gesellschaft und
- Veränderungen in Lern- und Instruktionstheorien.

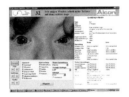

Bild 4.3 Beispiel für Problem-Based Learning im Web: Die Wiener Augenfälle [W2]

175

1 Frühe Informationssysteme

1.1 Einführung der Schrift

Bild 4.4 Die Einführung der Schrift war die erste Revolution in der Entwicklung von Informationssystemen [W3]

Die erste zentrale Revolution war die Einführung der Schrift (siehe auch Band 1, Modul 1, Information und Kommunikation).

Vorstufen zur Entwicklung der Schrift war die Bilderschrift, in der einfache Bilder oder Bildfolgen unabhängig von der Sprache Inhalte darstellten. Von eigentlicher Schrift kann erst bei Wiedergabe sprachlicher Einheiten (Wörter, Silben, Laute) die Rede sein. Nach der Art der dargestellten Einheiten werden Wortschrift, Silbenschrift und Lautschrift unterschieden. Eine Wortschrift stellt jedes Einzelwort durch spezielle Zeichen dar (Bildzeichen, Hieroglyphen, Bild 4.4).

Etwa 3000 v.Chr. entwickelten die Sumerer Schriftzeichen, die aus Piktogrammen Wörter zusammensetzten und phonetische Indikatoren enthielten, um die Aussprache zu kennzeichnen. Die Sumerer beeinflussten wahrscheinlich die Ägypter bei der Entwicklung des Hieroglyphen-Systems.

Die Schrift ist ein **System grafischer Zeichen** und fundamental für die menschliche Kommunikation.

Schrift wird in konventioneller Weise verwendet und durch Schreiben, Zeichnen, Malen, Einkerben, Ritzen usw. auf feste Stoffe aufgebracht (Stein, Rinde, Holz-, Ton- und Wachstafeln, Leder, Knochen, Papyrus, Pergament, Papier usw.). Im Informationszeitalter wird die Schrift zunehmend (papierlos) durch digitale Zeichen (siehe Band 1, Modul 2, Signale und Codierung) codiert und auf verschiedenen Datenträgern gespeichert.

In einer reinen **Silbenschrift** werden die Silben der Wörter, in der Lautschrift deren einzelne Laute durch Zeichen ausgedrückt. Verwendet werden hauptsächlich Mischformen aus Wortschrift und Silbenschrift, wie sie etwa in den ältesten Formen der altmesopotamischen Keilschriften, in der ägyptischen Schrift oder auch der japanischen Schrift vorliegen.

Der Übergang von der Silbenschrift zur **Lautschrift** gelang erst den Griechen. Ohne grundlegende Änderung der äußeren Form der westsemitischen Schrift entstand bei ihnen (etwa 900 v.Chr.) das erste Alphabet. In Form bestimmter Arten der lateinischen Schrift verbreitete es sich rasant in ganz Europa und später weit über Europa hinaus.

Alle modernen europäischen Schriften gehen auf das griechische Schriftsystem als Mutteralphabet zurück.

1.2 Gutenbergs Revolution

Die Erfindung der Schrift ermöglichte das Wissen der Welt in Bibliotheken zusammenzufassen und zur Verfügung zu stellen. Eine der ersten Bibliotheken wurde von RAMSES II in Ägypten um 1250 v. Chr. gegründet. Die Bibliothek von Alexandria umfasste 300 v.Chr. bereits 700 000 Schriftrollen und war somit das wissenschaftliche „Lernzentrum" der Antike. Die erste Universitätsbibliothek wurde 1257 an der Sorbonne in Paris gegründet.

> Durch die Einführung des verbesserten Buchdrucks um 1450 nahm die Verbreitung der Schrift exponentiell zu.

Der Buchdruck ist die Erfindung des zweiten Jahrtausends; möglicherweise ist das Internet die Erfindung des dritten Jahrtausends

Im Zeitalter der Aufklärung wurde wieder versucht, das Wissen der Welt zusammenfassen, zu ordnen und den Menschen zugänglich zu machen, allerdings verdoppelt sich schon seit damals das Wissen der Menschheit in immer kürzeren Zyklen.

Der Brockhaus 2000 hat 24 Bände, 17 500 Seiten mit rund 260 000 Stichwörtern.

1.3 Mittelalterliche Lernmaschinen

1588 erschien ein Klassiker der Renaissance-Ingenieurstechnik, „Le diverse ed artificiose machine" in dem AGOSTINO RAMELLI (geboren 1531, unbekannt, wann gestorben) die unterschiedlichsten Maschinen beschreibt. Das bekannteste Projekt ist seine **Lesemaschine**, eine Art rotierendes Lesepult, das die gleichzeitige Lektüre mehrerer Texte ermöglicht. Die Ideen, die dahinter stecken, sind genial:

Bild 4.5 Die Lernmaschine von Ramelli (1588), aus Specht, (1992), 64

* schneller Zugriff auf Informationen (parallel access) und
* die Markierung von Seiten (bookmarking).

Durch Verwendung einer speziellen Zahnrad-Mechanik war es möglich, mehrere Bücher gleichzeitig in horizontaler Position zu halten [vgl. HASEBROOK (1995), S. 149]. Auf der Webpage [W4] kann ein Videofilm von dieser Maschine in Aktion angesehen werden.

1.4 Mechanische Lernhilfen

Buchstabiermaschine. Im Jahre 1911 meldete der Psychologe HERBERT AIKINS, beeinflusst von THORNDIKE (siehe Modul 3), eine mechanische „Lehrmaschine" als „educational appliance" zum Patent an (Bild 4.6). Es handelte sich um eine einfache Holzrahmenkonstruktion. Die Lernenden steckten dabei Buchstaben der Reihe nach in einen Holzkasten.

Nicht sichtbare Zacken erlaubten nur das Einstecken in der richtigen Reihenfolge:

Bild 4.6 Die Lehrmaschine von Herbert Aikins aus dem Jahr 1911, aus: Benjamin (1988), 705

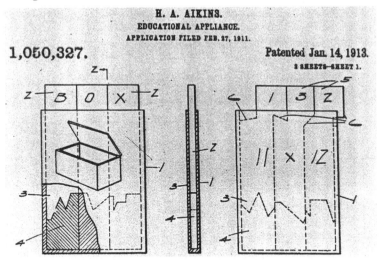

H. A. AIKINS.
EDUCATIONAL APPLIANCE.
APPLICATION FILED FEB. 27, 1911.

1,050,327.

Patented Jan. 14, 1913.
2 SHEETS—SHEET 1.

Multiple-Choice-Lehrmaschine. Um 1924, lange vor der Einführung computergestützter Lernsysteme, führte SIDNEY PRESSEY systematische Untersuchungen mit verschiedenen Rückmeldeverzögerungen durch. Dabei stützte sich auf die Theorien von THORNDIKE (Modul 3, Kapitel 3.5). Um die (bei Schularbeiten) bis zu einer Leistungsrückmeldung verstreichende Zeit zu verkürzen, erfand er ein Testgerät, das unmittelbares Feedback geben konnte (answer-until-correct-scoring-board). Zentraler Ausgangspunkt für die Überlegungen von PRESSEY war das **Feedback**, das prinzipiell auf drei verschiedene Arten erfolgen kann:

* unmittelbar nach der Beantwortung einer Frage,
* erst nach einem gewissen zeitlichen Abstand oder
* erst nach Ende einer Sequenz von Lernschritten.

SKINNER beklagte später ebenfalls, dass zu viele richtige Antworten im klassischen Schulunterricht unerkannt und deshalb **unverstärkt** untergehen. Er entwickelte deshalb eine (anfangs noch nicht computergestützte) Technologie, die unmittelbares Feedback (Verstärkung) für den Lerner ermöglichte: das programmierte Lernen (siehe Kapitel 1.6).

Untersuchungen zeigten – in Übereinstimmung mit dem Behaviorismus – die Wirksamkeit von **sofortigem Feedback** [vgl. z.B. VAN HOUTEN (1980) oder KULIK & KULIK (1988)]. Im Widerspruch dazu beobachteten andere Forscher, dass langfristiges Wissen durch verzögertes Feedback besser behalten werden konnte [vgl. z.B. RANKIN & TREPPER (1978); COWEN (1991)].

178

Von Kulhavy & Anderson (1972) wurde die **Perseveration-Interference-Theorie** vorgestellt, um die Überlegenheit von verzögertem Feedback in bestimmten Kontexten zu erklären. Bei unmittelbarer Korrektur verharrt danach ein Lernender häufig in dem Zustand, in dem er eine falsche Antwort gegeben hat: die Erinnerung an die falsche Antwort **interferiert** mit der Information über die richtige Lösung. Bei verzögertem Feedback besteht diese Gefahr *nicht,* die falsche Antwort wird (inzwischen) vergessen.

Die Theorie der Verarbeitungstiefe von Craik & Lockhart *(1972) erklärt, dass die tiefergehende semantische Analyse, der ein verzögertes Feedback im Vergleich zu einem unmittelbaren unterzogen wird, zu besseren Behaltensleistungen der korrekten Antworten führt.* [Kulhavy & Wager (1993)]

Bild 4.7 Vannevar Bush (1890 – 1974), der Berater von US-Präsident Roosevelt, realisierte sein Memex nur auf dem Papier, aus [W5]

1.5 Die Revolution von Vannevar Bush

Der „memory expander" (abgekürzt Memex) wurde 1945 von Vannevar Bush vorgestellt. Es stellt ein Informationssystem zur Verbesserung des wissenschaftlichen Denkens dar, das auf folgenden Grundprinzipien beruht:

* Denken als assoziativer Prozess (association),
* nicht lineare Struktur (hypertext),
* Nutzung persönlicher Assoziationspfade (trails),
* schneller Informationszugriff (microfiche) und
* sprachbasierte Aufzeichnungsmöglichkeit (annotation).

Memex (Bild 4.8) war als wissenschaftlicher Arbeitsplatz konzipiert, der endlich den uralten Menschheitstraum erfüllen sollte: Das menschliche Gedächtnis und dessen Assoziationsvermögen erweitern und unterstützen (memory expander). Durch eine Kamera an der Stirn (Bild 4.9) sollte alles, was im Verlaufe eines Tages (Relevantes) auftauchte, aufgenommen, im Memex archiviert und auf **Microfiche** wieder verfügbar gemacht werden [vgl. Kuhlen (1991), S. 67]. Die Vorstellung von Bush hat die Entwicklung späterer Informationstechnologien nachhaltig beeinflusst.

Microfiche = Mikrodokumentation, 60 Buchseiten auf ein Format DIN A 6

Bild 4.8 Der memory expander, kurz Memex, von Vannevar Bush, aus [W6]

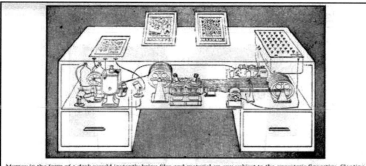

Memex in the form of a desk would instantly bring files and material on any subject to the operator's fingertips. Slanting translucent viewing screens magnify supermicrofilm filed by code numbers. At left is a mechanism which automatically photographs longhand notes, pictures and letters, then files them in the desk for future reference (LIFE 19(11), p. 123).

Im Atlantic Monthly schreibt BUSH:

„The human mind ... operates by association. With one item in its grasp, it snaps instantly to the next that is suggested by the association of thoughts, in accordance with some intricate web of trails carried by the cells of the brain." (Siehe Originalartikel in [W5]).

Bild 4.9 Eine Stirnkamera soll alles – was relevant ist – aufnehmen und im MEMEX speichern [W6]

Mit den Möglichkeiten der modernen Computertechnik und des Internet ist das, was für BUSH noch Utopie bleiben musste, technisch realisierbar geworden.

1.6 Programmierte Unterweisung

Der erste (behavioristische) Schritt zum computerunterstützten Unterricht wurde in den 50er Jahren durch die Lehrmaschinen von SKINNER gesetzt.

Nach SKINNER basieren Lehrmaschinen auf psychologischen Grundlagen über das menschliche Verhalten. Lehren ist die Förderung des Lernens. Lernprozesse erfolgen auch ohne Unterricht. Lehrende schaffen nur die Grundvoraussetzungen für erfolgreiches Lernen – Lernen muss das Individuum selbst.

Es werden zwei Ansätze für die Programmierung von Lehrmaschinen unterschieden:

- reaktionszentrierte Ansätze und
- reizzentrierte Ansätze.

Reaktionszentrierte Ansätze basieren auf den Überlegungen zum **instrumentalen Lernen** von SKINNER auf der Basis von THORNDIKE („trial and error" und „law of effect" (siehe Modul 3), die besagen, dass die Verstärkung eines Verhaltens zu einer Erhöhung der Auftretenswahrscheinlichkeit dieses Verhaltens führt.

Reizzentrierte Ansätze basieren hingegen auf **kognitiven Lerntheorien**. Ein wesentlicher Unterschied sind die Ursache und der Zeitpunkt des Lernens. Während bei reaktionszentrierten Ansätze der Lernprozess durch die Rückmeldung getriggert wird, nehmen reizzentrierte Ansätze Lernen durch die reine Darbietung von Information an. Das Feedback übernimmt die Aufgabe einer Wissensüberprüfung.

Programmiertechnisch wird bei der Realisierung dieser lerntheoretischen Grundannahmen für Lehrmaschinen zwischen zwei Programmarten unterschieden:

- lineare Programme – reaktionszentrierter Ansatz von SKINNER, und
- verzweigte Programme – reizzentrierter Ansatz von CROWDER.

Lineare Programme. Als Ausgangspunkt für lineare Programme nahm SKINNER das Gesetz des Effektes von THORNDIKE und modifizierte es durch eine Verkettung einfacher Reaktionen und deren Verstärkung (shaping). Er konstruierte Lehrmaterial so, dass die Wahrscheinlichkeit einer richtigen Antwort von Lernenden maximiert wird.

Durch (möglichst nur) korrekte Antworten soll eine schrittweise Annäherung an das übergeordnete Lernziel erfolgen.

Eine Individualisierung des Lernprozesses beschränkt sich naturgemäß auf die Wahl der Lerngeschwindigkeit durch die Lernenden. Die Sequenz des Lehrmaterials wird durch die Lehrenden festgelegt und Feedback wird nur bei korrekten Antworten der Lernenden für wichtig gehalten – ein typisch behavioristischer Ansatz.

Bild 4.10 Programmablauf in einem linearen Programm

Verzweigte Programme. Die veränderte Rolle des Feedbacks in verzweigten Lernprogrammen wird z.B. bei NORMAN CROWDER (1957) deutlich:

„Das wesentliche Problem ist die Steuerung eines Kommunikationsprozesses durch die Verwendung von Rückkopplung. Die Antwort eines Lernenden dient in erster Linie dazu festzustellen, ob der Kommunikationsprozess wirksam war. Gleichzeitig bietet sie die Möglichkeit einer entsprechenden Korrektur, falls nötig." [CROWDER (1957), S. 23]

CROWDER betont die zentrale Rolle des **Feedbacks bei negativen Antworten,** was im Gegensatz zu reaktionszentrierten Ansätzen und den Prinzipien desoperanten Konditionierens steht. In verzweigten Lehrprogrammen wird die Lehrsequenz nicht statisch vom Lehrer vorgegeben, sondern passt sich dem Verhalten der Lernenden an.

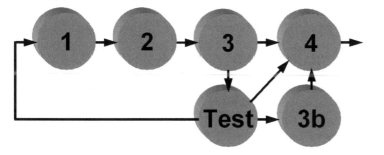

Bild 4.11 Programmablauf in einem verzweigten Programm (branching)

Einzelne Lerneinheiten enthalten hier also Informationen zur Lerneinheit und einer Verständnisfrage. Wird eine Frage korrekt beantwortet, springt das System zur nächsten Lerneinheit, ansonsten wird zu einer zwischenliegenden oder ergänzenden Einheit, in so genannte „alternative Programmspuren", verzweigt (branching).

Zur **Adaptierbarkeit** der Lerngeschwindigkeit in linearen Programmen kommen bei verzweigten Programmen noch individuelle Lernpfade („alternative Programmwege") hinzu.

Um diese alternativen Lernpfade zu erweitern und Lernenden Tests und Verständnisfragen auf einem angemessenen Schwierigkeitsniveau zu ermöglichen, wurden adaptive generative Systeme – als Vorstufe zu intelligenten tutoriellen Systemen – entwickelt (Kapitel 3.2).

1.7 TCCIT und PLATO

Trotz der anfänglichen Schwierigkeiten war die Überzeugung da, dass das computerunterstützte Lernen effektiv ist. Daher investierte die „National Science Foundation of America" (NSF) 1971 in zwei Projekte 10 Millionen Dollar:

- „Time-shared Interactive Computer Controlled Information Television" (TCCIT), Mitre Corporation, und
- „Programmed Logic for Automatic Teaching Operation" (PLATO), Control Data Corporation.

Beide werden in weiterentwickelten Versionen heute noch kommerziell eingesetzt.

TCCIT. Zentral war die Verwendung von Fernseh-Lehrfilmen, für die spezielle Hardware und Software entwickelt wurde. Der Anwender lernte an einem Terminal, besehend aus Farbmonitor, Lautsprecher, spezieller Tastatur, Lichtgriffel und einem Abspielgerät für Videobänder. TCCIT basierte auf dem Prinzip der Selbststeuerung des Lernenden. Dafür wurde ein spezielles Unterrichtsmodell zum Begriffs- und Regellernen entwickelt.

Bild 4.12 Das System PLATO ist bis heute im Einsatz [W7]

PLATO. Im Gegensatz zum TCCIT lag PLATO, das ab 1960 an der University of Illinois entwickelt wurde, keine bestimmte didaktische Theorie zugrunde. Technisch handelte es sich aber um eine vollwertige, vernetzte multimediale Lernumgebung. Das Terminal der Lernenden bestand aus (berührungssensitivem) Plasmabildschirm und einer Tastatur. Auch andere Geräte (Projektoren, Laborgeräte usw.) konnten über das Terminal gesteuert werden. Ein Großrechner diente als Steuerrechner und konnte über 1000 Terminals versorgen.

Eine eigene Autorensprache (TUTOR) ermöglichte in PLATO
die Erstellung weiterer Kurseinheiten.

*Für diese Art der computerunterstützten Unterweisung in den 60er und 70er Jahren mit
Großrechnern war PLATO in den USA das am weitesten verbreitete Lehrsystem. Trotz
jahrzehntelanger pädagogisch-psychologischer Forschung und Erweiterung des Systems ist
PLATO stets in der Kritik gestanden, einfach zu teuer für den Bildungsbereich zu sein.
Deshalb ging auch hier der Entwicklungstrend zu preisgünstigeren Lösungen.*

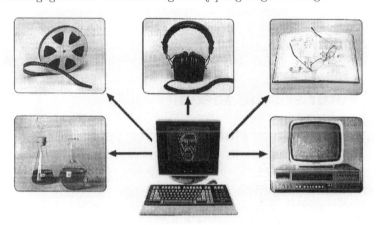

Bild 4.13 Das PLATO-System ermöglichte mul-timediales Lernen, aus Schreiber (1998), 25

1.8 Erste Probleme des Lernens am Computer

Während der Entwicklung der ersten computerunterstützten Lernsysteme
(CUL), im Zeitraum zwischen 1950 bis 1980, traten viele Probleme auf:

- konzeptionelle und strukturelle Probleme,
- hauptsächlich technisch – keine darunterliegenden Lerntheorien,
- keine Erfahrungen mit Lernumgebungen, daher
- viel zu kostenintensiv.

Ein Hauptproblem war die **Benutzerfeindlichkeit**: Die Be-
dieung der ersten Systeme war – sowohl von Lerner- als auch
Lehrerseite – kompliziert, demotivierend und zeitaufwendig.

Bild 4.14 Zu Beginn
stand die Maschine –
nicht der Mensch im
Vordergrund [W8]

Anfangs waren zur Erstellung von nur einer Stunde Courseware (von einem
Durchschnittsautor) ein Zeitaufwand von 100 Stunden und ein Kostenauf-
wand von 20 000 US-Dollar notwendig! Die schlechte Bedienbarkeit der
Autorensysteme wurde natürlich auch durch die von der Hardware gegebenen Möglichkeiten bedingt. Hardware war zu dieser Zeit extrem teuer, unzu-
verlässig und benötigte viel Raum.

Bild 4.15 Mit der Verwendung von Computern für Lernzwecke wurden verschiedene Abkürzungen populär, hier nur eine kleine Auswahl

> Hardwarebedingt konnte das User-Interface anfangs nicht nach Bedürfnissen der Menschen gestaltet werden.

Mit damaligen Systemen war das Ansprechen verschiedener Lerntypen, neben dem visuell-textuellen Typ, *gar nicht möglich*. Im Lauf der Zeit schienen diese anfangs für kurzzeitige „Kinderkrankheiten" gehaltenen Probleme chronisch zu werden. Ein aus 1977 stammendes Zitat fasst ein Vierteljahrhundert CAI (Computer Aided Instruction) eindrucksvoll zusammen:

„For 25 years a brilliant future has steadily been predicted for various aspects of computer-based education [...].Up to now, however, computer-based education has been a long tale of heavy investment and low return. " [HEBENSTREIT (1977)]

2 Futuristische Ideen

2.1 Sensorama: Multimedia der Sechziger

Zu Beginn der fünfziger Jahre begann das Fernsehen allmählich in Konkurrenz mit dem Kino zu treten, die beide eine Konkurrenz für die jahrtausendalte Bühne waren. Allerdings konnte weder Kino noch Fernsehen eine authentische Wahrnehmung vermitteln. PIMENTEL & TEIXEIRA (1993) beschreiben es sehr eindrucksvoll:

„ ...the audience felt as if they were watching the action through a large window or frame. All the drama was out there beyond the window; nothing ventured inside the theater. The audience was isolated from directly experiencing the events shown on the screen".

FRED WALLER entwickelte deshalb eine neue Film-Präsentation, wo das Publikum mitten im Geschehen war. Die Bildfläche war in einem Halbkreis angeordnet und das Publikum daher mitten in der Szenerie. Drei synchronisierte 35-mm-Kameras wurden dazu verwendet, die Szenen während der Filmproduktion aus verschiedenen Blickwinkeln aufzunehmen. Im Vorführsaal produzierten drei Projektoren authetische 180-Grad-Bilder. Diese extrem teure Panorama-Vorführung wurde **Cinerama** genannt (Bild 4.16).

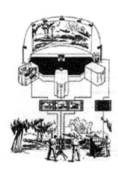

Bild 4.16 Eine typische Hollywood-Idee von 1950: Cinerama [W9]

MORTON HEILIG war von Cinerama begeistert. Er analysierte die menschlichen Sinne und beschäftigte sich intensiv mit Psychophysik (siehe Band 1).

> HEILIG war (1960) der Überzeugung, dass Multimedia mit *allen* Sinnen – Sehen, Hören, Fühlen, Riechen und sogar Schmecken – arbeiten sollte.

1962 präsentierte HEILIG sein Sensorama, das im Prinzip eine **„Virtual Reality"** darstellte. Im Sensorama wurde ein **stereoskopischer Film** abgespielt, in dem Techniken wie

- Stereoton,
- Gebläse für die Simulation des Fahrtwindes,
- Geruchssimulation in Abhängigkeit der durchfahrenen Landschaft und
- vibrierende Sitze

Verwendung fanden. So konnte eine Motorradfahrt durch Brooklyn simuliert werden (Bild 4.17).

Bild 4.17 Morton Heiligs Sensorama war 1962 ein echtes Multimedia-Erlebnis [W10]

Das Sensorama von MORTON HEILIG war voll multimedial, hatte aber einen schwerwiegenden Mangel: Es war nicht interaktiv.

„Sensorama" wurde kein Erfolg, weil es zu teuer und zu kompliziert war.

2.2 Augment von Engelbart

Erst mit fortschreitender technischer Entwicklung von Computern zeichnete sich allmählich eine Realisierbarkeit der Ideen von VANNEVAR BUSH ab. 1963 nahm DOUGLAS ENGELBART die Gedanken von BUSH in „A Conceptual Framework for the Augmentation of Man's Intellect" auf und sah Computer als geeignete Werkzeuge dafür an [vgl. CONKLIN (1987)].

Aus diesen Ideen entstand in den folgenden Jahren das System NLS (Online-System) **Augment**, das Dateien hierarchisch anordnet und Links (Verknüpfungen) zwischen diesen ermöglicht.

Augment = augmentation = Vergrößerung, Wachstum

Als Eingabemedien dazu erfand ENGELBART eine Reihe von Geräten, von denen die „Maus" das bekannteste ist (Bild 4.19).

Augment, ab 1963 am Stanford Research Institute entwickelt, ist das Hypertext-System mit der längsten Vergangenheit.

Technisch lief Augment auf Time-sharing-Großrechnern in einer Netzumgebung und hatte folgende Eigenschaften, die richtungsweisend für spätere Arbeitsplatzrechner und Standards von Personalcomputern wurden:

- **Maus** als Eingabemedium,
- Mehrfenstertechnik mit „**parallel processing**",
- Verknüpfung heterogener Materialien über **Zeiger** und
- integrierter Einsatz von **Grafik**.

Bild 4.18 Douglas Engelbart, der Erfinder der „Maus" [W11]

185

Bild 4.19 Im System NLS (OnLine System) wurde als Eingabegerät erstmals die Maus verwendet [W12]

Beachtenswert ist, dass Augment bereits von Beginn an in eine elektronische Kommunikationsumgebung eingebettet war, die folgende (damals) bahnbrechende Möglichkeiten erlaubte [vgl. KUHLEN (1991), S. 69]:

• verteiltes Publizieren und Editieren (durch Texteditoren),
• elektronische Dokumentauslieferung,
• benutzerfreundliches User-Interface (konfigurierbar),
• elektronische Post (eMail), und sogar
• Telekonferenzen.

ENGELBARTS Leitspruch war „Augmentation not automation".

2.3 XANADU von Nelson

Hypertext = über Hyperlinks verbundenes Netzwerk von Texten

Der Begriff „Hypertext" (siehe nächstes Kapitel) wurde erst 1965 mit dem System Xanadu von TED NELSON eingeführt [vgl. NIELSEN (1995)]. Xanadu wurde nie vollständig realisiert, es ist das längste laufende Projekt [W13] – es läuft noch immer!

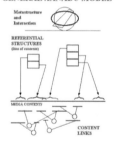

NELSONS Idee beschreibt die Sammlung aller geschriebenen Texte in *einem* großen Hypertext. Literaturverweise sind darin Links und Zitate werden immer mit dem Originaltext verbunden. Neuere Versionen des gleichen Artikels werden dem System hinzugefügt, ohne die alten zu löschen. Dadurch wird eine zeitsynchrone Entwicklung deutlich – aber die Textmenge (Inhalt) nimmt stetig zu. Für das entstehende Urheberrechtsproblem ist eine automatische Abrechnung beim Aufruf eines Artikels vorgesehen. NELSONS Konzept ist mit dem World Wide Web (WWW) in greifbare Nähe gerückt.

Bild 4.20 Die Xanadu-Idee von Ted Nelson aus dem Jahre 1960 [W14]

Allerdings ist die Textbasis nicht annähernd groß genug, um Literaturangaben nur auf Links zu stützen. Außerdem gibt es derzeit kein allgemeines System zur finanziellen Abrechnung von abgerufenen Texten (nur Individuallösungen), so dass kommerzielle Artikel kaum im WWW zu finden sind. Ältere Versionen von WWW-Seiten werden ständig durch neuere ersetzt, eine „History" geht somit verloren.

Auch im WWW wäre ein System zur Archivierung sinnvoll. So bleibt das Projekt Xanadu Vorbild und Vision zugleich.

NELSON *wählte das Wort „Xanadu" aus dem Gedicht „Kubla Khan" von* SAMUEL TAYLOR COLERIDGE:

"A magic place of literary memory where nothing is ever forgotten" und meint selbst: „The Xanadu Project has always been about these ideals: facilitating reusable hypermedia; copyrighted, but freely annotatable and quotable, in a world-wide network open to all."

Zusammenfassend hatte Xanadu folgende Merkmale:

- erstes „echtes" Hypertextsystem mit „point-and-click",
- Ziel: alle Publikationen dieser Welt zu erfassen,
- elektronische Form des Memex von VANNEVAR BUSH,
- Client-Server-System: Trennung des Benutzers vom Server,
- medienübergreifend,
- Copyright und
- Lizenzgebührenverrechnung (royalties).

Es traten naturgemäß gewaltige Probleme auf:

- Komplexität,
- immer online (Telefonkosten!) und
- extrem teure Implementierung.

2.4 Hypertext und Hypermedia

2.4.1 Grundlagen

Grundlegend für das Hypertext-Konzept sind zwei elementare Begriffe:

- Knoten und
- Links.

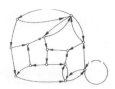

Bild 4.21 Hypertext-Systeme sind ähnlich wie semantische Netzwerke (Kapitel 4.2) aufgebaut

Knoten sind die atomaren Informationseinheiten von Hypertexten, die über Links **nicht linear** miteinander verbunden (verlinkt) sind. Die Knoten eines Hyperdokumentes können Texte und/oder Grafiken enthalten.

Enthalten die Knoten (neben Texten und Bildern) Audioelemente (Töne, Sprache, Musik), Videos, Simulationen oder Animationen, so wird von **Hypermedia** gesprochen.

Hypermedia, zusammengezogen aus *Hyper*text und Multi*media*

Hypermedia ist ein Oberbegriff für Hypertext und unterscheidet sich von Multimedia per definitionem lediglich durch die nicht lineare Verknüpfung der Informationsknoten.

Ein Hypertext-System enthält alle Software-Hilfsmittel, mit denen Hypertexte erstellt, verwaltet und genutzt werden können. Ein Hyperdokument oder kurz Hypertext ist eine mit einem Hypertext-System erstellte Informations- bzw. Hypertextbasis, die eine nicht lineare Struktur aufweist.

Um einem Link zu folgen, brauchen die Benutzer einfach nur einen auf dem Bildschirm besonders markierten Bereich, der das Vorhandensein eines Links anzeigt, mit der Maus anzuklicken (oder ihn mit dem Finger auf einem

Touch-Screen zu berühren), und der Inhalt des neuen Knotens wird auf dem Bildschirm dargestellt.

Das Konzept **„Anklicken"** ist charakteristisch für Hypertext- und Hypermedia-Systeme.

In Hypermedia-Systemen kommt der Gestaltung des User-Interfaces (Benutzerschnittstelle) eine zentrale Bedeutung zu. Der Schwerpunkt liegt dabei auf der Gestaltung der Interaktion im Frontend (Oberfläche) – im Gegensatz zum „normalen" Software-Engineering, wo das Schwergewicht auf der Funktionalität im Backend (System) liegt. Durch diesen Wandel in den letzten Jahren werden erstmals Forschungsgebiete innerhalb der Software-Ergonomie und HCI (Human Computer Interaction) ins Zentrum gerückt (siehe Band 3).

Auf Informationen eines Hypertextes kann auf drei Arten zugegriffen werden:

- durch das Verfolgen von Links,
- durch Volltextsuche und
- über den Browser.

Browser dienen zur Navigation in Hypermedia-Informationssystemen und erlauben direkten Zugriff auf die Knoten.

Bild 4.22 Mit Hilfe eines Browsers (z.B. Netscape oder Internet Explorer) können Hypertexte lesbar dargestellt werden

Das Verfolgen von Links stellt gegenüber üblichen Datenbanksystemen eine zusätzliche Möglichkeit des Informationszugriffs dar, der bei diesen nur mit traditionellen Suchmechanismen (Eingabe von Suchbegriffen und deren logischer Verknüpfung) möglich ist.

Oft können Benutzer ihre Suchanfrage (query) nicht präzise formulieren. In diesen Fällen stellt das Verfolgen von Links eine flexible Möglichkeit der Informationssuche dar: Die Benutzer müssen ihre Suche nicht exakt planen, sondern können frei durch den Informationsraum wandern (**„browsen"**).

Dabei werden Aspekte des „inzidentiellen Lernens" wirksam (siehe Modul 3).

Hypertext-Kritiker bemängeln, dass durch die Fragmentierung des Textes der Kontext verlorengeht, der natürlich bei traditionellen (linearen) Texten einen stetigen Lesefluss erlaubt.

---

*Bei Hypertexten fehlt die Kohäsion, es kann leicht zu „Lost in Hyperspace" kommen ...
Orientierungsprobleme und kognitive Überlast sind die Folge. Ein Ausweg sind „Guided
Tours", die allerdings einen „linearisierten" Hypertext bewirken.*

Schon VANNEVAR BUSH sah 1945 einen entscheidenden Vorteil in seinem
Memex darin, dass die Benutzer während einer Sitzung **individuelle Pfade**
(Wissenspfade) anlegen und dauerhaft speichern können. Durch die individuellen und dynamisch erzeugten Pfade (trails) werden die interessierenden
(relevanten) Informationen herausgefiltert, gesammelt, assoziativ verknüpft
und dauerhaft gespeichert.

**trails =
history backtracking**

2.4.2 Hypertext im Lernprozess

Bei der Einordnung in „Lernsysteme" muss beachtet werden, dass im
Gegensatz zu den bis jetzt kennen gelernten Programmen Hypertext über
keine instruktionale Komponente verfügt. Aufgrund dieser Tatsache ist
Hypertext kein „Lernsystem" im weiteren Sinne und kein „Lehrsystem" im
engeren Sinne, sondern ein „Informationssystem" – das zu Lernzwecken
verwendet werden kann.

Sowohl bei der programmierten Unterweisung als auch bei CAL werden die
Entscheidungen über die nächsten Lernschritte vom System getroffen. Die
Kontrolle über den Lernprozess liegt völlig auf Seiten des Computers (oder
besser gesagt auf Seiten der Softwareingenieure bzw. Programmierer!).

Bei Hypertext liegt die Kontrolle über die Sequenzierung von
einzelnen Lerneinheiten ausschließlich bei den Lernenden.

---

*Dieser Unterschied machte Hypertext für Lehrende interessant, die den Lernenden mehr
Verantwortung durch mehr Kontrolle über den Lernprozess übertragen wollten.*

Der Begriff „Kontrolle über den Lernprozess" ist eine aus
dem Konstruktivismus kommende Forderung, die in engem
Zusammenhang mit Begriffen wie „entdeckendes Lernen",
„exploratives Lernen" und „selbstbestimmtes Lernen" steht.

Nach CUNNINGHAM (1993) können die Ideale einer konstruktivistisch orientierten Pädagogik durch Hypertexte hervorragend unterstützt werden. Während der **freien Navigation** durch Informationsnetze können individuell
bedeutsame Wissensstrukturen konstruiert werden. Die Komplexität vernetzter Hypertexte sieht er in diesem Zusammenhang nicht als Nachteil,
sondern als Vorteil, da Bewältigung von Komplexität eine wichtige, in der
heutigen Informationsgesellschaft dringend erforderliche Fertigkeit ist.

Bei Hypertext liegt die Kontrolle der Lernprozesse bei den Lernenden. Im konstruktivistischen Sinn sollen sie selbst entscheiden, in welcher Reihenfolge sie die Informationen bearbeiten und wann sie die Sitzung beenden.

Zu diesem Thema durchgeführten Studien lassen dieses Ideal allerdings problematisch erscheinen. Als wichtige Variable für die Effektivität der „Lernerkontrolle" scheint das Ausmaß des Vorwissens zu sein: Je mehr Vorwissen vorhanden ist, umso besser kommen die Lernenden mit der ihnen auferlegten Verantwortung zurecht. CLARK *(1983) kam zu dem Schluss, dass Hochbegabte eher eine strukturierte, direktive Methode wählen, obwohl sie am besten mit entdeckenden Strategien zurechtkommen würden. Weniger Begabte wählen Methoden, die entdeckendes Lernen ermöglichen, obwohl sie mehr von einer direktiven Methode profitieren würden.* JONASSEN *(1986) stellt allerdings die Übertragbarkeit dieser Ergebnisse auf Hypertexte in Frage, da in den Studien der Lernerfolg durch den Vergleich mit einem extern vorgegebenen Kriterium gemessen wurde. Hypertext aber soll ja gerade den Aufbau individuell unterschiedlicher Wissensstrukturen ermöglichen.*

2.4.3 Hypertext und Kognition

Sehr bald standen im Zentrum des Forschungsinteresses die durch das Lernen mit Hypertext ausgelösten kognitiven Prozesse und die resultierenden Wissensstrukturen. Das Lernen mit Hypertext wurde dem Lernen mit „normalen" linearen Texten gegenübergestellt.

Grundlage für eine „kognitive Plausibilität" war die Betrachtung des Gehirns als neuronales Netzwerk und die Erfahrung des assoziativen Fortschreitens der Gedanken

Ein zentrales Argument für die Überlegenheit von Hypertext ist das Argument der „kognitiven Plausibilität".

Bereits VANNEVAR BUSH *versuchte im Jahre 1945 in seinem Essay „As we may think" eine Brücke zwischen der Funktionsweise des menschlichen Gedächtnisses und der bibliothekarischen Datenorganisation zu schlagen.*

Ausgangspunkt des Arguments der kognitiven Plausibilität ist die Annahme, dass Wissen im menschlichen Gedächtnis ebenfalls in **nicht linearen, vernetzten Strukturen** repräsentiert wird (Modul 2).

Die Hypothese der kognitiven Plausibilität lässt sich systematisch in drei Annahmen zusammenfassen, die natürlich sehr kritisch zu sehen sind:

* Die nicht lineare Struktur der Wissensrepräsentation in Hypertext entspricht der vernetzten Struktur der mentalen Wissensrepräsentation.
* Lernende können ihre mentale Wissensstruktur, die als vernetzt strukturiert angenommen wird, direkt in Hypertext abbilden, ohne einen Umweg über eine Linearisierung nehmen zu müssen.

- Beim Lesen von nicht linearen Hypertexten entfällt daher der Prozess der **Delinearisierung.**

Bei genauerer Analyse der Annahmen wurde allerdings festgestellt, dass das Lernen mit Hypertexten (insbesondere bei niedrigem Vorwissen) Probleme bereitet.

Bei traditionellen Texten wird der Prozess der Linearisierung (das Legen eines „roten Fadens") als eine entscheidende Leistung der Lernenden angesehen. Die Fähigkeit eines Lernenden, Wissenseinheiten in eine sinnvolle Reihenfolge zu bringen, und die Unterscheidung von Übergeordnetem und Untergeordnetem bestimmen mit, wie gut aus einem Buch gelernt werden kann.

2.4.4 Kognitive Überlast

Ein ernstes Problem selbst gesteuerten Lernens in Hypertext- und Hypermediasystemen ist eine kognitive Überlast (cognitive overload). Im ungünstigsten Fall müssen sich nämlich die Lernenden nach KUHLEN (1991) auf drei Ebenen mit dem System auseinandersetzen:

- auf inhaltlicher Ebene mit den Informationen,
- auf struktureller Ebene mit Navigation durch das Informationsnetz, und
- auf Systemebene mit den Systemfunktionen (Hard- und Software).

Auch ein so genannter **Browsing-Effekt** ist erkennbar: Informationsbeschaffung in Hypertext- und Hypermediasystemen ist nicht immer sehr zielgerichtet bzw. problemlöseorientiert. Häufig werden Informationsnetze nur dazu benutzt, in den Wissensbeständen „herumzustöbern". KUHLEN unterscheidet drei Arten des Browsing:

- gerichtetes,
- ungerichtetes und
- assoziatives Browsing.

Gerichtetes Browsing tritt auf, wenn bei der Suche nach bestimmten Informationen artverwandte Wissensgebiete entdeckt werden, die für das Informationsbedürfnis interessant und relevant sind und gelesen werden. Dieser gewünschte Effekt lässt sich dadurch fördern, dass artverwandte Wissensgebiete durch Relationen (mit Hinweis auf die Art der Relation) miteinander verknüpft werden. Tritt bei der Suche nach einer Information der (häufige) Fall ein, dass die Benutzer „vollkommen von einer anderen Information beschlagnahmt" werden, so spricht man von einem so genannten „Serendipity-Effekt".

Serendipity-Effekt: Die bei der Suche gefundenen Informationen werden für viel interessanter erachtet als die ursprünglich gesuchten

191

Ungerichtetes Browsing tritt ein, wenn das Wissengebiet, in dem die für eine Problemlösung relevanten Informationen enthalten sind, von den Benutzern noch nicht oder nur vage umrissen werden kann. Ein mehr oder weniger systematisches „Stöbern" kann hier helfen, relevante Informationen für die Zielformulierung und über das Wissensgebiet aufzufinden.

Assoziatives Browsing ist die Form, in der – assoziativ einem bestimmten Interesse folgend – ein Weg durch das Informationsnetz gegangen wird, jedoch ohne eine Zielvorstellung oder ein Wissensbedürfnis mit diesem Weg befriedigen zu wollen. Am Ende eines solchen Weges lässt die Aufmerksamkeitsspanne spontan nach, es tritt das fatale Gefühl des **„lost in hyperspace"** auf [vgl. KUHLEN (1991), S. 130].

2.5 HES – Hypertext Editing System

Während von KEN THOMPSON und DENNIS RITCHIE das Betriebssystem UNIX entwickelt wurde, das multitasking- und netzwerkfähig war, baute ANDRIES VAN DAM an der Brown University das erste komplett funktionsfähige Hypertextsystem, das „Hypertext Editing System" (HES) auf (siehe [W15]). Es hatte u. a. folgende Eigenschaften:

- Browser
- Funktions-Tastatur und Lichtgriffel,
- Hilfe-Funktion und
- In-text-Links.

Das System lief auf einem IBM/360-Großrechner und brauchte nur 128 KB Hauptspeicher. IBM finanzierte die Entwicklung und hat das System an das Houston Manned Spacecraft Center verkauft. Dort wurde es eingesetzt, um die Projekt-Dokumentation für die Apollo-Raumflüge aufzunehmen.

Als das erste lauffähige Hypertext-System gilt das „Hypertext Editing System (HES)" von ANDRIES VAN DAM.

Das Nachfolgesystem FRESS (File Retrieve and Editing System) wurde 1968 fertiggestellt, ebenfalls auf einem IBM Großrechner. Da die Plattform äußerst stabil war, wurde das System noch 20 Jahre später auf der ersten ACM-Konferenz vorgeführt.

Tag = Verbindung in einer Richtung, Jump = Verbindung in beiden Richtungen

Autoren konnten FRESS-Dokumente durch Benutzung eines interaktiven Text-Editors mit Batch-Formatierung gestalten: eine Markierung konnte irgendwo im Text eingefügt (Quelle), und mit einem Zielpunkt im gleichen oder einem anderen Dokument verbunden werden. Es gab zwei Arten von Links: „Tags" und „Jumps". Ein Tag (ein

Link nur in einer Richtung) bedeutete eine Verbindung auf ein einzelnes Element, so z.B. eine Anmerkung, Definition oder Fußnote. Wenn die Leser mit einem Lichtstift auf einen Tag zeigten, erschien der zugehörige Text in einem anderen Fenster, während sie aber im Hauptdokument blieben. Es gab bis zu sieben Fenster zur gleichzeitigen Darstellung von Dokumenten [W16].

3 Einfluss des Kognitivismus

3.1 Adaptive generative Systeme

Adaptive generative Systeme sind Programme, die Aufgaben unterschiedlichen Schwierigkeitsgrades erzeugen und eine Lösung beurteilen können.

Ansätze zu adaptiven generativen Systemen entstammen der Annahme, dass eine **angepasste Aufgabenschwierigkeit** für Lernende ein wesentliches Kriterium für effektives Lernen ist.

Bei einem solchen System stellen sich allerdings mehrere Probleme:

- Zuerst müssen mögliche Aufgabentypen parametrisiert (durch kennzeichnende Größen beschrieben) werden, um *beliebige* Aufgaben eines Typs erzeugen zu können.
- Dann müssen Aufgabentypen mit bestimmten Lösungsvorgängen verknüpft werden.
- Schließlich muss eine **Instruktionsstrategie** festgelegt werden, die eine Sequenzierung (Festlegung einer bestimmten Ablauffolge) der verschiedenen Aufgabentypen und Kriterien zur erfolgreichen Bearbeitung eines Aufgabentyps spezifiziert.

O'SHEA & SELF zählen einige Vorzüge eines solchen Systems auf:

- Es können so viele Aufgaben zum Erreichen des Lehrzieles gestellt werden, wie die Lernenden zum Erreichen eines Lernzieles brauchen.
- Der **Schwierigkeitsgrad** von Aufgaben kann so gewählt werden, dass Lernende stets ihrem **Vorwissen** entsprechende Aufgaben erhalten.
- Unterschiedliche Rollen können in der Instruktion übernommen werden.

Lösungen können prinzipiell als richtig/falsch beurteilt werden, aber auch einzelne Schritte einer Problemlösung können generiert und damit zur Instruktion verwendet werden.

Folgende zwei unmittelbaren Probleme ergeben sich allerdings beim Einsatz solcher Systeme:

- Das Fachgebiet muss extrem **strukturiert** sein, um in eine generative Form zu passen (z.B. Mathematik, Physik), und
- die Auswahl von Aufgaben von unterschiedlichem Schwierigkeitsgrad setzt ein **Schwierigkeitsmodell** mit Parametern voraus, die sich systematisch *verändern* lassen müssen.

Zu Beginn des adaptiven computerbasierten Lernens wurden im wesentlichen die Ansätze der programmierten Unterweisung von SKINNER auf das neue Medium Computer übertragen.

Die Konzentration auf die technischen Möglichkeiten des Computers führten oft zu Konzeptionen, die auf keiner didaktischen oder instruktionspsychologischen Basis beruhten.

Ein bekanntes System, das instruktionspsychologisch begründet und experimentell evaluiert wurde, ist das **„Minnesota Adaptive Instructional System (MAIS)"** von TENNYSON.

In MAIS wurde der Instruktionsumfang an die aktuellen Bedürfnisse und den Wissensstand der Lernenden angepasst. Auch sollte im Gegensatz zu herkömmlichen CAI-Systemen kein festgelegtes Curriculum für alle Lernenden bereitgestellt werden, da dies nicht den unterschiedlichen Voraussetzungen heterogener Lernergruppen gerecht wird. Es wurde ein „idealer Lerner" mit immer gleichen Interessen angenommen. Weiters basierten die implementierten adaptiven Methoden auf Beobachtungen zum Lernerverhalten in komplexen Lernumgebungen, die beliebig viele Lerneinheiten zur Verfügung stellen und den Lernenden die Kontrolle überlassen. Zur Anpassung des Instruktionsumfanges wählte TENNYSON einen bayesschen Ansatz: Jede Aktion eines Lernenden führte zu einer Neuberechnung der aktuellen Lernerkompetenz und einem Abgleich mit dem angestrebten Kompetenzgrad [vgl. TENNYSON (1981) und siehe W17].

Den Lernenden wurde in MAIS Information über ihren jeweiligen Wissensstand und die Relation zum Lernziel angeboten.

Beantwortet ein Lernender eine Aufgabe korrekt, so nimmt das System an, dass dieser die notwendige Kompetenz besitzt.

Die in MAIS realisierten Methoden sind prinzipiell als Weiterentwicklung adaptiver Instruktion auf den Grundlagen von THORNDIKE und SKINNER mit Computern zu sehen. MAIS wird daher in eine Grauzone zwischen CAI und intelligenten Lehrsystemen eingeordnet. Der systematische Entwurf und die Evaluation von Anpassungsleistungen, wie sie in MAIS realisiert wurden, kann auch für die heutige Forschung zu adaptiver Instruktion interessante Ansätze bieten.

3.2 Intelligente tutorielle Systeme

Während Kognitionswissenschaftler sich mit dem Problemlösen von Experten und Novizen beschäftigten, wurden parallel dazu im Bereich der Informatik und künstlichen Intelligenz (KI) Methoden und Werkzeuge entwickelt, um komplexe Probleme mit Rechnern lösen zu können. Die Simulation menschlicher Experten und die Unterschiede zu den Fähigkeiten von Anfängern konnten auch in tutoriellen Systemen Anwendung finden.

Die Forschung zu intelligenten tutoriellen Systemen (ITS) profitierte vor allem von der interdisziplinaren Zusammenarbeit von Informatik und Kognitionswissenschaft.

Einerseits hoben die neuen Möglichkeiten, Problemlöseprozesse zu modellieren, adaptive Methoden auf eine neue Stufe, andererseits ist als durchgängige Kritik an ITS zu lesen, dass viele Systeme instruktionspsychologische Erkenntnisse zu ignorieren schienen.

Als Kriterium zur Einstufung computerbasierter Lernsysteme als intelligente tutorielle Systeme sind zwei Eigenschaften relevant:

- Anwendung von Methoden der **künstlichen Intelligenz** (primär zur Repräsentation des Domänenwissens, zur Modellierung von Lernenden und anschließender Adaption der Instruktion an Eigenschaften und den Wissensstand der Lernenden) und
- Möglichkeiten zur **wechselnden Initiative** zwischen Lernenden und ITS: Nicht nur das System kann Information präsentieren, abfragen und testen, sondern auch Lernende können Fragen an das System stellen.

In den meisten intelligenten tutoriellen Systemen (ITS) findet sich eine Trennung in vier wesentliche Komponenten:

- Expertenkomponente (System),
- Lernerkomponente (Lernender),
- tutorielle Komponente (Instruktion) und
- Kommunikationskomponente (Interaktion).

Expertenkomponente. Das ist ein Modell der zu erlernenden Domäne, das auch in der Lage ist, Aufgaben zu lösen. In diese Komponente wurde im Zusammenhang mit ITS naturgemäß die meiste Forschungs- und Entwicklungsarbeit investiert.

Die zentrale Problemstellung in der Forschung zu ITS ist die Repräsentation von **Expertenwissen.**

Hierbei wurden oft verschiedene Wissensebenen und die Programmkompetenz basierend auf diesen Ebenen unterschieden.

O'SHEA & SELF nennen als Beispiele folgende Ansätze:

- semantische Netzwerke wie im System SCHOLAR oder
- expertensystembasierte Ansätze wie im System GUIDON.

Adaptive Character of Thought (ACT): Die Verfügbarkeit von Informationen im Langzeitgedächtnis kann von Zeitpunkt zu Zeitpunkt variieren (Gedächtnisspuren durch assoziative Konzepte)

Des weiteren werden häufig **Produktionssysteme**, basierend auf JOHN R. ANDERSONs ACT-Theorie, und **fallbasierte Systeme** genannt.

Diese Ansätze führten zu unterschiedlichen Schwerpunkten in der Adaption tutorieller Aufgaben. Als Erweiterung der adaptiven Möglichkeiten „unintelligenter Systeme" sind die Fähigkeiten „intelligenter" Systeme zu sehen, eigene Problemlösungen in der jeweiligen Wissensdomäne zu generieren, Problemlösungen von Lernenden zu analysieren oder zumindest Erklärungen für bestimmte Lösungen geben zu können.

Lernerkomponente. Diese bildet den Kommunikationsprozess zwischen den Lernenden und dem ITS ab. Daraus lassen sich relevante Eigenschaften für die Instruktion ableiten.

In vielen Fällen wurde eine Lernerkomponente als eine Teilmenge der Kompetenzen eines Expertenmodells der Wissensdomäne realisiert. Individuelle Wissensdefizite konnten so durch eine Diskrepanz zwischen Lernermodell und Expertenmodell identifiziert werden.

Lernermodellierungen bilden in intelligenten Lehrsystemen die Grundlage für die Adaption der tutoriellen Aufgaben.

Tutorielle Komponente. Diese enthält das „Wissen" über die eigentliche Instruktion. In verschiedenen intelligenten Lehrsystemen wurde versucht, dieses Wissen von den Inhalten zu trennen und so Regeln zur Instruktion unterschiedlichster Lehrinhalte zu nutzen.

Aus der Tatsache, dass die meisten ITS aus dem Bereich der Informatik und Forschungen der KI hervorgingen, ergab sich generell die Problematik einer vernachlässigten pädagogisch-didaktischen Perspektive in diesen Systemen.

Meistens wurden die verwendeten Lehrstrategien nicht aus instruktionspsychologischen Theorien abgeleitet, sondern aus der Intuition des jeweiligen Systementwicklers. Auch wurden selten die entwickelten Systeme evaluiert.

Kommunikationskomponente. Diese bestimmt nach SCHULMEISTER (1997) die Interaktion und kann vier Möglichkeiten annehmen:

Sokratischer Dialog. Bei diesem interaktiven Frage-Antwort-Ablauf (query-answer-dialogue) lenkt das System die Lernenden durch (möglichst geschickt formulierte) Fragen. Die Fragen können dabei auch adaptiv sein.

Coaching. Dabei bleibt das System so lange im Hintergrund resident, bis es vom Lernenden angefordert wird (Hilfesystem).

Learning by doing. Das System ist selbst aktiv und fordert die Lernenden auf, Informationen auszuwählen. Aus der Selektion und Abweichungen vom Expertenmodell werden entsprechende Schlüsse gezogen.

Learning while doing. Das System ist selbst passiv und gibt nur „ab und zu" hilfreiche Hinweise.

Ein ITS soll den aktuellen Wissenserwerb analysieren und darauf basierende Instruktionen generieren, die die Abweichung zwischen Expertenmodell und Lernenden verringern.

Der Prinzipaufbau eines ITS sieht folgendermaßen aus:

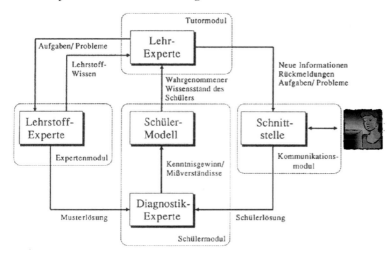

Bild 4.23 Der Aufbau eines ITS, nach Leutner (1992), 61

Einige historisch interessante ITS (in zeitlicher Reihenfolge) sind:

- SCHOLAR, CARBONELL (1970), Geografie,
- SOPHIE, BURTON & BROWN (1974), Physik,
- MYCIN, SHORTLIFFE (1976), Medizin,
- BUGGY, BURTON & BROWN (1978), Mathematik,
- GUIDON, CLANCEY (1982), Medizin.

3.3 Dynabook von Kay

Durch seine Tätigkeiten bei Atari, Apple und am MIT Media Lab angeregt, wollte ALAN KAY eine Art „elektronisches Buch" entwickeln – das komfortabel herumgetragen werden konnte. Er realisierte diese Idee am Xerox PARC und nannte seine Entwicklung Dynabook.

Die Interaktivität – die vom damals neuen Medium Fernsehen und Film stark zurückgenommen und durch Passivität ersetzt wurde – sollte zurückgewonnen und die Statik des Buches durch Dynamik ersetzt werden.

Bild 4.24 Um Icons gab es einen jahrelangen Rechtsstreit zwischen Apple und Microsoft. Das Icon des „trash" darf bis heute nicht von Windows genutzt werden

KAY manifestierte diese Idee in seinem Dynabook: Es hatte ein Tablett als Zeigegerät und ein hochauflösendes Display für Text und animierte Grafik. Es hatte multiple windows, Icons und eine objektorientierte Hochsprache.

In den 60er Jahre beschrieb MCLUHAN, *wie ein Medium das Denken von Menschen beeinflussen kann. So sei z.B. die Wandlung vom hermeneutischen Mittelalter zur wissenschaftlichen Neuzeit die Folge der Erfindung des Buchdrucks. Das Medium Buch bzw. Presse veränderte das Denken der Menschen. Wenn der Computer wirklich ein neues Medium war, so* MCLUHAN, *würde auch dieser das Denken der Zivilisation verändern.*

Eine weitere Erfahrung machte KAY durch die Programmiersprache LOGO. Er beobachtete an Schulen, wie Kinder spielend mit dieser Sprache umgehen konnten und was sie damit alles machten. KAY begriff, dass der Computer als Medium auch von Kindern benutzt werden müsste. Nach der Theorie von JEAN PIAGET (siehe Modul 3) vollzieht sich die Entwicklung des Denkens in mehreren Phasen. Einige davon sind:

- die Bewegungsphase („sensomotorische Stufe"),
- die visuelle Phase („präoperationale Stufe") und
- die symbolische Phase („konkrete Operationen").

Mit LOGO wurde versucht, diese Erkenntnisse umzusetzen. Interpretationen der Experimente von JEROME BRUNER (Modul 3, Kapitel 4.6) lieferten wichtige Grundlagen für das Design von Mensch-Maschine-Schnittstellen. BRUNER behauptete, dass der Mensch mehrere Denkschemata besitzt. Sie haben verschiedene Fertigkeiten und stehen oft in Konflikt miteinander. Er benannte drei von ihnen, die mit den Stufen von PIAGET korrespondieren:

- das Bewegungsschema,
- das bildliche und das
- symbolische Schema.

ALLAN KAY folgerte aus den Experimenten von BRUNER, dass jedes User-Interface-Design diese drei Denkschemata ansprechen sollte.

KAY brachte diese Erkenntnisse auf den Slogan: **Doing with Images makes Symbols.** Doing wollte er mit Eingabegeräten (Maus) erreichen, Images mit Icons und Symbols mit der Sprache SMALLTALK.

4 Einfluss des Konstruktivismus

4.1 Mikrowelten

Mikrowelten (microworlds) sind offene Systeme. Die Lernenden können ein Fachgebiet mit minimalen „Systemzwängen" erforschen. Meistens werden dazu elementare Operationen kombiniert, die analog zu bekannten Schemata (Fortbewegung, Bauen, Auswählen) sind.

Das bekannteste Beispiel einer Mikrowelt ist die Schildkröten-Geometrie des Programmiersystems LOGO. In dieser Mikrowelt können die Lernenden einem virtuellen Roboter die Durchführung aller möglichen Aufgaben „beibringen".

Bild 4.25 Die Schildkröten-Geometrie LOGO basierte auf konstruktivistischen Ideen. Die Schildkröte gab es wirklich: Kinder konnten sie programmieren und „herumlaufen" lassen

LOGO wurde ab 1967 am Massachusetts Institute of Technology (MIT) von SEYMOUR PAPERT entwickelt. Er arbeitete als Mathematiker mit JEAN PIAGET in Genf, kam 1960 in die USA. Dort gründete er das MIT Artificial Intelligence Laboratory, zusammen mit MARVIN MINSKY. PAPERT war stets ein Befürworter des Computereinsatzes im Bildungswesen. Sein LOGO sollte sein:

- bedienerfreundlich und einfach (gerade für Kinder) und
- leistungsfähig im Befehlsumfang.

Die Struktur LOGOs ähnelt weitgehend der Sprache LISP (List Processing), einer listenorientierten Programmiersprache, die zwischen 1959 und 1960 von JOHN MCCARTHY entwickelt und in der künstlichen Intelligenz eingesetzt wurde. Die Notation von Logo wurde jedoch dahingehend geändert, dass eine Adaption an Programmieranfänger unternommen wurde.

Bild 4.26 Seymour Papert, der Logo-Guru, nun auch Lego-Guru [W18]

LOGO basiert auf dem **prozeduralen Grundkonzept.**

Eine Prozedur kann von Computer ausgeführt werden. Einige grundlegende Prozeduren sind bereits in Logo implementiert, während andere erst durch die Benutzer definiert werden. Definierte Prozeduren können Bestandteil einer anderen Prozedur sein und somit ein komplexes Programm realisieren – das dann eine geschichtete Komplexität aufweist.

> Als zentralen Vorteil von LOGO realisierte PAPERT die Möglichkeit, Programmierkonzepte zu **visualisieren.**

Abhängig von der Implementierung und der Gerätekonfiguration unterstützt LOGO eine grafische Einheit, die in der Lage ist, auf einem grafikfähigen Terminal Figuren zu zeichnen oder ein freibewegliches Fahrmodell, z.B. Cammouse, zu unterstützen.

HAROLD ABELSON bringt es auf einen Punkt:

„LOGO is the name for a philosophy of education and a continually evolving family of programming languages that aid in its realisation. "

> Der konstruktivistische Grundgedanke einer Mikrowelt ist, dass die Lernenden „lernen zu lernen". Durch Nutzung einer vielschichtigen Lernumgebung soll schon bekanntes Wissen **reflektiert** und neues Wissen **konstruiert** werden.

Mikrowelten unterstützen das Modell „Lernen durch Entdecken"(siehe Modul 3, Kapitel 4.4), das einen dem Entwicklungsprozess analogen Prozess simulieren und zur Schaffung komplexer Fähigkeiten beitragen soll.

> Ziel einer Mikrowelt ist es, die erlernten Fähigkeiten auf **neue Problemsituationen** übertragen zu können.

Das Erlernen von Strategien, Denken in Analogien und die Fähigkeit zur Verallgemeinerung von Einzelkenntnissen steht zentral im Mittelpunkt.

Vom Standpunkt der Informatik aus ähnelt die Konzeption solcher Systeme einer Programmiersprache von hohem Niveau. Auch das Erlernen einer Programmiersprache erfolgt auf konstruktivistische Weise.

> Auch beim Erlernen einer Programmiersprache werden aus „Elementarschemata" mit Hilfe einer Grammatik Zusammensetzungen und immer komplexere Objekte konstruiert.

Im Gegensatz zu Simulationen gehen Mikrowelten noch einen entscheidenden Schritt weiter, denn sie geben den Benutzern die konstruktivistische Möglichkeit, sich eine (ihre) eigene Welt zu schaffen, die immer *veränderbar* bleibt. Anders als bei Simulationen lautet die Aufgabe in einer Mikrowelt nicht nur Bewältigung einer komplexen Situation, sondern **Modellierung der Situationen.**

4.2 NoteCards

Nach ersten funktionstüchtigen Hypertextimplementierungen wie HES (1967) und FRESS (1968), gab es zunehmend mehr Hypertextsysteme, die meistens aus Forschungsprojekten hervorgingen.

Auch die Leute im Xerox PARC befassten sich intensiv mit Hypertext. Das dort entwickelte System NotcCards (1985) war ursprünglich auf einer PARC-eigenen D-Maschine, einer LISP-Workstation, implementiert. Diese bietet einen hochauflösenden Bildschirm und eine fensterorientierte Benutzungsoberfläche. Ziel von NoteCards war primär die Unterstützung bei der Erstellung analytischer Berichte. Um ein konzeptionelles Modell bilden zu können, werden dabei Knoten mit Links verknüpft. Dazu wurden vordefinierte Knotentypen für Text, Video und Animationen eingeführt. Mit LISP können aber auch eigene Knotentypen geschaffen und sogar ganze Applikationen auf NoteCards aufbauend realisiert werden.

Das System hat sich im Großeinsatz mit vielen tausend Knoten und Links gut bewährt.

4.3 HyperCard von Atkinson

Trotz des großen Forschungsinteresses fanden Hypertextsysteme nicht die erwartete kommerzielle Verbreitung. Erst im Jahre 1987 änderte sich das mit dem System HyperCard, das bis 1992 jedem Apple-Macintosh-Computer beigelegt wurde [vgl. NIELSEN (1995)].

Der Macintosh, einer der ersten PCs mit grafischer Benutzeroberfläche, eignete sich besonders für Hypertext-Anwendungen und Multimedia.

Bild 4.27 HyperCard wurde 1987 von Apple eingeführt und hatte einige „look-a-likes" wie SuperCard, LinkWay oder HyperPad [W19]

HyperCard ist ein **Autorenwerkzeug:** damit können Hypertextsysteme unter Verwendung von HyperTalk, einer leicht zu erlernenden Sprache, erstellt werden.

ATKINSON definierte HyperCard als: „... *a modular software erector-set that enables nonprogrammers to create applications.*"

HyperCard basiert auf einem **„Karten-Datenmodell".** Links können dynamisch zur Laufzeit berechnet werden. Jedes file heisst **stack**, jeder stack enthält **cards,** die in Layern (Ebenen) angeordnet werden können (Bild 4.28). Jedes card kann wiederum drei Komponenten enthalten (Bild 4.29):

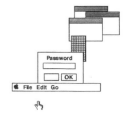

Bild 4.28 Ein Stapel enthält verschiedene cards, die in verschiedenen Layern (Dokumentenlayer, Dialoglayer usw.) angeordnet sind

- **buttons** (action) – angeordet in **Tasten-Layers,**
- **fields** (text) – angednet in **Feld-Layers,** und
- **paint** (graphics) – angeordent in **Grafik-Layers.**

In HyperCard wird mit Layern gearbeitet: einzelne Schichten (mit deren Inhalten) werden übereinander gelegt:

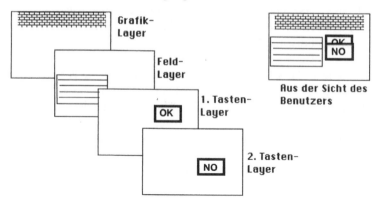

Viele Lernsysteme – auch im wissenschaftlichen Bereich – basieren auf HyperCard, da es weit verbreitet war und sehr flexibel ist.

4.4 HM-Card von Maurer

1993 entwickelte HERMANN MAURER zusammen mit NICK SCHERBAKOV das Hypermediasystem HM-Card. Ziel dieses Systems war die Erstellung und Anzeige von Hypermedia-Daten für Präsentation und Unterricht. HM-Card-Präsentationen können sowohl im „Offline"-Modus als auch über das Web abgerufen werden. HM-Card besteht aus 3 Modulen:

*   Editor,
*   Linker und
*   Viewer.

Der **Editor** wird verwendet, um so genannte HM-Card-Pages zu erstellen. Eine „Page" ist in diesem Zusammenhang eine Gruppe zusammengehöriger Multimedia-Daten wie z.B. Text, Bilder, Video, Sound usw. Die Daten werden auf einer Seite angeordnet und angezeigt. Zusätzlich können auch noch eine Reihe von Kontrollelementen wie z.B. Buttons oder Editierfelder auf einer Seite untergebracht werden und auch Bewertungsfunktionen für Benutzereingaben definiert werden.

Der **Linker** wird benutzt, um HM-Card Pages zu sogenannten „S-collections" zusammenzufassen, die als zusammengehörige Pages mit darüberliegender Navigationskontrolle betrachtet werden können. Die Navigation durch Buttons und Eingabefelder kann auf den einzelnen Pages kontrolliert werden. Eine S-collection kann ihrerseits wieder aus beliebig vielen Pages und S-collections bestehen.

Der **Viewer** wird verwendet, um HM-Card-Datenbanken bestehend aus Pages und S-collections anzuzeigen. Beim Anzeigen von HM-Card-Dokumenten kann die Präsentation noch beeinflusst werden. Aus dem Viewer heraus können Dokumente auch annotiert werden [W20].

5 Die dritte Revolution: WWW

Der Begriff World Wide Web (WWW) beschreibt *eine* – sehr erfolgreiche – Anwendung des Internets (siehe Band 1).

Aufbauend auf dem dort verwendeten **TCP/IP** (Transmission Control Protocol/Internet Protocol) wird **HTTP** (HyperText Transfer Protocol) zur Übertragung von **Daten** vom Server zum Client benutzt, die normalerweise **Dokumente** in der Beschreibungssprache **HTML** (HyperText Markup Language) sind. HTML-Dateien enthalten Text und Verweise (Links) zu anderen HTML-Dokumenten oder beinahe beliebigen Dateien (Bilder, Töne, Videos usw.). Ein Link im WWW ist eine hierarchisch strukturierte, eindeutige Adresse, der Uniform Resource Locator (URL).

Über die Abkürzung URL wird noch diskutiert:
Uniform Resource Locator *oder*
Unique Resource Location

Auf der Client-Seite stellt eine spezielle Applikation (Browser), das von der übertragenen HTML-Datei beschriebene Dokument (inklusive verknüpfter Grafiken und anderer Medien) dar. Durch Anklicken eines Links im Browser wird die mit der zugrunde liegenden URL benannte Datei vom Server übertragen.

Von TIM BERNERS-LEE 1989 am CERN entwickelt, hat das WWW als Informationssystem einige revolutionäre Eigenschaften:

- **Informationsintegration:** Zusammenfassung verschiedenster bestehender Informationsquellen. Im Prinzip kann jede Information aufgenommen werden.
- **Medienintegration:** Zusammenwachsen aller Informationen weltweit.
- **Offenes System:** Einfach erweiterbar.
- **Demokratisches System:** Jeder kann Beiträge einbringen, auf vorhandene Information verweisen usw.
- **Global und integrativ:** Abstraktion von geografischer Verteilung (es ist egal, wo eine Information zur Verfügung gestellt und wo diese wieder aufgenommen wird).

Viele historische Hypertext Konzepte könnten in zukünftigen Weiterentwicklungen des World Wide Web umgesetzt werden. Dabei könnte es eine „evolutionäre" Entwicklung der Knoten zu abstrakten Datentypen geben – vergleichbar zum objektorientierten Paradigma in der Programmierentwicklung.

5.1 Hypertextsysteme heute

Ende der Achtzigerjahre setzten sich Personalcomputer (PC's) mit grafischer Benutzeroberfläche endgültig durch.

Obwohl es auch leistungsfähige Hypertextsysteme auf reiner Textbasis gibt, schafften erst die fensterbasierten, mausgesteuerten grafischen Oberflächen eine breite Akzeptanz.

Mit der CD-ROM als Speichermedium, das viel größere Datenmengen aufnehmen kann, war auch eine Basis für interaktive Nachschlagewerke und Lernprogramme geschaffen. Damit wurde Hypermedia, also die Integration verschiedener Medien, insbesondere Bild und Ton, realisierbar. Im breiten Angebot finden sich sowohl reine Unterhaltungstitel (viele Computerspiele nutzen Hypermedia) als auch seriöse Informationssammlungen. Für die neu entstandene Kategorie der unterhaltenden, interaktiven Wissensvermittlung hat sich die Begriffsschöpfung **„Edutainment"** gebildet.

Autorenwerkzeuge werden in Band 3 besprochen

Als technische Basis für diese Hypertextsysteme kommt häufig das Autorenwerkzeug von Macromedia zum Einsatz. Eine eigene Literaturgattung hat sich mit Hypertext entwickelt, die so genannte **„Hyperfiction"**. Das Hypertextsystem Storyspace ist beispielsweise besonders weit verbreitet.

5.2 Von Hyper-G zu Hyperwave

Technische Grundlagen des Internets in Band 1

Hyper-G wurde als Client/Server-basiertes Internet-Informationssystem, ausgerichtet für einen Mehrbenutzerbetrieb, an der TU Graz unter der Leitung von HERMANN MAURER entwickelt. Ziel war es, die große Anzahl von verteilt vorliegenden hypermedialen Informationen in strukturierter Form anzubieten und zu verwalten. Gleichzeitig erlaubte es den Zugriff von und zu bereits bestehenden Informationssysteme wie Gopher und dem WWW. Hyper-G besitzt folgende grundlegenden Eigenschaften:

- Es werden durchgängig Hilfen zur Orientierung und zur Navigation durch das Informationsangebot bereitgestellt.
- Informationen können **nur strukturiert** und mit systemeigenen Werkzeugen in den Server eingebracht werden.
- Alle Dokumente werden in einer (objektorientierten) Datenbank erfasst. Textdokumente werden zusätzlich beim Einbringen volltextindexiert.
- Links existieren als **eigenständige Objekte** in der Datenbank und sind **bidirektional,** so dass auch ein rückwärtiges Verfolgen möglich ist. Auch eine grafische Darstellung der Abhängigkeiten zwischen Dokumenten ist damit gegeben.

- Links können von und zu allen Typen von Dokumenten ausgehen bzw. verweisen. Somit existieren Links nicht nur in Textdokumenten, sondern auch in Postscript- und Tondokumenten, Bildern, Videos und dreidimensionalen Objekten (3D-Szenen).
- Die Hyper-G-Clients unterstützen das interaktive Einfügen von Links.

Es existiert ein (abgestuftes) Benutzer- und Gruppenkonzept, und den Dokumenten (genauer müsste man hier von Objekten sprechen) können dadurch **Zugriffsrechte** zugewiesen werden. Das System unterstützt die **Mehrsprachigkeit.** Durch Verwendung eines Caches wird versucht die dadurch entstehenden Netzbelastungen zu reduzieren. Hyper-G besitzt Gateways zu WWW und Gopher und ist demzufolge als offen anzusehen. Jeder Hyper-G-Server ist gleichzeitig WWW-Server. Seit 1997 wird das System als **Hyperwave** bezeichnet und kommerziell vertrieben.

Bild 4.31 Die Homepage von Hyperwave, vormals Hyper-G [W21]

In Hyperwave können verschiedene **Anonymitätsniveaus** benutzt werden (anonym/identifiziert). Informationen können mit textuellen oder grafischen Annotationen (Anmerkungen) versehen werden – die nur für bestimmte Personen sichtbar gemacht werden können. Dokumente können in Hyperwave ohne Links eingefügt werden, was in WWW *nicht* möglich ist.

Das fundamentale Designprinzip von Hyperwave basiert auf der gleichberechtigten Unterstützung der Navigationsmittel:

- Strukturierung (durch Kollektionen),
- Vernetzung (durch Hyperlinks),
- Datenbanksuche.

Hyperwave vereinigt die top-down-orientierte hierarchische Navigation entlang sogenannter Kollektionen mit den Vorzügen von Hyperlinks und der gleichzeitigen Kombination mit einer Datenbank, die sowohl eine Attribut- wie eine Volltextsuche erlaubt.

5.3 WBT – Web Based Training

Mit Einführung des WWW wurde die Vernetzung von Computern verstärkt vorangetrieben. Immer neuere Techniken ermöglichten eine größere Bandbreite der Computerverbindungen. Hardware für PCs wurde immer preiswerter, stabiler und effizienter. Die Kosten für Autorensysteme sanken und immer mehr „Courseware" wurde immer billiger verfügbar.

Allerdings wurde unweigerlich auch immer mehr unprofessionelle und schlechte Courseware angeboten, was wiederum dem Image von Courseware und WBT insgesamt geschadet hat und professionellen Herstellern Probleme bereitet.

Didaktische Unterschiede im nächsten Modul

Ein aktuelles Problem ist die Programmierung von inkompatibler Courseware, daher wird Software-Reuse immer wichtiger.

WBT ist eine Form von Computer-Based Training (CBT). Der Unterschied liegt darin, dass beim WBT das Internet oder ein Intranet verwendet werden. CBT-Programme hingegen werden auf CD-ROMs zur Verfügung gestellt.

Telelernen

Übliche Bezeichnungen für WBT sind auch Telelernen (Telelearning) und Online-Lernen. Im Prinzip haben sich in diesem Bereich drei Grundformen herausgebildet:

- Open Distance Learning,
- Teletutoring und
- Teleteaching.

Fernkurs

Open Distance Learning ist der klassische Fernlehrkurs: Die Lehrenden stellen den Lernenden Material zur Verfügung (z.B. über das Web oder in Verbindung von Web und CD-ROM), reagieren auf konkrete Anfragen und helfen bei Problemen. Es wird auf den *einzelnen Lernenden* eingegangen. Dazu werden üblicherweise folgende Kommunikationsmedien verwendet:

- eMail
- Chat und
- Newsgroups.

Teletutoring. Hier übernehmen die Lehrenden die Rolle von Moderatoren, die *ganze Gruppen* von Lernenden betreuen. Hier können folgende Varianten eingesetzt werden:

- Videokonferenz (zeitgleiche Kommunikation) und
- Online-Seminar (im virtuellen Klassenzimmer zu festgelegten Zeiten).

Bild 4.32 Teleteaching gab es schon in den Fünfzigerjahren, in Form von Fernsehkursen (z.B. Englisch-Kurs)

Teleteaching in Anlehnung an das klassische Telelernen in den fünfziger und sechziger Jahren. Die Rolle der Lernenden ist *passiv* und eine Kommunikation der Teilnehmer untereinander *nicht* vorgesehen. Es kann aber die Möglichkeit bestehen mit den Lehrenden in Verbindung zu treten. Zwei Varianten des Teleteaching werden häufig verwendet:

- Eine („echte") Vorlesung wird via Videokonferenz in (weit entfernte) Seminarräume übertragen und
- Lernende bearbeiten eine Vorlesung (Text oder multimedial aufbereitet), die ins Web gestellt wird.

206

6 Virtuelle Universitäten

Fachschulen, Fachhochschulen und Universitäten – aber auch die mittleren Schulen haben heute wichtige Aufgaben: Sie müssen die Studierenden im Umgang mit den neuen Informationstechnologien und neuen Medien vertraut machen, um sie fit für eEurope zu machen. Sie müssen trotz immer geringeren Bildungsetats die technischen Voraussetzungen (Computer, Netzwerke, Telekommunikation) bereitstellen, damit ihre Studierenden Erfahrungen im Umgang mit diesen Medien sammeln können, die für ein „lebenslanges Lernen" wichtig sind. Das stellt die genannten Institutionen aber vor große Probleme.

eEurope
eLearning

Eine Chance, diese Probleme zu lösen, ist nicht nur über WBT einzelne Kurse anzubieten, sondern an ein ganzes **Lehrveranstaltungsangebot** im Internet (genauer: WWW) zu denken.

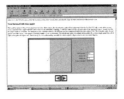

Es gibt nichts, das nur Vorteile hat. Alles hat naturgemäß auch potentielle Nachteile. Bei allen Nachteilen und Gefahren, die besipielsweise HARTMUT VON HENTIG *und* NEIL POSTMAN *predigen – wir sind bereits mitten in diesem Geschehen drinnen. Auch wenn Leute sagen, Autos sind potentiell gefährlich – das stimmt! Aber trotzdem werden Kraftfahrzeuge deshalb nicht „abgeschafft" (weil schon diejenigen die das sagen, nicht auf dieses Transportmittel verzichten wollen).*

Bild 4.33 Ein Physikkurs (Optik) an der Clyde-Virtual-University (CVU) in Glasgow [W22]

Distance Learning ermöglicht Einsparungen universitärer **Räumlichkeiten** und eine größere **Effizienz** bei geringeren Kosten. Aus konstantem oder sinkendem Bildungsbudget muss mehr aus dem Bildungssystem „herausgeholt" werden als bisher. Über das Web können z.B. Vorlesungen zwischen Universitäten ausgetauscht werden, so dass das Kursangebot erweitert wird.

Schlagwort: „Internationales Studium am Homecomputer"

Durch einen **orts- und zeitunabhängigen Zugang** zu Vorlesungen bzw. Lerninhalten ist eine effektivere Nutzung der Rechnerkapazitäten möglich.

Studierende können internationale Erfahrungen sammeln, ohne teure Auslandsaufenthalte machen zu müssen. Ein **ortsunabhängiges Studium** ist möglich. Die Studierenden können zwischen Seminarangeboten der verschiedensten Universitäten der Welt auswählen.

Aber auch für die Lehrenden ergeben sich Vorteile. Sie können ihre Vorlesungen computergestützt planen und neue Medien wie z.B. Simulationen und Animationen zur Gestaltung ihrer Vorlesungsunterlagen verwenden. Auch die Lehrenden sind ortsunabhängig und können ihre Vorlesungen einem breiteren Kreis von Studierenden zugänglich machen.

Auch im Bereich der Schulen gibt es vielfältige Möglichkeiten: Distance Learning schafft die Grundlage für internationale Kommunikation und den Umgang mit anderen Kulturen. Auch das Gruppenlernen kann gefördert werden. Wenn Distance Learning in Schulen integriert wird, können die Vorteile von Präsenzunterricht mit den Vorteilen des Fernunterrichts kombiniert werden.

Die Universität wird zum konkurrierenden Dienstleistungsunternehmen

Aufgrund der unterschiedlichsten Bildungssysteme müssen internationale Abkommen über **Lehrpläne** erstellt werden. Es entstehen Probleme bei der **Qualitätssicherung** bei einer Vielzahl internationaler Lernangebote. Die Lehrenden müssen sich einer internationalen **Konkurrenz** stellen.

7 Modulkurzzusammenfassung

Fundamental für die menschliche Kommunikation war die Einführung der **Schrift**. Durch die Einführung des Buchdruckes (1450) nahm die Verbreitung der Schrift exponentiell zu. Es wurde stets versucht das Lernen zu „automatisieren". Nach der Ära der reinen mechanischen **Lernmaschinen,** wie z.B. von RAMELLI (1588), AIKINS (1911) oder PRESSEY (1924), begann die eigentliche Revolution mit den Ideen von VANNEVAR BUSH und seinem **Memory Expander** (MEMEX). SKINNER setzte die Überlegungen zum **instrumentalen Lernen** von THORNDIKE mit seinen „**Programmierten Instruktionen"** um. Unterschieden wurde zwischen **linearen** und **verzweigten** Programmen. Während der Entwicklung der ersten computerunterstützten Lernprogramme traten zahlreiche **Probleme** auf: es wurden vor allem technische Ideen – *ohne* zugrundeliegenden Lerntheorien umgesetzt. Ein Hauptproblem war die **Benutzerfeindlichkeit.** Der erste „echte" Einsatz von Multimedia war das Sensorama von HEILIG (1962). Erst mit der fortschreitenden technischen Entwicklung von Computern zeichnete sich die Realisierbarkeit der Ideen von VANNEVAR BUSH ab. 1963 wurde Augment entwickelt. Es ist das Hypertext-System mit der längsten Vergangenheit. Den eigentlichen Begriff **Hypertext** (über Hyperlinks nichtlinear verbundenes Netzwerk von Texten) führte TED NELSON (1965) mit seinem System Xanadu ein. Enthalten die Knoten (neben Texten und Bildern) auch Audioelemente (Töne, Sprache, Musik), Videos, Simulationen oder Animationen, so sprechen wir von **Hypermedia.** Die Maus wurde 1963 entwickelt und das **Konzept „Anklicken"** wurde in weiterer Folge charakteristisch für Hypermedia-Systeme, in denen die Elemente mit einem **Browser** sichtbar gemacht werden können. Bei Hypertext liegt die Kontrolle des Lernprozesses ausschließlich beim Lernenden. Ein ernstes Problem ist die **kognitive Überlast** und der **Serendipity-Effekt.**

8 Modulanhang

8.1 Literatur

8.1.1 Bücher

BRUNS, BEATE; GAJEWSKI, PETRA (1999): *Multimediales Lernen im Netz: Leitfaden für Entscheider und Planer.* Berlin, Heidelberg, New York: Springer.

DODIGOVIC, MARINA (1995): *Computergestütztes Lernen und Lehren einer Fachsprache (Forschungsbericht Automatische Sprachverarbeitung).* Universität Bremen: Bremen.

GATES, WILIAM H. (1995): *Der Weg nach vorn: die Zukunft der Informationsgesellschaft.* Hamburg: Hoffmann und Campe.

HASEBROOK, JOACHIM (1995): *Multimedia-Psychologie: eine neue Perspektive menschlicher Kommunikation.* Heidelberg, Berlin, Oxford: Spektrum Akademischer Verlag.

ISSING, LUDWIG J.; KLIMSA, PAUL, Hrsg. (1997): *Information und Lernen mit Multimedia.* 2. Auflage. Weinheim: Beltz.

KUBICEK, HERBERT, Hrsg. (1998): *Lernort Multimedia: Jahrbuch Telekommunikation und Gesellschaft 1998, Band 8.* Heidelberg: R. v. Decker.

KUHLEN, RAINER (1991): *Hypertext. Ein nicht-lineares Medium zwischen Buch und Wissensbank.* Berlin, Heidelberg, New York: Springer.

LEHNER, FRANZ; BRAUNGART, GEORG; HITZENBERGER, LUDWIG, Hrsg. (1999): *Informationssysteme zwischen Bild und Sprache.* Wiesbaden: Gabler.

LEHNER, FRANZ; BRAUNGART, GEORG; HITZENBERGER, LUDWIG, Hrsg. (1999): *Multimedia in Lehre und Forschung: Systeme, Erfahrungen, Perspektiven.* Wiesbaden: Gabler.

LEUTNER, DETLEV (1992): *Adaptive Lernsysteme.* Weinheim: PVU.

NIEGEMANN, HELMUT N. (1995): *Computergestützte Instruktion in Schule, Aus- und Weiterbildung: theoretische Grundlagen, empirische Befunde und Probleme der Entwicklung von Lehrprogrammen.* Frankfurt: Peter Lang.

OBERLE, THOMAS; WESSNER, MARTIN (1998): *Der Nürnberger Trichter: Computer machen lernen leicht!? (Forum Beruf und Bildung; Bd.10).* Alsbach: LTV-Verlag Leuchtturm.

O'SHEA, T.; SELF, J. (1986): *Lernen und Lehren mit Computern: Künstliche Intelligenz im Unterricht.* Basel: Birkhäuser.

PAPERT, SEYMOUR (1994): *Revolution des Lernens: Kinder, Computer, Schule in einer digitalen Welt.* Hannover: Heise.

PERROCHON, LOUIS (1996): *School goes Internet: Das Buch für mutige Lehrerinnen und Lehrer.* Hannover: Heise.

PISPERS, RALF; RIEHL, STEFAN (1997): *Digital-Marketing; Funktionsweisen, Einsatzmöglichkeiten und Erfolgsfaktoren multimedialer Systeme.* Bonn u.a.: Addison-Wesley.

RETSCHITZKI, JEAN; GURTNER, JEAN-LUC (1997): *Das Kind und der Computer.* Göttingen, Bern, Toronto, Seattle: Huber.

SCHULMEISTER, ROLF (1996): *Grundlagen hypermedialer Lernsysteme: Theorie – Didaktik – Design.* Bonn: Addison Wesley.

SCHWARZER, ROLF, Hrsg. (1998): *MultiMedia und TeleLearning: Lernen im Cyberspace.* Frankfurt, New York: Campus Verlag.

SEIDEL, C. (1993): *Computer Based Training: Erfahrungen mit interaktivem Computerlernen.* Göttingen, Bern, Toronto, Seattle: Hogrefe.

SEIDEL, C.; LIPSMEIER, A. (1989): *Computerunterstütztes Lernen: Entwicklungen – Möglichkeiten – Perspektiven.* Göttingen, Bern, Toronto, Seattle: Hogrefe.

SPECHT, RAINER (1992): *René Descartes (rororo 117).* Reinbek bei Hamburg: Rowohlt.

STROHNER, HANS (1995): *Kognitive Systeme: Eine Einführung in die Kognitionswissenschaft.* Wiesbaden: Westdeutscher Verlag.

TULLY, CLAUS J. (1994): *Lernen in der Informationsgesellschaft: Informelle Bildung durch Computer und Medien.* Wiesbaden: Westdeutscher Verlag.

ZENZ, HARALD (1994): *Interaktives, multimediales Lernsystem zum Studium des Primären Offenwinkelglaukoms.* Graz: Dissertation an der Technischen Universität Graz.

8.1.2 Artikel

BAUMGARTNER, PETER; PAYR, SABINE (1994): Wie Lernen am Computer funktioniert. *Magazin für Computer Technik,* 8/94, 138-142, Hannover: Heise.

HAMMWÖHNER, R. (1993): Kognitive Plausibilität: Vom Netz im (Hyper-) Text zum Netz im Kopf. *Nachrichten für Dokumentation,* 44, 23-28.

HOLZINGER, ANDREAS (1998): Multimedia und Internet im Mathematikunterricht: Die Neuen Medien im alltäglichen Einsatz in der Schule. *Computer und Unterricht, Informationsgesellschaft,* 31/88, 48-49, Velber: Erhard Friedrich Verlag & Klett.

MUSCH, JOCHEN (2000): Die Gestaltung von Feedback in computergestützten Lernumgebungen: Modelle und Befunde. *Zeitschrift für Pädagogische Psychologie,* 13, 148-160.

REIMANN, PETER; SCHULT, THOMAS J. (1996): Schneller schlauer – Bildung im Multimedia-Zeitalter. *Magazin für Computer Technik,* 9/96, 178-186, Hannover: Heise.

8.1.3 Books in English

JONASSEN, D. H. (1989): *Hypertext/Hypermedia*. Englewood Cliffs (NJ): Educational Technology Publications.

LENNON, JENNIFER (1997): *Hypermedia Systems and Applications: World Wide Web and Beyond*. Berlin, Heidelberg, New York: Springer.

MAURER, HERMANN, Ed. (1989): *Computer Assisted Learning. Proceedings 2nd Int Conference, ICCAL 89*. Dallas (TX). Berlin et.al.: Springer.

NIX, DON; SPIRO, RAND (1990): *Cognition, Education and Multimedia: Exploring Ideas in High Technology*. Hillsdale (NJ): Erlbaum.

SERIM, FERDI; KOCH, MELISSA (1996): *NetLearning: Why Teachers Use the Internet*. Bonn, Cambridge, Paris, Sebastopol, Tokyo: O' Reilly.

SELF, JOHN (1983): *Learning and Teaching with Computers (Harvester series in cognitive science, 1: Computer assisted instruction*. Brighton: The Harvester Press.

PIMENTEL, K.; TEIXEIRA, K. (1993): *Virtual Reality: Through The New Looking Glass*. New York: Windcrest.

8.1.4 Articles in English

BAILEY, H.J.; THORNTON, N. E (1992): Interactive Video: innovative episodes for enhancing education. *Computer Applications in Engineering Education,* 1 (1), 92, 97-108.

BENJAMIN, LUDY T. (1988): A History of Teaching Machines. *American Psychologist,* Vol. 43, No. 9, September 1988, 703-712.

CHEN, A-Y; LOOI, CHEE-K (1999): Teaching, learning and inquiry strategies using computer technology. *Journal of Computer Assisted Learning,* Vol. 15, Issue 2, 162-172.

CONKLIN, J. (1987): Hypertext: Introduction & Survey. *IEEE Computer,* 20, 9, 17-41.

CROWDER, NORMAN (1960): Automatic Tutoring by Intrinsic Programming. In: Lumsdaine and Glaser, Eds., *Teaching Machines and Programmed Learning,* 288.

HANNA, MICHAEL S.; GIBSON, JAMES W. (1983): Programmed Instruction in Communication Education: An Idea behind Its Time. *Communication Education,* 32, 1, 1-7.

HOLZINGER, A.; MAURER H. (1999): Incidental learning, motivation and the Tamagotchi Effect: VR-Friends, chances for new ways of learning with computers. *Computer Assisted Learning CAL99,* 70. London: Elsevier.

HOLZINGER, A. (1997): Computer-aided Mathematics Instruction with Mathematica. *Mathematica in Education and Research,* 6, 4, Santa Clara (CA): Telos-Springer, 37-40.

JONES, A.; SCANLON, E.; TOSUNOGLU, C.; ROSS, S.; BUTCHER, P.; MURPHY, P.; GREENBERG, J. (1996): Evaluating CAL at the Open University: 15 Years On. In: Kibby, Michael R.; Hartley, Roger J. (Eds.): *Computer Assisted Learning: Selected Contributions from the CAL 95 Symposium at University of Cambridge.* Oxford: Elsevier, 5-15.

LEUTNER, D. (1993): Guided discovery learning with computer-based simulation games: effects of adaptive and non-adaptive instructional support. *Learning and Instruction,* 3, 113-132.

MAES, PATTIE (1995): Intelligent Software: Programs that can act independently will ease the burdens that computers put on people. *Scientific American,* 9/95, 66-68.

MAULE, WILLIAM R. (1998): Cognitive maps, AI agents and personalized virtual environments in Internet learning experiences. *Internet Research – Electronic Networking Applications and Policy,* Vol. 8, Issue 4, 347-358.

MAURER, HERMANN (1997): On Two Aspects of Improving Web-Based Training. *Journal of Universal Computer Scienece,* Vol. 3, No. 10. 1126-1132, New York: Springer.

NEILSON, IRENE; THOMAS, RUTH; SMEATON, CALUM; SLATER, ALAN; CHAND, GOPAL (1996): Education 2000: Implication of W3 Technology. In: Kibby, Michael R.; Hartley, Roger J.(Eds.): *Computer Assisted Learning: Selected Contributions from the CAL 95 Symposium at University of Cambridge.* Oxford: Elsevier, 33-40.

ROBLYER, M. D. (1999): Research Windows – Our Multimedia Future: Recent Research on Multimedia Impact on Education. *Learning and Leading with Technology,* Eugene (OR): ISTE, Vol. 26, Issue 6, 51-53.

SCHANK, ROGER C. (1994): Active learning through multimedia. *IEEE Multimedia,* Vol. 1, Issue 1, Spring 1994, 69-78.

SKINNER, BURRHUS F. (1958): Teaching Machines: From the experimental study of learning come devices which arrange optimal conditions for self-instruction; *Science,* Vol. 128, No. 3330; 24 October 1958, 969-977.

SMITH, C.; WHITELEY, H.; STONE, M.; CURRIE, R. (1999): Multimedia lectures and examination performance in cognitive psychology. *Journal of Computer Assisted Learning.* Oxford: Blackwell Science Ltd, Vol. 15, Issue 2, 173.

SZABO, MICHAEL (1992): Enhancing the interactive classroom through computer based instruction: some examples from Plato. *Computer-mediated communications and the online classroom,* Vol 1. NJ: Hampton Press, 1992.

TENNYSON, R. D. (1981): Use of adaptive information for advisement in learning concepts and rules using computer assisted instruction. *American Educational Research Journal,* 18, 425-438.

TENNYSON, R.D.; PARK, O. (1984): Computer-based adaptive instructional systems: A review of empirically based models. *Machine-Mediated Learning,* 1, 129-153.

TENNYSON, R. D.; ROTHEN, W. (1979): Management of computer-based instruction: Design of an adaptive control strategy. *Journal of Computer-Based Instruction,* 5, 126-134.

UNDERWOOD, J.; CAVENDISH, S.; DOWLING, S..; FOGELMAN, K.; LAWSON, T. (1996): Are Integrated Learning Systems Effective Learning Support Tools. In: Kibby, Michael R.; Hartley, Roger J.(Eds.): *Computer Assisted Learning: Selected Contributions from the CAL 95 Symposium at University of Cambridge.* Oxford: Elsevier, 33-40.

8.1.5 Journals

Behaviour & Information Technology (ISSN: 0144-929X) | Taylor & Francis

Computer und Unterricht (ISSN 0941-519X) | Friedrich

Computers & Education (ISSN 0360-1315) | Pergamon-Press

Computer Applications in Engineering Education (ISSN: 1061-3773) | Wiley

Computer Assisted Language Learning (ISSN: 0958-8221) | Swets & Zeitlinger

Computer Education (ISSN: 0010-4590) | Computer Education Group

Educational Computing and Technology (ISSN: 0964-167X) | Training Information Network Ltd.

IEEE MultiMedia Magazine (ISSN: 1070-986X) | IEEE Institute of Electrical and Electronics Engineers

Interactive Learning Environments (ISSN: 1049-4820) | Swets & Zeitlinger

Interacting with Computers (ISSN: 0953-5438) | Elsevier

Journal of Computer Assisted Learning (ISSN: 0266-4909) | Blackwell Science Ltd.

Journal of Computers in Mathematics and Science Teaching (ISSN: 0731-9258) | AACE

Journal of Educational Multimedia and Hypermedia (ISSN: 1055-8896) | AACE

Journal of Universal Computer Science J.UCS (ISSN: 0948-6968) | Springer-Online

Journal of Workplace Learning (ISSN: 1366-5626) | MCB

Learning and Leading with Technology (ISSN: 1082-5754) | ISTE International Society for Technology in Education

Learning Organization – an International Journal (ISSN: 0969-6474) | MCB

Mathematica in Education and Research (ISSN: 1096-3324) | Telos-Springer

Multimedia Systems (ISSN: 0942-4962) | Springer

Multimedia Tools and Applications (ISSN: 1380-7501) | Kluwer

New Directions for Teaching and Learning (ISSN: 0271-0633) | Jossey Bass Inc.

Support for Learning (ISSN: 0268-2141) | Blackwell Publishers

Technology and Learning - Dayton (ISSN: 1053-6728) | Peter Li Education Group

8.2 Internet-Links:

[W1] http://wbt.iicm.edu/ (Technische Universität Graz, IICM, Graz, A)

[W2] http://www.akh-wien.ac.at/augen (Beispiel für Problem-Based-Learning im Web: Die Wiener Augenfälle, Oliver Findl, AKH, Universität Wien, A)

[W3] http://netgain.co.nz/writing.htm (The worlds first writers, Bericht über die erste Einführung der Schrift, Len & Jennifer McGrane, Christchurch, Neuseeland)

[W4] http://www.mindspring.com/~jntolva/ramelli.html (Die Lernmaschine von Ramelli (1588) in Aktion, John Tolva, Washington University, St. Louis (MO), USA)

[W5] http://www.ps.uni-sb.de/~duchier/pub/vbush/vbush.shtml (Info über Vannevar Bush, Denys Duchier, FR Informatik, Uni des Saarlandes, D)

[W6] http://www-home.calumet.yorku.ca/mbernier/www/cosc4361/bush.htm (MEMEX und Vannevar Bush, Calumet College, York University, Toronto, CAN)

[W7] http://www.plato.com/distance2/intro.html (Startseite des PLATO-Lernsystems, Franklin Park, Illinois, USA)

[W8] http://www.mindspring.com/~jntolva/gallery_teach.html (Probleme der ersten Lernprogramme, John Tolva, Washington University, St. Louis (MO), USA)

[W9] http://art.berkeley.edu//art160/histS99/Notes/Class6/Class6.html (Cinerama, Art Practice, University of California, Berkeley (CA), USA)

[W10] http://www.artmuseum.net/w2vr/timeline/Heilig.html (Morton Heilig: Sensorama first real Hypermedia approach, Art Museum, Intel, Santa Clara (CA), USA)

[W11] http://sloan.stanford.edu/mousesite/dce-bio.htm (Homepage von Douglas Engelbart, u.a. Erfinder der Maus, Stanford (CA), USA)

[W12] http://www.zakros.com/wvr/timeline.html (History of Multimedia, Timeline von Randall Packer, San Francisco (CA), USA)

[W13] http://www.aus.xanadu.com/xanadu (Ted Nelson präsentiert die Idee seines

Projekts Xanadu mit Video und der Original-Xanadu Musik, Australien)

[W14] http://xanadu.com/TECH/xuTech.html (Xanadu-Projekt, USA)

[W15] http://www.cs.brown.edu/people/avd (Homepage von Andries van Dam, Brown University, Rhode Island (NY), USA)

[W16] http://landow.stg.brown.edu/HTatBrown/FRESS.html (Beschreibung des File Retrieval and Editing Systems von Andries van Dam, Rhode Island (NY), USA)

[W17] http://www.hud.ac.uk/schools/human+health/behavioural_science/soc-info/news/news4/4_5.html (Artikel von Tennyson, University of Stirling, UK)

[W18] http://www.papert.com (Homepage von Seymour Papert, USA)

[W19] http://www.apple.com/hypercard (Apple's HyperCard Seiten, USA)

[W20] http://www2.iicm.edu/hmcard/hmcard.htm (HM-Card von Hermann Maurer und Nick Scherbakov, TU Graz, A)

[W21] http://www.hyperwave.com (Homepage der Firma Hyperwave, Graz, A)

[W22] http://cvu.strath.ac.uk/campus.html (Clyde Virtual University, Dave Whittington, Glasgow, UK)

8.3 Prüfungsfragen

Fragen-Typ 1: Dichotome Ja/Nein-Entscheidungen:

01	SKINNER beklagte, dass im klassischen Schulunterricht zu viele richtige Antworten unerkannt und unverstärkt bleiben.	❏ Ja ❏ Nein	
02	Memex heißt memory expander und soll das menschliche Gedächtnis erweitern und unterstützen.	❏ Ja ❏ Nein	
03	Reizzentrierte Ansätze in einer programmierten Unterweisung basieren auf den Überlegungen zum instrumentalen Lernen.	❏ Ja ❏ Nein	
04	In verzweigten Lernprogrammen nach CROWDER passen sich die Lernsequenzen an das Verhalten des Lernenden an.	❏ Ja ❏ Nein	
05	Schon sehr früh wurde bei der Entwicklung von Lernprogrammen auf das User-Interface Wert gelegt.	❏ Ja ❏ Nein	
06	Sensorama arbeitete mit allen Sinnen: Sehen, Hören, Fühlen und Riechen und war interaktiv.	❏ Ja ❏ Nein	
07	Bei Hypertext liegt die Kontrolle über die Sequenzierung einzelner Lerneinheiten ausschließlich bei den Lernenden.	❏ Ja ❏ Nein	
08	Das Argument der kognitiven Plausibilität bei Hypertext stützt sich auf die Annahme nicht linearer semantischer Netze im Gedächtnis.	❏ Ja ❏ Nein	
09	Der Serendipity-Effekt besagt, dass die gefundenen Informationen für interessanter erachtet werden als die ursprünglich gesuchten.	❏ Ja ❏ Nein	
10	Im Open Distance Learning werden Videokonferenzen verwendet und Lehrveranstaltungen online übertragen.	❏ Ja ❏ Nein	

Fragen-Typ 2: Mehrfachauswahlantworten (Multiple Choice):

01	Die Revolution von VANNEVAR BUSH beruht auf den Prinzipien ...
	❏ a) ... Denken ist ein assoziativer Prozess.
	❏ b) ... Nutzung persönlicher Assoziationspfade (trails).
	❏ c) ... schneller Informationszugriff.
	❏ d) ... von nichtlinearen Strukturen.
02	Während der Entwicklung der ersten computergestützten Lernsysteme ...
	❏ a) ... wurden Lerntheorien und pädagogische Prinzipien berücksichtigt.
	❏ b) ... wurde der Schwerpunkt auf Benutzerschnittstellen gelegt.
	❏ c) ... war Hardware extrem unzuverlässig und benötigte viel Raum.
	❏ d) ... benötigte eine Stunde Courseware einen Zeitaufwand von 100 Stunden.
03	Kognitive Überlast entsteht durch ...
	❏ a) ... die Belastung der Lernenden mit Information, Navigation und das System.
	❏ b) ... niedriges Vorwissen im Navigations- und Systembereich.
	❏ c) ... das selbstgesteuerte Lernen mit Hypertext.
	❏ d) ... die Verwendung von linearen programmierten Unterweisungen.
04	Bei einem adaptiven generativen System ...
	❏ a) ... müssen mögliche Aufgabentypen vom Entwickler parametrisiert werden.
	❏ b) ... wird der Schwierigkeitsgrad nach dem Vorwissen der Lernenden gewählt.
	❏ c) ... wird das instrumentelle Lernen von THORNDIKE verwendet.
	❏ d) ... muss das Fachgebiet extrem strukturiert sein.
05	Intelligente tutorielle Systeme ...
	❏ a) ... enthalten eine Expertenkomponente.
	❏ b) ... basieren häufig auf der ACT-Theorie von ANDERSON.
	❏ c) ... sollen Abweichungen zwischen Expertenmodell und Lernern verringern .
	❏ d) ... basieren auf einem Karten-Datenmodell.
06	Die Programmiersprache LOGO ...
	❏ a) ... basiert auf dem prozeduralen Grundkonzept.
	❏ b) ... basiert auf der Möglichkeit, Programmierkonzepte zu visualisieren.
	❏ c) ... wurde von SKINNER für programmierte Unterweisungen eingesetzt.
	❏ d) ... basiert auf einem konstruktivistischem Grundkonzept.
07	In einer Teletutoring-Session ...
	❏ a) ... wird hauptsächlich mit eMail und Newsgroups gearbeitet.
	❏ b) ... wird mit Videokonferenz gearbeitet.
	❏ c) ... erfolgt das Lernen zu festgelegten Zeiten.
	❏ d) ... betreut ein Lehrender jeweils einen Lernenden.
08	Teleteaching ...
	❏ a) ... hat es schon in den fünfziger und sechziger Jahren gegeben.
	❏ b) ... ist der klassische Fernlehrkurs, eben nur über das Internet.
	❏ c) ... heisst, dass eine „echte" Vorlesung via Videokonferenz übertragen wird.
	❏ d) ... sieht eine ständige Kommunikation der Teilnehmer untereinander vor.

8.4 Lösungen

Lösungen zu Fragen-Typ 1:

01 Ja; 02 Ja; 03 Nein; 04 Ja; 05 Nein; 06 Nein; 07 Ja; 08 Ja; 09 Ja; 10 Nein;

Lösungen zu Fragen-Typ 2:

Richtig sind: 01 a) b) c) d); 02 c) d); 03 a) b) c); 04 a) b) d); 05 a) b) c) 06 a) b) d); 07 b) c); 08 a) c)

8.5 Timeline: Lernen und Computer

1250 v. Chr. RAMSES II gründet in Ägypten die erste Bibliothek als „Lernzentrum".

300 v. Chr. Die Bibliothek von Alexandria umfasst 700 000 Schriftrollen!

1588 Lernmaschine von RAMELLI.

1850 JOHANN HERBART legt den Grundstein für eine „wissenschaftliche Basis für Lehren und Lernen".

1866 Am 20. Februar wird die Buchstabiermaschine von HALCYON SKINNER (nicht verwechseln mit BURRHUS FREDERICK SKINNER) patentiert, die den Beginn der Lernmaschinen einleitet.

1911 HERBERT AIKINS stellt seine Lernmaschine vor.

1913 Die Lernmaschine von Aikins wird patentiert.

1924 Systematische Untersuchungen über Lernmaschinen und Konstruktion von PRESSEY.

1940 Beginn einer wissenschaftlichen Informationswissenschaft in den USA.

1945 VANNEVAR BUSH stellt seine revolutionären Ideen vor: MEMEX (memory expander).

1954 B. F. SKINNER führt seine „Programmierte Instruktion" ein und legt den Grundstein für das „computerunterstützte Lernen".

1957 CROWDER diskutiert den Einfluss des Feedback bei Lernprogrammen. 4. Oktober: Die UdSSR schickt den ersten Satelliten (Sputnik) in den Weltraum – Anlass für die Gründung von zahlreichen (wissenschaftlichen) Insitutionen (NASA, ARPA).

1958 JOHN MCCARTHY entwickelt die Sprache LISP.

1960 PLATO wird als Riesenprojekt gestartet. IBM stellt das IBM 1500 Computer-Assisted Instructional System vor.

1962 HEILIG präsentiert sein Sensorama – erstes echtes Multimedia.

1963 ENGELBART beginnt mit der Entwicklung des Systems Augment (erstes Hypertext-System). IVAN SUTHERLAND entwickelt am MIT die Idee eines „Sketchpad", interaktive Grafik am Computer.

1965 Das bis heute laufende Projekt Xanadu wird von TED NELSON begonnen. Er begründet den Begriff „Hypertext".

1967 SEYMOUR PAPERT beginnt mit der Entwicklung von LOGO für Kinder.

1968 ANDRIES VAN DAM entwickelt das erste komplett funktionsfähige Hypertext-Editing-System (HES). ENGELBART implementiert das NLS (On-Line System) und erfindet die Maus als Eingabegerät.

1972 ALAIN COLMERAUER entwickelt die Sprache PROLOG.

1974 TED SHORTLIFFE demonstriert mit MYCIN in Stanford die Leistungsfähigkeit „regel-basierter Systeme" für die Wissensrepräsentation.

1985 Apple startet die Initiative „Apple Classrooms of Tomorrow (ACOT)", ein Forschungsprojekt in Schulen und Universitäten.

1987 Das Autorensystem HyperCard wird jedem Apple Computer beigegeben. Hypertext' 87, die erste große Konferenz über Hypertext findet statt.

1989 TIM BERNERS-LEE entwickelt am CERN das WWW.

1990 Der Einfluss des Konstruktivismus in der Softwaretechnik wird stärker.

1991 PAVEL CURTIS entwickelt am Xerox PARC eines der ersten „on-line role-playing environments" das sogenannte LambdaMOO.

1993 HERMANN MAURER und NICK SCHERBAKOV entwickeln HM-Card.

1995 Das Internet als Lernmedium beginnt attraktiv zu werden: Studie „Schulen an das Netz" der Gesellschaft für Informatik (GI). Im Oktober verzeichnet das „SchulWeb" 40 bundesdeutsche und 16 österreichische Schulen mit einer eigenen Homepage im WWW.

1996 März: Die Initiative „Schulen ans Netz" (bmb+f, Telekom u.a.) startet.

2000 10. bis 11. April: In Lissabon findet die „eEurope – a Web of Knowledge" statt. Einstimmige Meinung aller europäischer Länder: Multimedia und Internet werden immer wichtiger und müssen zukünftig in der Basisausbildung der europäischen Jugend fest verankert werden.

Modul 5:
Lernen mit Software:
Mediendidaktik

„Mit dem Begriff Software (und nicht etwa „Computer") ...
möchten wir ausdrücken, dass es nicht die spezifischen Eigenarten
der Maschine selbst sind ... die für eine Untersuchung
und Organisation des Lernprozesses von entscheidender Bedeutung sind.
Unserer Auffassung nach ist es wesentlich,
dass diese Hardwareorientierung durch
eine Softwareorientierung abgelöst wird. "

**Peter Baumgartner
und Sabine Payr in
Baumgartner & Payr,
1994, S. 14**

Lernziele

Nach der technischen Betrachtungsweise des Lernens am Computer und
dessen historischer Entwicklung betrachten wir **didaktische Konzepte** von
Software und **klassifizieren** Software. Ein Basiswissen über Mediendidaktik ist eine wichtige Grundlage für die entwicklungstechnischen Schwerpunkte in Band 3, wie Usability, Software-Ergonomie und die Beurteilung
von Software.

**Anforderung an
Softwareentwickler**

Typen von Software

Mediendidaktik

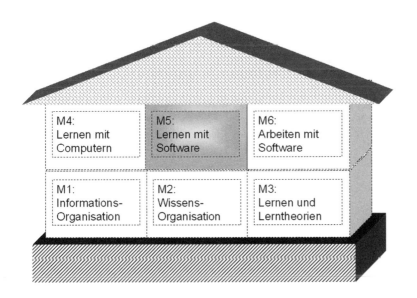

Oft wird ein Computerprogramm technisch sehr anspruchsvoll entwickelt: Das Datenmodell ist ausgefeilt, das User-Interface ist aufwendig gestaltet ... aber eine überzeugende Wirkungsfähigkeit der angepriesenen multimedialen Umgebung kommt nicht heraus!

Das Problem liegt z.b. nach KERRES (1999) u.a. daran, dass die Medienkonzeptionen nicht genügend an der primären Lösung von Bildungsproblemen ausgerichtet sind.

Medienkonzeption = die einem Programm zugrunde liegenden Leitideen

Bei der Entwicklung von Software müssen stärker Konzepte der Informatik mit Konzepten der Pädagogik (insbesondere der Mediendidaktik) interdisziplinär zusammenfließen.

Es genügt nicht, einfach nur Experten aus jedem einzelnen Fachbereich (isoliert) heranzuziehen. Softwareingenieure, die mit der Entwicklung von Lernsoftware betraut sind, müssen auch offen sein für Basiswissen aus dem Bereich „Lernen". Umgekehrt müssen aber auch Psychologen, Pädagogen und Mediendidaktiker offen dafür sein, sich ein Basiswissen aus **Informatik** und **Computerwissenschaft** anzueignen.

Bild 5.1 Interdisziplinäre Zusammenarbeit und Offenheit für die jeweils andere Fachdisziplin ist gerade im Bereich Softwareentwicklung sehr wichtig

Nur durch diese **interdiziplinäre Zusammenarbeit** (mit Verständnis für die jeweils andere Fachdisziplin) in der Entwicklung und durch experimentelle Untersuchungen in Labor- und Feldtests zusammen mit Lernenden und Lehrenden kann wirklich effiziente Software produziert werden.

1 Anforderungen an Softwareentwickler

Die Entwicklung von Multimedia-Systemen stellt vielfältige Anforderungen an das Basiswissen von Softwareentwicklern:

Bild 5.2 Die Entwicklung von Multimedia-Systemen stellt vielfältige Anforderungen an das Basiswissen von Softwareentwicklern

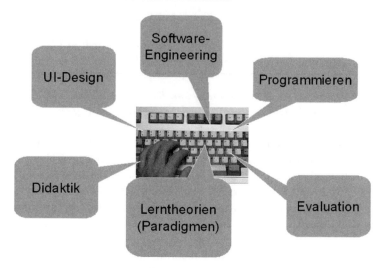

Software-Engineering

UI-Design

Programmieren

Didaktik

Lerntheorien (Paradigmen)

Evaluation

Ernst zu nehmen sind vor allem mediendidaktische Gestaltungsprobleme, die stets von einer Analyse des didaktischen Feldes ausgehen sollten. Eine solche Analyse umfasst nach KERRES (1999) folgende Faktoren, die bei der Planung zu berücksichtigen sind:

Mediendidaktische Analyse

* Merkmale der **Zielgruppe,**
* Festlegung von **Lernzielen,**
* Spezifikation von **Lerninhalten,**
* Auswahl der didaktischen **Methode,**
* **Strukturierung** des Lernangebotes,
* Spezifikation der **Lernorganisation** und
* Merkmale und Funktionen der ausgewählten **Medien** und Hilfsmittel.

Interdependenz = wechselseitige Abhängigkeit

Alle diese Faktoren stehen in *Interdependenz* zueinander: Verändern sich beispielsweise die Lernziele hat das auch Konsequenzen für die Wahl der didaktischen Methode.

Bestimmte Merkmale von Lernenden erfordern den Einsatz bestimmter Methoden.

Im Mittelpunkt eines Lernsoftwareprojektes steht die Lösung eines **didaktischen Problems.** Das Produkt muss als (eine mögliche) Lösung dieses Problems gesehen werden.

2 Typen von Software

Im Modul 3 haben wir die Lerntheorien und in Modul 4 meistens äußere, durch gesellschaftlichen Wandel oder technischen Fortschritt entstandene Einflüsse betrachtet. Nun sehen wir uns konkrete **Entwicklungsmodelle** für Lernsoftware an.

Nach KEMMIS, ATKIN & WRIGHT (1977) lässt sich Lernsoftware durch folgende drei Kriterien (Merkmale, Kennzeichen) einteilen [W1]:

Bild 5.3 Lernsoftware kann in drei Arten eingeteilt werden

1) Fachbereich
(Subject)

2) Software Type

3) Hauptströmung
(Educ. Paradigma)

2.1 Einordnung in Einsatzbereich

Abgesehen von der trivialen Einteilung in verschiedene Fachgebiete (wie z.B. Medizin, Mathematik, Physik, Chemie, Sprachen usw.) gibt es für einen Computereinsatz grundsätzlich verschiedene Einsatzmöglichkeiten:

2.1.1 Computer um seiner selbst willen

Hierbei wird der Computer im Sinne einer informationstechnischen Grundbildung eingesetzt. Diese umfasst die Bereiche Informatik und die ältere „elektronische Datenverarbeitung", abgekürzt EDV.

Die Ausbildung in diesen Bereichen ist Voraussetzung für den erfolgreichen Einsatz in anderen Fächern, da hier die Grundlagen im Umgang mit der Maschine (Hardware) selbst und der Umgang mit Betriebssystemen und Programmen (Software) vermittelt werden müssen. Auf diesen Grundlagen können die übrigen Einsatzmöglichkeiten aufbauen.

HyFIS CH
HyperForum Informatik in der Schule
Informieren · Kommunizieren · Produzieren

Bild 5.4 Der HyFISCH unterstützt die Informatik in der Schule [W2]

Der **Informatik-Unterricht** sollte daher bereits in der Primarstufe oder spätestens in der Sekundarstufe I – neben der Vermittlung einer „reinen Informatik" (theoretischen Informatik) – hauptsächlich das **Verhältnis der Lernenden zum Computer** positiv beeinflussen und das grundlegende Basiswissen, insbesondere den **Umgang** mit den „Neuen Medien", für eine erfolgreiche Informationsgessellschaft vermitteln.

2.1.2 Hilfsmittel in anderen Fächern

Bild 5.5 Beispiel für ein Vokabellernspiel. Auf der Homepage der Lernwelt [W3] gibt es Lernprogramme und Lernspiele zum Testen

Die Einsatzmöglichkeiten in verschiedenen Gegenständen sind vielfältig und reichen beispielsweise von Vokabellernprogrammen im Englischunterricht bis zur Informationssuche über das Internet in der Geografie. Hier nur ausschnittsweise einige Anwendungsbeispiele:

Insbesondere in der Mathematik und Physik besteht die Möglichkeit, durch **Simulationen** Dinge sichtbar zu machen, die im klassischen Tafelunterricht einfach nicht gezeigt werden können. Mit Hilfe eines **Interfaces** (Schnittstelle als Übergangs- bzw. Verbindungsstelle zwischen Bauteilen, Schaltkreisen, Rechnern und Geräten) können die meisten Messgeräte mit dem Computer verbunden und die gewonnenen Werte grafisch dargestellt werden (zum Messen, Steuern, Regeln in Physik, Arbeitslehre, Technologie).

Durch **Datenbanken** kann die Unmenge an Konstanten und chemischen Verbindungen überschaubar und beherrschbar gemacht werden.

Simulationsspiele aus der Weltpolitik oder Wirtschaft können auch hoch komplexe Vorgänge anschaulich demonstrieren.

Leistungsfähige **Zeichenprogramme** und Konstruktionshilfen können die Gegenstände Geometrie, CAD im Fach Technisches Zeichnen oder Arbeitslehre unterstützen.

Schließlich können durch Hilfe der neuen Medien **Kooperationen** (z.B. über eMail oder Videokonferenz) mit Lernenden aus allen Teilen der Welt durchgeführt werden.

2.1.3 Unterrichtsvorbereitung

Bild 5.6 Mit PowerPoint können nicht nur Präsentationen mittels Videobeamer durchgeführt werden, sondern die Folien auch ausgedruckt und via OH-Projektor präsentiert werden

Nicht zu vergessen ist der Einsatz des Computers in der Unterrichtsvorbereitung. Durch die Verwendung entsprechender Software, wie z.B. Textverarbeitungsprogramme, Grafikprogramme und Präsentationsprogramme (Bild 5.4) können folgende Unterrichtsmittel professionell gestaltet werden:

- Übungsblätter (handouts),
- Overheadfolien (transparencies),
- Bilder (graphics) usw.

Auch können zeitintensive Arbeiten, wie komplizierte Berechnungen (Mathematik) oder Sortieraufgaben (Vokabeln) automatisiert werden und erleichtern damit die Vorbereitungsarbeit von Lehrenden (Befreiung von Routinearbeiten).

2.2 Einordnung in Hauptströmung

Hinsichtlich der Hauptströmung können wir unsere Erkenntnisse aus den letzten beiden Modulen folgendermaßen zusammenfassen:

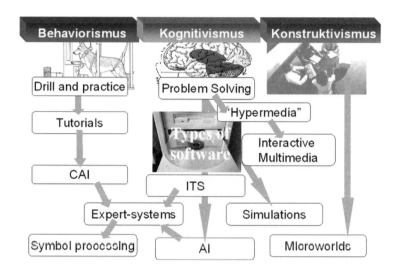

Bild 5.7 Die verschiedenen Programmarten können den Hauptströmungen zugeordnet werden

2.3 Software-Typen

Für Auswahl und Beurteilung von Software, ist eine Unterteilung in verschiedene Typen sinnvoll. Prinzipiell geht eine **Typologie** von einem zugrunde liegenden Schema aus, nach dem etwas eingeordnet werden kann.

Obwohl es speziell für Lernsoftware sinnvoll wäre, eine Kategorisierung nach pädagogisch-psychologischen Gesichtspunkten vorzunehmen, hat sich eine Klassifizierung nach **technischen Merkmalen** durchgesetzt.

Moderne Softwareprodukte sind meistens von verschiedenen Charakteristika gekennzeichnet. Deshalb kann eine Typologie nur sogenannte „Idealtypen" beschreiben.

Obwohl es *keine* festgelegte oder genormte Klassifikation gibt, wird generell zwischen folgenden acht verschiedenen Software-Typen unterschieden:

* Präsentationssoftware und Visualisierungssoftware,
* Drill-and-Practice-Programme,
* tutorielle Systeme (Generative Systeme),
* intelligente Tutorielle Systeme (ITS),
* Simulationsprogramme,

- Hypermedia-Programme,
- Lernspiele und
- Mikrowelten und Modellbildung.

BAUMGARTNER & PAYR (1994) schlagen eine handlungstheoretisch motivierte Typologie vor, die einerseits pädagogische Gesichtspunkte wie Lernziel, Lerninhalt und Lehrstrategien berücksichtigen und andererseits auch eine gewisse **Praxistauglichkeit** besitzen soll.

2.3.1 Präsentations- und Visualisierungssoftware

Präsentationsprogramme sind im Zusammenhang mit den frühen behavioristischen Lernmaschinen in Verruf geraten. Heutige Anwendungen haben durchaus ihre Berechtigung. Mit Visualisierungssoftware können komplexe Gebilde und Vorgänge modelliert werden. Multimedia-Software kann Aufmerksamkeit und Motivation (siehe Modul 6) auch im Frontalunterricht (mit großer Anzahl von Studierenden) fördern. Dieser Softwaretypus ist überall dort sinnvoll, wo herkömmliche Medien (Papierausdruck) die Möglichkeiten der Darstellung einschränken.

> **Visualisierung** ist wichtig für die Entwicklung von Vorstellungsbildern und mentalen Modellen im Lernprozess.

Eine Präsentation von Informationsinhalten ist natürlich jeder Lernsoftware eigen: Die Parameter einer Simulation müssen ebenso dargestellt werden wie das Szenario eines Spiels oder die Objekte einer Mikrowelt.

Ein Merkmal dieses Softwaretypus ist die Beschränkung der Interaktion lediglich auf die Ablaufsteuerung des Programms. Die didaktische Interaktion, die inhaltliche Transformation der Darstellung zu kognitiven Modellen, findet ausserhalb der Software statt. Es bleibt dem Lehrenden überlassen, wie dieser Softwaretypus eingesetzt wird.

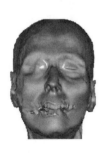

> Dieser Typ wird vor allem zur Vermittlung von **Faktenwissen** verwendet. Im Gegensatz zum kognitivistischem Lernparadigma ist jedoch nicht nur das Merken von (propositionalen) Regelsätzen gemeint, sondern ebenso das Aneignen von **Vorstellungen** und **Modellen** der jeweiligen Lerninhalte.

Bild 5.8 Mit Hilfe von „Visualization" können z.B. Rekonstruktionen hergestellt werden [W4]

Der englische Begriff **„Visualization"** (Bild 5.8) für Visualisierung ist stärker auf das Formen eines geistigen Bildes von etwas nicht real Vorhandenem (etwas Abstraktem) festgelegt.

226

2.3.2 Drill-and-Practice-Programme

Das sind reine Übungsprogramme. Typische Programme dieser Gattung sind gekennzeichnet durch Sequenzen des Typs „Übungsaufgabe – Eingabe einer Antwort – Rückmeldung" (Vokabel-Trainingsprogramme). Viele der frühen Lernprogramme folgten diesem behavioristischen Ansatz und kamen damit zu zweifelhaftem Ruf. Allerdings darf die Notwendigkeit der **Übung** nicht übersehen werden (z.B. **haptische Fertigkeiten** wie das Erlernen des Maschinenschreibens). Software diesen Typs ist softwaretechnisch relativ leicht zu realisieren und ist daher schon lange Zeit verfügbar.

Die **Drill-Komponente** wird dadurch erreicht, dass bei falschen Antworten wieder mehrere richtige Antworten von der gleichen Art notwendig sind, um „weiterzukommen". Richtige Antworten werden dafür durch grafische Animationen, Tonausgaben oder Ähnlichem belohnt (wobei der Überraschungseffekt hier ganz wesentlich ist). Dieser Typ von Lernprogramm basiert gänzlich auf der „Programmierten Unterweisung" von SKINNER.

Die **Practice-Komponente** besteht aus der Wiederholung von Aufgaben der gleichen Art mit (gelegentlichen) didaktischen Hinweisen, Hilfestellungen oder Erläuterungen.

2.3.3 Tutorielle Systeme

Tutorielle Systeme entsprechen idealtypisch der Situation eines einzelnen Lernenden mit einem **Tutor:** Neue Begriffe und Regeln werden anhand von Beispielen eingeführt und durch Fragen geprüft, inwieweit der Lernende den Lehrstoff verstanden hat.

Tutor = Ratgeber im Sinne eines „Privatlehrers"

Tutorielle Systeme sollen in erster Linie *kein* Faktenwissen, sondern **prozedurales Wissen** (z.B. Regeln) vermitteln.

In diesem Softwaretyp sind Merkmale von Präsentationssoftware und Drill-and-Practice-Software vorhanden. Allerdings ist der didaktische Anspruch so hoch, dass in der Mediendidaktik große Hoffnungen in die „künstliche Intelligenz" gesetzt werden.

Diese instruktionalen Programme werden in drei Untergruppen eingeteilt:

*   **Tutorials** (ein Themengebiet wird schrittweise erklärt, ohne wesentliche Interaktion der Benutzer; typisches Beispiel ist eine Einführung in ein neues Programm, z.B. Word usw.),
*   **lineare Lernprogramme** (ein bestimmtes Themengebiet kann ausgewählt werden, und es erfolgt eine Interaktion in Form von Wissensabfragen) und

- **multifunktionale Lernprogramme** (bieten im Unterschied zu linearen Programmen die Möglichkeit, die Reihenfolge der Lernabschnitte beliebig zu wählen und die Art der Abfragen mitzubestimmen).

2.3.4 Intelligente tutorielle Systeme (ITS)

Bild 5.9 Der LispTutor an der Tulane University [W5]

Diese versuchen anhand eines am Anfang erstellten und ständig aktualisierten **Benutzerprofils,** das Lernprogramm an die Fähigkeiten des Benutzers anzupassen. Ziel ist es, das Entscheidungspotential eines Lehrenden nachzubilden und mit dieser Information den jeweiligen Lernenden *spezifisch* zu fordern und zu fördern (vgl. Modul 4, Kapitel 3.2).

ITS, die auf Forschungen der KI aufbauen, müssen nicht nur Wissen zur inhaltlichen Seite der Problemstellung repräsentieren, sondern auch Wissen über das Lehren und den spezifischen Lernprozess des einzelnen Individuums. Der Lernende wird vom Programm beobachtet, seine Aktionen aufgezeichnet und ausgewertet, um Wissensstand sowie die Wissenslücken des Lernenden zu ermitteln und entsprechend zu reagieren.

Bild 5.10 Das Episodic Learner Model (ELM) an der Uni Trier [W6]

Ein idealtypisches Merkmal intelligenter tutorieller Systeme ist ein nicht eindeutig vorgegebener Lernweg. Der Entwicklungsaufwand solcher Systeme ist allerdings enorm hoch, wie auch die Schwierigkeiten zur Formalisierung notwendigen „Lehr-Expertentums". Daher sind ITS vor allem in der Forschung zu finden. Kommerzielle Produkte wie **Lisp Tutor** (Einführung in die Programmiersprache LISP) und **Geometry Tutor** (geometrische Beweise) sind derzeit die Ausnahme (Bild 5.9 und Bild 5.10).

2.3.5 Simulationsprogramme

Diese versetzen den Benutzer in eine konkrete Anwendungs- und Handlungssituation. Charakteristisch ist, dass (vorher erworbenes) Wissen in einer Simulation richtig angewendet werden soll, anstatt neues Wissen zu erwerben. Typische Anwendungen hiervon sind zum Beispiel Wirtschafts- oder Flugsimulationen. Die Lernwirksamkeit und Praxisrelevanz hängt im Wesentlichen davon ab, wie gut es diesen Programmen gelingt, die Realität abzubilden.

Bild 5.11 Ein Simulator zum visuellen Realismus, Generative Computergrafik an der Uni Oldenburg [W7]

Simulationsprogramme veranschaulichen komplexe Sachverhalte und Situationen. Sie beruhen auf mathematisch definierten und parameterisierten Modellen hoher Komplexität.

Dem Lernenden stellt sich die Aufgabe, durch **gezielte Manipulation von Parametern** ein gewünschtes Ergebnis zu erzielen. Da die Parameter des Systems jedoch in Beziehungen zueinander stehen, hat die Maximierung eines Faktors meist auch – unerwünschte – Auswirkungen auf andere Faktoren. Es gilt also, die **Wechselwirkungen eines Systems** herauszufinden und aufgrund gemachter Erfahrungen **situativ** optimale Einstellungen zu ermitteln (siehe „situated learning" in Modul 3).

Simulationen haben meistens eine nicht determinierbare (fix bestimmbare) Ausgangssituation einer Handlung. Das System ändert sich laufend, was eine schrittweise (behavioristische) Handlung nach erlernten Regeln unmöglich macht. Es kommt darauf an, die Situation in ihrer **Gesamtheit** zu erfassen.

> Lernziel in einer Simulation ist die Bewältigung neuer, komplexer Situationen auf dem Niveau eines Experten.

Software diesen Typs ist recht häufig anzutreffen. In der Wirtschaft wird sie ebenso eingesetzt (z.B. Was-wäre-wenn-Analysen) wie auch in der Ausbildung (z.B. Unternehmensplanspiele). Auch haben sich eine Reihe von Spielen auf Simulationsbasis als regelrechte „Klassiker" etabliert. Eines der bekanntesten Simulationsspiele ist SimCity 2000.

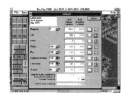

Bild 5.12 SimCity 2000 das bekannte Simulationsspiel [W8]

Lernende in einer Simulation können leicht mit der Fülle an einzustellenden Parametern, zu beobachtenden Entwicklungen, die ihrerseits eine Reaktion erfordern, und der Verfolgung der unterschiedlichsten Wechselwirkungen **überfordert** sein. Hier bietet sich eine **Komplexitätsreduktion** anhand von **„Szenarien"** an, die eine bestimmte Ausgangssituation anbieten. Ihre Parameterisierung ist eingeschränkt, so dass den Anwendern der Einstieg erleichtert wird.

Szenario = gegliederte Reihenfolge

Die Entwicklung einer Simulation bietet zwei unterschiedliche Ansätze:

- Werden nur wenige Parameter einer Situation modelliert, so ist die Komplexität gering. Dieser Ansatz ist besonders gut geeignet zur Ergründung von Wechselwirkungen einiger Parameter.
- Eine wesentlich komplexere Modellierung gewährt dagegen Einblicke in eine Situation ohne Vorhersagbarkeit (ohne gesicherte Regeln und Erkenntnisse).

2.3.6 Hypermedia-Programme

Diese erlauben ein völlig freies Navigieren durch die angebotenen Lerninhalte. Im Prinzip ist dieser Typ mit dem **Surfen** im Internet vergleichbar. Ein großer Nachteil dieser Lösung wird allerdings darin gesehen, sich ohne richtungweisende, tutorielle Komponente schnell in unzähligen Referenzen zu verstricken und das eigentliche Lernziel aus den Augen zu verlieren (siehe „Lost in hyperspace"-Problem, Modul 4, Kapitel 2.4.4).

2.3.7 Lernspiele

Programme dieser Art versuchen, die jeweilige Lernkomponente geschickt in eine Spielhandlung zu „verpacken" und somit **inzidentiell** Wissen mit gleichzeitigem Spielspaß vermitteln (siehe Modul 3). Im Unterschied zur Simulation kann hier nur begrenzt neues Wissen vermittelt werden. Üblich ist eine Unterteilung in

- **Play** (Spielzeug) und
- **Game** (Spiel).

Während ein „Game" Gewinnsituationen fest definiert, fehlen diese einem „Play" ganz oder sie sind zumindest nicht eindeutig definiert.

Bei Simulationen und Mikrowelten müssen Gewinnsituationen oft erst konstruiert (ausgehandelt) werden. Je nach Zielspezifikation kann es mehr als einen Gewinner geben.

Sozialpsychologisch sind beide Spieltypen für die Entwicklung der Persönlichkeitsstruktur in der Kindheit von großer Bedeutung. In der Rollenübernahme auf der „Play"-Stufe wird die Rolle spezifischer Bezugspersonen gelernt (Lernen am Modell). Kinder konstruieren in diesen Rollenspielen soziale Realität und erlernen den Umgang mit diesen Situationen. Sie erleben sich in verschiedenen Rollen und können sich daher in verschiedener Weise sehen.

Nach ALBERT BANDURA (1976) ist das **Lernen am Modell** ein Lernprinzip, das gleichbedeutend mit der klassischen Konditionierung (PAWLOW) und der operanten Konditionierung (SKINNER) ist. BANDURA bezeichnet den Vorgang des Lernens am Modell als ein Auftreten einer Ähnlichkeit zwischen dem Verhalten der **Modellperson** und den Lernenden. Das **Verhalten des Modells** wirkt als ein **Hinweisreiz** für Nachahmungsreaktionen. Es müssen jedoch bestimmte Bedingungen herrschen, damit ein „Lernen am Modell" stattfindet:

Bild 5.13 Albert Bandura setzt Modelllernen gleichbedeutend mit klassischer und operanter Konditionierung [W9]

- **Ähnlichkeit** zwischen Modell und Lernenden: Die Beobachter nehmen ein Verhalten wahr, das sie selbst realisieren möchten.
- **Emotionale Beziehung** zwischen Beobachter und Modell: Je intensiver die Beziehung, desto höher ist die Wahrscheinlichkeit der Verhaltensnachahmung.
- **Konsequenzen des Verhaltens:** Vermuten die Beobachter hinter dem gesehenen Verhalten einen Erfolg, dann ist die Wahrscheinlichkeit der Nachahmung größer.
- **Verstärkung:** Sehen Beobachter die Konsequenzen am Modell – nach einem bestimmten Verhalten, so wirkt sich dieses auf ihr Handeln aus.

- **Sozialer Status** der Modellperson: Personen, die einen höheren sozialen Status als der Beobachter haben, werden eher nachgeahmt als Personen mit gleichem oder niedrigerem Status.
- **Soziale Macht** des Modells: Die Modellperson sollte Macht (kontrollierende Merkmale) auf die Beobachter ausüben können (Den Beobachtern ist bewusst, dass das Modell belohnen oder bestrafen kann).

Je positiver die erreichten Wirkungen der Modellperson sind, desto stärker wird versucht, dessen Verhalten nachzuahmen.

2.3.8 Mikrowelten und Modellbildung

Gegenüber Simulationen gehen Mikrowelten noch einen entscheidenden Schritt weiter. Anstatt wie in einer Simulation eine bestimmte Situation lediglich zu *repräsentieren*, werden die Lernenden hier vor die Aufgabe gestellt, eine solche Situation erst einmal „erschaffen" zu müssen. Die Lernenden müssen auch ihre eigenen (Lern-) Ziele definieren, was natürlich ein hohes Maß an Eigeninitiative und Selbstverantwortung voraussetzt.

In einer solchen „Welt", die aus veränderbaren Eigenschaften besteht, werden „Experimente" konstruiert, angeordnet und durchgeführt. Allen Objekten sind bestimmte Eigenschaften zugeordnet, die manipulierbar sind. Die Aufgabe besteht nun nicht mehr nur darin, eine komplexe Situation zu bewältigen, sondern sie zu modellieren – eine Welt zu **konstruieren.**

Mittlerweile tragen nicht nur die Erkenntnisse aus der KI-Forschung zur Entwicklung von Mikrowelten bei, sondern verstärkt auch Ergebnisse der Forschungsrichtung Künstliches Leben (KL; engl. artificial life, AL).

Ein noch recht junges Softwarebeispiel ist das Computerspiel Creatures, das die Nutzer vor die Aufgabe stellt, in die Entwicklung einer Spezies steuernd einzugreifen.

Bei Mikrowelten wird der abgebildete Wissensbereich erst durch experimentelles Umgehen mit der Mikrowelt sichtbar.

Die bekanntesten Beispiele für Mikrowelten beruhen auf den Sprachen LOGO und Turtletalk von SEYMOR PAPERT (siehe Modul 4). Häufige Anwendungsgebiete für Mikrowelten sind Mathematik und Physik.

Ein Online-Beispiel ist GEONET (Bild 5.14), das an der Uni Bayreuth in der Programmiersprache Java entwickelt wurde. Damit kann GEONET sowohl im Web als auch lokal mit einem Web-Browser wie Netscape Navigator oder Internet Explorer ausgeführt werden.

Bild 5.14 Beispiel für ein Geometrieprogramm, mit dem Konstruktionen am Computer durchgeführt werden können [W10]

3 Mediendidaktik

3.1 Grundlagen

Neben den traditionellen Medien (Printmedien, Fernsehen) stehen die neuen Informations- und Kommunikationstechniken mit ihren sozialen und kulturellen **Folgen** im Mittelpunkt der **Medienpädagogik.** Dabei werden Medien als „Vermittler" von **Inhalten** (content) gesehen. Medienpädagogik teilt sich (grob) in drei Teilbereiche auf:

Bild 5.15 Die Medien-pädagogik wird (ganz grob) in Mediendidaktik, Medienerziehung und Medienforschung eingeteilt

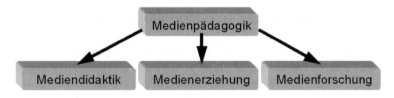

Didaktik = Lehre vom Lehren und Lernen, Unterrichtslehre

In der **Mediendidaktik** – wiederum als Teil der allgemeinen Didaktik – geht es vorwiegend um Fragen der

- **Entwicklung**,
- **Verwendung** und
- **Evaluation** (Beurteilung, Bewertung) von Medien.

Die Mediendidaktik soll in Lehr- und Lernsituationen (z.B. Unterricht)

- **Möglichkeiten**,
- **Formen** und
- **Wirkungsweise** des Einsatzes *verschiedener* Medien aufzeigen.

Die zentrale Aufgabe der Mediendidaktik ist es, Lehrprozesse und Lernprozesse zu verbessern.

Die **Medienerziehung** thematisiert die Medien hinsichtlich ihrer **Wirkung, Verwendung** und **Bedeutung** für den Einzelnen und für die Gesellschaft. Das Ziel der Medienerziehung ist die Förderung einer verantwortungsbewussten **Nutzung** von Medien durch den Einsatz entsprechender pädagogischer Maßnahmen. Bereits Kinder und Jugendliche sollen einen sozialverantwortlichen Umgang mit Medien lernen.

Die **Medienforschung** umfasst schließlich wissenschaftliche Aktivitäten mit dem Ziel, deskriptive Aussagen, Hypothesen oder Ziel-Mittel-Analysen mit Medienbezug zu finden und zu überprüfen sowie diese Aussagen in einen systematischen Zusammenhang zu bringen.

3.2 Erfolgreicher Medieneinsatz

Lernumgebungen, die sich als didaktisch sinnvoll erwiesen haben und in der Nutzung erfolgreich waren, zeichnen sich nach KERRES (1999) durch folgende Merkmale aus:

Ein Medium (Symbolsystem) ist dann effizient, wenn es einer Lernanforderung besser als ein anderes Symbolsystem gerecht wird

- Sie enthalten ein **Arrangement** (Zusammenstellung) *unterschiedlicher* Medien (Audio, Video, Interaktion), Hilfsmittel (Tools), Einrichtungen (Selbstlernzentrum, Lerninseln) und persönliche Dienstleistungen (Medienberatung, tutorielle Betreuung), die aufeinander bezogen sind.
- Die Medien sind so aufbereitet, dass sie das „Eintauchen" in eine Umwelt, die Lernprozesse besonders anregt, fördern: Die Beschäftigung mit dem Medium per se („an sich") regt die **Motivation** an.
- Die Lernprozesse basieren zwar auf **Eigenaktivitäten** der Lernenden, sie sollen aber in der Verfolgung ihrer Lerninteressen durch die Umgebung entsprechend **Unterstützung** finden (Lernpfade, Hinweise und Rückmeldungen) – aber *gleichzeitig* so wenig wie nur möglich bei ihren Lernaktivitäten eingeschränkt werden.

Mit Multimedia-Systemen ist es möglich, viele verschiedene **didaktische Konzepte** (z.B. anschauliche Darstellung, Simulationen, Reaktionen, Interaktionen usw.) umzusetzen.

Planung und Entwurf von Multimedia-Systemen gehen weit über die Anforderungen „normaler" Produktion z.B. eines Videofilmes hinaus. Ein gutes Beispiel für (einige) gegensätzliche didaktische Konzepte sind:

traditionelles Lernen im Frontalunterricht	selbstorganisiertes Lernen im Problem-Based Learning
strikter Lehrplan	aktuelle Fälle
systematisches Lernen	exemplarisches Lernen
Motivation durch Lehrer	Motivation durch Problem

Bild 5.16 Einige unterschiedliche didaktische Konzepte in der Gegenüberstellung von traditionellem Frontalunterricht und Problem-Based-Learning (Modul 3)

Im Mittelpunkt eines Softwareprojektes steht die Lösung eines **didaktischen Problems**. Multimedia muss als (ein mögliches) Element der Problemlösung betrachtet werden.

Aber oft vernachlässigt werden Aspekte der Organisation und Betreuung der Lernenden!

3.3 Methodik

3.3.1 Zielgruppe

Die Konzeption (Leitidee) von Bildungsmedien beginnt mit der Benennung eines **Bildungsproblems:**

- Bestimmung einer **Zielgruppe,**
- Benennung von **Lehrinhalten** und
- Festlegung von **Lehrzielen.**

Das ist der Ausgangspunkt jeder professionellen Planung von Kommunikation, wie sie etwa bei Werbemedien äußerst elaboriert (ausgearbeitet) betrieben wird.

Eine erfolgreiche Kommunikationsstrategie (in der Werbung) beruht auf einer genauen Kenntnis von Zielgruppe, Inhalten und Zielen. Bei der Produktion von Bildungsmedien wird dagegen vielfach auf eine ausführliche Feldanalyse verzichtet.

Wenn es z.B. heißt: „Ziel ist die Produktion eines Mediums zum Thema X" oder „Ziel ist die Ausstattung aller Einrichtungen mit dem Medium Y", ist nachzufragen, welches Bildungsproblem im Rahmen des jeweiligen Projekts verfolgt wird. Es wäre zu benennen, was eine bestimmte – näher zu charakterisierende – Gruppe von Lernenden überhaupt lernen soll bzw. welche Kenntnisse und Fertigkeiten bei den Lernenden als Ergebnis der erwarteten Lernprozesse vorliegen werden (oder sollen).

Zur **Charakterisierung der Zielgruppe** können folgende Merkmale herangezogen werden:

- soziodemographische Daten (sozialer Status, Bildungsstand usw.)
- Vorwissen,
- Motivation,
- Lerngewohnheiten,
- Lerndauer,
- Einstellungen und Erfahrungen,
- (bevorzugte) Lernorte und Medienzugang.

3.3.2 Lehrziele

Betrachten wir die kognitiven Lernprozesse von einzelnen Lernenden, so wird von „lernen" und von „Lernzielen" gesprochen. Dieser Begriff rückt den psychologischen Aspekt in den Vordergrund. Betrachten wir dagegen die Situation von Lehrenden, so rücken wir die Didaktik (die „Unterrichtstechnik") in den Vordergrund und sprechen deshalb von „lehren" und „Lehrzielen".

Zur Bestimmung von Lehrzielen wird unterschieden zwischen:

- **kognitiven Lehrzielen** (Kenntnisse, Verstehen, Anwenden, Analyse und Synthese sowie Bewertung),
- **affektiven Lehrzielen** (Einstellungen und Werte) und
- **psychomotorischen Lehrzielen** (Bewegungsabläufe).

Ein Lehrziel gibt an, was die Lernenden nach dem Durcharbeiten eines Lernangebotes können sollten und an welchen Parametern (kennzeichnende Größen) sich dies äußern sollte.

Um die Interaktion zwischen den Lehrenden und den Lernenden hervorzuheben, wird der (reale oder virtuelle) Lernort häufig Interaktionsraum genannt.

3.3.3 Interaktionsraum

Für die Mediendidaktik stellen sich insbesondere die Fragen:

- Wie ist der Interaktionsraum eines Mediums (z.B. Internet) zu gestalten, um **Lernerfolge** zu sichern bzw. zu erhöhen?
- Soll die Interaktion anhand vorgegebener Lernwege **sequentiell** (nacheinander) ablaufen?
- Soll die Möglichkeit gegeben werden, sich in einem **offenen Interaktionsraum** – in einem Netz informationeller Einheiten (z.B. Hypertext), frei zu bewegen?

Internet als Interaktionsraum

**Wie Interaktion erfolgen kann →
siehe Band 3**

Diese Fragen beschäftigt die mediendidaktische Forschung schon seit Jahren intensiv. Nach KERRES (1999) können folgende Entscheidungskriterien für die Struktur eines Interaktionsraumes zusammengefasst werden:

Sequentielle Lernwege	Offener Interaktionsraum
niedriges Vorwissen	hohes Vorwissen
extrinsische Motivation	intrinsische Motivation
Lehrstoff streng gegliedert	Lehrstoff nicht gegliedert
unselbständiges Lernen	selbständiges Lernen
homogene Zielgruppe	inhomogene Zielgruppe

Bild 5.17 Entscheidungskriterien für die Struktur des Interaktionsraumes nach Kerres (1999), Erklärung im Text auf der nächsten Seite

Vorwissen. Wenn bei der Zielgruppe schon ein Grundwissen eines Sachgebietes bekannt sind, ist ein vernetzter Interaktionsraum vorteilhafter. Die Lernenden können die sie *individuell* interessierenden Information frei auswählen.

Motivation. Von *intrinsischer* Motivation (siehe Modul 6) wird gesprochen, wenn sich Lernende aus Interesse an der Sache selbst (und nicht vorrangig wegen z.B. einer bevorstehenden Prüfung) mit dem Lerngegenstand auseinandersetzen wollen: Im Falle von genügend großer intrinsischer Motivation kann eine Lernumgebung offen gestaltet werden.

Gliederung des Lehrstoffes. Bei Lehrinhalten, der hierarchisch gegliedert sind, bauen die einzelnen Informationsbestandteile logisch aufeinander auf (Beispiel: Mathematik). Hier bietet sich ein linearer Aufbau des Interaktionsraumes an. Auch bei Prozeduren, die die Einhaltung einer zeitlichen Folge bedürfen (Beispiel: Beweisschema oder Instruktionsanleitung zur Bedienung einer Maschine), sollten die Lernwege sequentiell aufgebaut werden.

Selbstständiges Lernen. Für Lernende, die es bevorzugen bzw. gewohnt sind, selbstständig zu lernen, bietet sich eine stark vernetze, offene Lernumgebung an. Lernende die das (noch) nicht gewohnt sind, brauchen (zunächst) sequentielle Lernwege.

Zielgruppe. Ein linearer Aufbau ist vorteilhafter, wenn die Zielgruppe bekannt ist und die im Hinblick auf soziodemographische und lernpsychologisch relevanten Merkmale (Vorkenntnisse, Lernmotivation) homogen (gleichartig) sind.

3.3.4 Instruktions-Modell von Gagné

ROBERT GAGNÉ (1965) entwickelte an der Florida State University ein Modell zur **Sequenzierung** von Lernangeboten (vgl. Lernstufen von Gagné in Modul 3, Kapitel 4.8).

Er geht davon aus, dass neun **„instruktionale Ereignisse"** stattfinden sollten, um optimalen Lernerfolg zu sichern. Es hängt von der Art des Lehrinhaltes (content) ab, *wie* die Lernangebote konkret aussehen müssen und ob es sich um die Vermittlung von Faktenwissen, Konzeptwissen oder prozeduralem Wissen handelt (siehe Modul 2).

Bild 5.18 Gagné ging von 9 instruktionalen Ereignissen aus, die stattfinden sollten, um optimalen Lernerfolg zu sichern [W11]

Die neun **Aktivitäten der Lehrenden** („instruktionale Ereignisse") im Instruktionsmodell von GAGNÉ korrespondieren mit jeweils bestimmten **Aktivitäten der Lernenden**.

GAGNÉ *betont, dass das Augenmerk auf die Aktivitäten der Lernenden zu richten ist. Die Aktivitäten eines Lehrenden sind nur insofern notwendig, als diese die korrespondierenden Aktivitäten der Lernenden sicherstellen. Schon in den 70er Jahren beschäftigte sich* GAGNÉ *mit der Anwendung dieses Modells auf das computerunterstützte Lernen.*

Er fasste die instruktionalen Ereignisse in seinem Modell folgendermaßen zusammen:

Instruktionale Ereignisse nach Gagné	
Aktivität der Lehrenden (System)	*Aktivität der Lernenden (Benutzer)*
Erzielung von **Aufmerksamkeit.**	Aktivierung der **Konzentration.**
Bekanntgabe der **Lernziele.**	Aufbau der **Erwartungshaltung.**
Anknüpfung an **Vorwissen.**	Aktivierung im **Langzeitgedächtnis.**
Präsentation des **Lernmaterials.**	Aufnahme des **Lernmaterials.**
Anbietung von **Lernhilfen.**	Übernahme in das **Langzeitgedächtnis.**
Anwendung des Gelernten.	**Rückschluss** auf Lernergebnis.
Erteilung von **Rückmeldung.**	Feedback in Form von **Verstärkung.**
Testen der Lernleistung.	Feedback in Form von **Kontrolle.**
Förderung des **Lerntransfers.**	Erprobung in **neuen Situationen.**

Bild 5.19 Gagné fasste sein Instruktions-Modell in 9 instruktionale Ereignisse zusammen, vgl. mit [W12]

3.3.5 Didaktische Funktion von Multimedia

KERRES (1998) nennt sechs didaktische Funktionen von Multimedia:

- Lernmotivierende Funktion.
- Wissens(re)präsentation durch Medien: Wissensdarstellung.
- Wissens(re)präsentation durch Medien: Wissensorganisation.
- Steuerung von Lernprozessen durch Medien.
- Werkzeug zur Unterstützung der Wissenskonstruktion.
- Werkzeug zur Unterstützung interpersonaler Kommunikation.

Der Stellenwert der **Lernmotivation** (siehe Modul 6) wird nach KERRES vielfach überschätzt. Es tritt nämlich ein Effekt auf, der vom Bildungsfernsehen schon bekannt ist: „TV is easy – books are hard" (nach einem Artikel von GAVRIEL SALOMON, University of Haifa). Es ist zwar durchaus richtig, dass (neue) multimediale Lernumgebungen motivieren. Allerdings *können* auch **negative Einstellungen** (attitudes) zum Lernen ausgelöst werden. Ausserdem kann durch die „laxere" (nachlässige) Einstellung die Intensität der kognitiven Verarbeitungstiefe abnehmen.

TV is easy – books are hard

passiv-konsumierende Haltung

Ebenso unrealistisch wird oftmals die **wissensdarstellende Funktion** eingeschätzt: Als Vorteil von Multimedia wird oft die Tatsache genannt, dass sich neben Texten und Grafiken auch Audio und Video präsentieren lassen, und der Einzelne die bevorzugte Darstellungsart auswählen kann. Das muss nicht unbedingt ein Vorteil sein. Die Kombination von mehreren Darstellungsvarianten kann auch Irritationen hervorrufen.

Wichtiger ist zweifellos die **wissensorganisierende Funktion** von Multimedia: So wie gute Schaubilder Texte erläutern, können z.B. gesprochene Texte oder Videos wertvolle Hinweise geben. Das wesentliche ist die **Verzahnung** der verschiedenen Medien, um die Encodierung im Gedächtnis zu unterstützen.

Die **Steuerung der Lernprozesse** wurde von Anfang an (vgl. SKINNER) als ein wesentlicher Vorzug des Computereinsatzes – gerade im Vergleich zu konventionellem Unterricht – gesehen. Diese Vision ist heute weitgehend relativiert.

Große mediendidaktische Chancen liegen in der **Unterstützung der Wissenskonstruktion** und **interpersonalen Kommunikation,** vor allem durch den Einsatz netzbasierter Lernumgebungen. Das „einsame" und „vereinzelte" Lernen am PC – das immer in der Kritik stand – erhält mit telemedialen Komponenten eine didaktisch interessante Erweiterung.

4 Modulkurzzusammenfassung

Mediendidaktische Gestaltungsprobleme sollten stets von einer **Analyse** des didaktischen Feldes ausgehen (Merkmale der Zielgruppe, Lernziele, Lerninhalte, Methode, Strukturierung, Lernorganisation, Medienauswahl). Im Mittelpunkt eines Lernsoftwareprojektes steht die Lösung eines didaktischen Problems. Für die Auswahl und Beurteilung von Software ist eine Unterteilung in verschiedene **Typen** sinnvoll (Präsentations- und Visualisierungssoftware, Drill-and-Practice-Programme, tutorielle Systeme, intelligente tutorielle Systeme (ITS), Simulationsprogramme, Hypermedia, Lernspiele, Mikrowelten). Bei Lernspielen ist zwischen **Play** (Spielzeug) und **Game** (Gewinnspiel) zu unterscheiden. In der Rollenübernahme auf der „Play"-Stufe wird die Rolle spezifischer Bezugspersonen gelernt. Dieses **Lernen am Modell** (BANDURA) ist gleichbedeutend mit der klassischen Konditionierung (PAWLOW) und der operanten Konditionierung (SKINNER). Das Verhalten des Modells wirkt als **Hinweisreiz** für Nachahmungsreaktionen. Bei Mikrowelten wird der abgebildete Wissensbereich erst durch selbstdurchgeführte **Experimente** sichtbar. Mit Multimedia-Systemen ist es möglich, verschiedenste **didaktische Konzepte** (Darstellung, Simulation, Reaktion, Interaktion) umzusetzen. GAGNÉ geht von **9 instruktionalen Ereignissen** aus, die stattfinden sollten, um optimalen Lernerfolg zu sichern. Der Stellenwert der **Lernmotivation** wird oft überschätzt.

5 Modulanhang

5.1 Literatur

5.1.1 Bücher

BANDURA, ALBERT (1976): *Lernen am Modell: Ansätze zu einer sozial-kognitiven Lerntheorie*. Stuttgart: Klett.

BAUMGARTNER, PETER; PAYR, SABINE (1994): *Lernen mit Software (Digitales Lernen; Band 1)*. Innsbruck: Österreichischer Studien Verlag.

FEIBEL, THOMAS (1997): *Multimedia für Kids: Spielen und lernen am Computer: Was Eltern und Pädagogen wissen müssen (rororo 1490)*. Reinbek bei Hamburg: Rowohlt.

GAGNÉ, ROBERT M. (1973): *Die Bedingungen des menschlichen Lernens*. 3. Auflage, Hannover, Darmstadt, Dortmund: Schroedel.

HÜTHER, JÜRGEN; SCHORB, BERND; BREHM-KLOTZ, CHRISTIANE (1997): *Grundbegriffe Medienpädagogik*. München: KoPäd Verlag.

KERRES MICHAEL (1998): *Multimediale und telemediale Lernumbungen. Konzeption und Entwicklung*. München: Oldenbourg.

KRON, FRIEDRICH W. (1993): *Grundwissen Didaktik*. München u.a.: Ernst Reinhardt.

MAIER, WOLFGANG (1998): *Grundkurs Medienpädagogik, Mediendidaktik: Ein Studien- und Arbeitsbuch*. Weinheim: Beltz.

MOSER, HEINZ (2000): *Einführung in die Medienpädagogik. Aufwachsen im Medienzeitalter*. Opladen: Leske und Budrich.

SACHER, WERNER (2000): *Schulische Medienarbeit im Computerzeitalter: Grundlagen, Konzepte und Perspektiven*. Bad Heilbrunn/Obb.: Klinkhardt.

SCHULMEISTER, ROLF (1996): *Grundlagen hypermedialer Lernsysteme: Theorie – Didaktik – Design*. Bonn: Addison-Wesley.

5.1.2 Artikel

BAUMGARTNER, PETER (1993): Grundrisse einer handlungsorientierten Medienpädagogik. *Informatik Forum, Fachzeitschrift für Informatik*, 3/1993, 128-143.

ISSING, LUDWIG J. (1994): Von der Mediendidaktik zur Multimedia-Didaktik. *Unterrichtswissenschaft*, 22, 267-284.

KERRES, MICHAEL (1999): Didaktische Konzeption multimedialer und telemedialer Lernumgebungen. *HMD Praxis der Wirtschaftsinformatik*, 36, 205, 9-21.

5.1.3 Books in English

BANDURA, ALBERT (1986): *Social foundations of thought and action: a social cognitive theory.* Englewood Cliffs (NJ): Prentice-Hall.

BEER, VALORIE (2000): *The Web Learning Fieldbook: Using the World Wide Web to Build Workplace Learning Environments.* Jossey-Bass.

GAGNÉ, ROBERT M. (1965): *The Conditions of Learning.* New York: Holt, Rinehart and Winston.

GAGNÉ, ROBERT M. (1992): *Principles of Instructional Design.* New York: Holt, Rinehart and Winston.

HORTON, WILLIAM K. (2000): *Designing Web-Based Training: How to Teach Anyone Anything Anywhere Anytime.* John Wiley & Sons.

LEE, WILLIAM W.; OWENS, DIANA L. (2000): *Multimedia-Based Instructional Design: Computer-Based Training, Web-Based Training and Distance Learning.* Jossey-Bass.

SCHANK, ROGER C. (1997): *Virtual Learning: A Revolutionary Approach to Building a Highly Skilled Workforce.* Irwin Professional Publishing (McGraw-Hill).

SCHANK, ROGER C. (1995): *Engines for Education.* Hillsdale (NJ): Erlbaum.

5.1.4 Articles in English

DEWALD, NANCY; SCHOLZ-CRANE, ANN; BOOTH, AUSTIN; CYNTHIA, LEVINE (2000): Information literacy at a distance: instructional design issues. *The Journal of Academic Librarianship,* Volume 26, Issue 1, January 2000, 33-44.

DWYER, FRANCIS; LI, NING (2000): Distance Education Complexities: Questions to be Answered. *International Journal of Instructional Media,* Volume 27, Issue 1, 25-28.

KOGAN, YAKOV; MICHAELI, DAVID; SAGIV, YEHOSHUA; SHMUELI, ODED (1998): Utilizing the multiple facets of WWW contents. *Data and Knowledge Engineering.* Vol. 28, Issue 3/98, 255-275.

MARSHALL, GAIL (2000): Models, metaphors and measures: issues in distance learning. *Educational Media International,* Volume 37, Issue 1, 2-8.

PASSERINI, KATIA; GRANGER, MARY J. (2000): A developmental model for distance learning using the Internet. *Computers & Education,* Volume 34, Issue 1, January 2000, 1-15.

WESTON, CYNTHIA; GANDELL, TERRY; MCALPINE, LYNN; FINKELSTEIN, ADAM (1999): *Designing Instruction for the Context of Online Learning. The Internet and Higher Education,* Volume 2, Issue 1, October 1999, 35-44.

5.1.5 Journals

Educational Media International (ISSN: 0952-3987) | Taylor & Francis Ltd

FKT – die Fachzeitschrift fur Fernsehen Film und Elektronische Medien (ISSN: 1430-9947) | Hüthig

HMD Praxis der Wirtschaftsinformatik (ISSN: 1436-3011) | dpunkt Verlag

ID Informatica didactica – Zeitschrift für fachdidaktische Grundlagen der Informatik (ISSN 1615-1771) | Universität Potsdam, Institut für Didaktik der Informatik

International Journal of Instructional Media (ISSN: 0092-1815) | Westwood Press

Internet und Psychologie: neue Medien in der Psychologie | Hogrefe

Journal of Broadcasting and Electronic Media (ISSN: 0883-8151) | Broadcast Education Association

Journal of Educational Media (ISSN: 1358 1651) | Taylor & Francis Ltd

Media and Methods (ISSN: 0025-6897) | Media and Methods

Medien und Kommunikationswissenschaft (ISSN: 0035-9874) | Nomos

Reihe Unterrichtstechnologie, Mediendidaktik (0724-8946) | Leuchtturm

Teacher and Teacher Education (ISSN: 0742-051X) | Elsevier | Science Direct

5.2 Internet-Links:

[W1] http://www.educationau.edu.au/archives/cp/07.htm (CAL Software-Klassifikation, Greg Kearsley, Education.au, Australien)

[W2] http://didaktik.cs.uni-potsdam.de (Projekt HyFish, Potsdam, D)

[W3] http://www.lernsoftware.de/Lernwelt (Eine große Auswahl von Lernprogrammen zum Testen, LernWelt, Springe, D)

[W4] http://www.swan.ac.uk/compsci/ResearchGroups/CGVGroup/Docs/SDM/SDM.html (Visualization Group, Univ. Swansea, Wales, UK)

[W5] http://www.eecs.tulane.edu/www/Villamil/lisp/lisp1.html (Der LispTutor an der Tulane University, New Orleans (LO), USA)

[W6] http://www.psychologie.uni-trier.de:8000/projects/ELM/elm.html (Episodic Learner Model, ELM, Universität Trier, D)

[W7] http://www-cg-hci.informatik.uni-oldenburg.de:80/grafiti (Interaktive Simulation an der Uni Oldenbourg, D)

[W8] http://sgn.simgames.net/simgames/simcity2000 (SimCity2000 Informationen, SimGames Network, Alex McKenzie, USA)

[W9] http://www.emory.edu/EDUCATION/mfp/bandurabio.html (über Albert Bandura, Frank Pajares, Emory University, Atlanta (GA), USA)

[W10] http://did.mat.uni-bayreuth.de/geonet (GEONET Homepage, Uni Bayreuth, Lehrstuhl für Didaktik der Mathematik, Bayreuth, D)

[W11] http://www.indiana.edu/~educp540/gagne.html (Theorien von Gagné, D. Cunningham, Indiana University, Bloomingtion (IN), USA)

[W12] http://www.fau.edu/divdept/found/EDG6255/isd_menu.htm (Instructional Theory, Florida Atlantic University, Ft. Lauderdale (FL), USA)

5.3 Prüfungsfragen

Fragen-Typ 1: Dichotome Ja/Nein-Entscheidungen:

01	Visualisierung ist wichtig für die Entwicklung von Vorstellungsbildern und mentalen Modellen im Lernprozess.	❏ Ja ❏ Nein	
02	Präsentations- und Visualisierungssoftware wird hauptsächlich zur Vermittlung von prozeduralem Wissen eingesetzt.	❏ Ja ❏ Nein	
03	Tutorielle Systeme sollen in erster Linie Faktenwissen – natürlich entsprechend didaktisch aufbereitet – vermitteln.	❏ Ja ❏ Nein	
04	In Simulationsprogrammen sollen die Wechselwirkungen eines Systems und die situativ optimalen Einstellungen ermittelt werden.	❏ Ja ❏ Nein	
05	Der Lernspieltyp „Play" legt Gewinnsituationen fest und ist für die Entwicklung der Persönlichkeit von großer Bedeutung.	❏ Ja ❏ Nein	
06	Multimedia kann als ein mögliches Element bei der Lösung eines didaktischen Problems betrachtet werden.	❏ Ja ❏ Nein	
07	Für Lernende, die selbstständiges Lernen gewohnt sind, bietet sich eine Struktur mit sequentiellen Lernwegen an.	❏ Ja ❏ Nein	
08	Bei hohem Vorwissen der Lernenden ist ein vernetzter Interaktionsraum für die Lernenden vorteilhafter.	❏ Ja ❏ Nein	
09	Am Anfang des Modells von GAGNÉ steht die Erzielung von Aufmerksamkeit und die Bekanntgabe der Lernziele.	❏ Ja ❏ Nein	
10	Multimediale Lernumgebungen können negative Einstellungen zum Lernen bewirken und dadurch den Lernerfolg verschlechtern.	❏ Ja ❏ Nein	

Fragen-Typ 2: Mehrfachauswahlantworten (Multiple Choice):

01	Eine mediendidaktische Analyse soll Merkmale erfassen wie ... ☐ a) ... Festlegung der Lernziele. ☐ b) ... Vorwissen der Zielgruppe. ☐ c) ... Lerngewohnheiten der Zielgruppe. ☐ d) ... bevorzugte Lernorte und Medienzugang.	
02	Drill-and-Practice Programme ... ☐ a) ... sind reine Übungsprogramme. ☐ b) ... sollen prozedurales Wissen vermitteln. ☐ c) ... versetzen die Benutzer in konkrete Problemlösesituationen. ☐ d) ... sind wichtig zum Training von haptischen Fähigkeiten.	
03	Nach ALBERT BANDURA ist das Lernen am Modell ... ☐ a) ... gleichbedeutend mit der klassischen Konditionierung von PAWLOW. ☐ b) ... basierend auf einer emotionalen Beziehung zur Modellperson. ☐ c) ... beruhend auf mathematisch definierten und parametrisierten Modellen. ☐ d) ... die Grundlage für die Lernprogramme von SKINNER.	
04	Ein offener Interaktionsraum ... ☐ a) ... ist beispielsweise das Internet. ☐ b) ... bietet einen streng gegliederten Lehrstoff. ☐ c) ... ist besser geeignet für inhomogene Zielgruppen. ☐ d) ... ist von Vorteil bei überwiegender extrinsischer Motivation.	
05	Sequentielle Lernwege ... ☐ a) ... wurden bereits in „Programmierten Instruktionen" (SKINNER) angeboten. ☐ b) ... benötigen ein hohes Maß an selbstständigem Lernen. ☐ c) ... eigenen sich gut für stark vernetzte Lernumgebungen. ☐ d) ... lehnen sich an das hohe Vorwissen der Lernenden an.	
06	Lernumgebungen die sich als didaktisch sinnvoll erwiesen haben ... ☐ a) ... enthalten ein Arrangement an unterschiedlichen Medien. ☐ b) ... orientieren sich am Problem-Based Learning. ☐ c) ... verzichten gänzlich auf Unterstützung durch „Hilfe". ☐ d) ... setzen verschiedene didaktische Konzepte um.	
07	Im Instruktions-Modell von GAGNÉ ... ☐ a) ... wird auf Testen der Lernleistung verzichtet. ☐ b) ... erfolgt zu Beginn der Instruktion immer eine Bekanntgabe der Lernziele. ☐ c) ... wird Vorwissen berücksichtigt. ☐ d) ... geht es hauptsächlich um das Erreichen psychomotorischer Lernziele.	
08	Bei den didaktischen Funktionen von Multimedia ... ☐ a) ... wird vielfach der Stellenwert der Lernmotivation überschätzt. ☐ b) ... liegen die Chancen vor allem in wissensorganisierenden Funktionen. ☐ c) ... wird die Steuerung der Lernprozesse als wesentlich gesehen. ☐ d) ... ist die Vereinsamung und Isolierung der Lernenden die größte Gefahr.	

5.4 Lösungen

Lösungen zu Fragen-Typ 1:
01 Ja; 02 Nein; 03 Nein; 04 Ja; 05 Nein; 06 Ja; 07 Nein; 08 Ja; 09 Ja; 10 Ja;

Lösungen zu Fragen-Typ 2:
Richtig sind: 01 a) b) c) d); 02 a) d); 03 a) b); 04 a) c); 05 a) 06 a) b) d);
07 b) c); 08 a) b)

5.5 Timeline: Lernen mit Software: Mediendidaktik

um 1600 Francis Bacon (1561 – 1626) fordert einen philosophisch-anthropologisch begründeten Lehrplan („Curriculum").

1658 JOHANN AMOS COMENIUS (1592 – 1670) verfasst den „Orbis sensualium pictus": die Welt (orbis) wird dem Prinzip der Anschaulichkeit und Erfahrung durch die Sinne (sensualium) in der Zuordnung von Wort, Sache und Bild (pictus) vorgestellt.

1762 JEAN JACQUES ROUSSEAU (1712 – 1778): „Haltet eurem Zögling keine weisen Reden, er muss durch Erfahrung klug werden."

1907 Das Medium Film wurde bald nach den ersten öffentlichen Aufführungen von besorgten Eltern und Lehrern als eine „bedauernswerte Erscheinung des Großstadtlebens" gebrandmarkt, der die Schule unbedingt „erziehlich entgegenzuwirken hat".

1923 Die „National Professional Organization for Visual Instruction" wird gegründet (Später: Association for Educational Communications and Technology".

1940 Zunehmend wird das Medium Film didaktisch aufbereitet und für Unterrichtszwecke verwendet. JAMES FINN begründet den Ausdruck „Instructional Design".

1950 Das Aufkommen der „Programmierten Instruktion" von SKINNER gibt neue didaktische Impulse. Als erstes setzt die US-Air-Force Trainingsprogramme ein.

1956 BENJAMIN BLOOM präsentiert die einflussreiche „Taxonomy of Educational Objectives for the Cognitive Domain" als wichtigen didaktischen Impuls.

1957 HEINRICH ROTH (1906 – 1983) weist darauf hin, dass Lehren eine notwendige Bedingung ist, damit Lernen organisiert und gesellschaftlich anerkannt wird.

1963 IBM gründet eine Partnerschaft mit der Stanford University: Entwicklung des ersten CAI-Curriculums mit Einsatz in Kalifornien und Mississippi.

1967 Die Computer Curriculum Corporation (CCC) wird gegründet, um die Lehrmaterialien von IBM und Stanford zu vermarkten.

1973 JEROME BRUNER (geb. 1915) eröffnet eine sozialpsychologische Perspektive des Lernens. Er bezieht die Umwelt des Lernenden mit ein.

1980 Aufgrund der unkomfortablen Handhabung von Computern und der „schwierigen Vereinbarkeit mit dem traditionellen Klassenunter-right", ist der computerunterstützte Unterricht bei Lehrenden nicht sehr beliebt. Nach ersten euphorischen Versuchen stagniert der Einsatz des Computers als didaktisches Hilfsmittel.

1989 ROBERT GAGNÉ (geb. 1916) geht davon aus, dass der Lehr-Lern-Prozess stets zwei Bedingungsfelder hat: individuelle Bedinungen und Umweltbedingungen.

1997 Mit der Bundesinitiative „Schulen ans Netz" des BMBF und der Deutschen Telekom AG wird der großflächige Versuch unternommen, pädagogische Erfahrungen mit der Nutzung von Telekommunikation schulisch zu ermöglichen.

2000 Mit der Initiative „Neue Medien in der Lehre an Universitäten und Fachhochschulen" des österreichischen Bundesministeriums für Bildung, Wissenschaft und Kultur gehen neue Impulse für eine Multimedia-Didaktik aus.

Modul 6: Arbeiten mit Software: Einflüsse

„If students can be motivated, they can be taught."

Wilson, Robeck & Michael, 1974, S. 32

Für das Lernen generell von zentraler Bedeutung ist die Motivation. Um den gezielten Einsatz **motivationaler Elemente in Software** zu verstehen, ist ein Basiswissen über **Motivationstheorien** unverzichtbar. Ebenso ist die Aufmerksamkeit, die Lernende dem jeweiligen Inhalt eines Softwareproduktes widmen, für den Lernerfolg wichtig. Schließlich haben auch Arousal (Aktivation, Anregung) und **Stress** umfangreiche Einflüsse auf effizientes Lernen.

Motivation

Aufmerksamkeit

Arousal

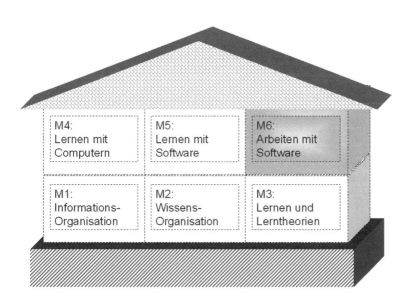

Es gibt eine Fülle von **Einflussfaktoren** auf die Aktivierung von Lernprozessen, wie z.B. periodische Tagesschwankungen (circadiane Periodik), die Wirkung von Pausen, arbeitsergonomische Einflüsse (Lernplatz, Hilfsmaterial), Klimaeinflüsse (Licht, Luft, Wärme, Lärm usw.), Emotionen (Ärger, Freude) und neurobiologische Effekte wie Arousal (Anregung) und Stress.

Aber es gibt noch etwas anderes:

Warum lesen Sie diese Zeilen gerade?
Warum interessieren Sie sich für Multimedia?
Aha!

Wenn es gelingt, die Rahmenbedingungen des Lernens so zu gestalten, dass möglichst oft **„Aha-Erlebnisse"** ausgelöst werden, überstrahlt das Gefühl des Erfolgs meist auch negative Seiten des Lerngegenstandes.

Aus dem Lernen-Müssen wird dann gefühlsbedingt ein Lernen-Wollen. Der einmal erreichte Erfolg vermittelt ein Lustempfinden mit einem Verlangen nach Wiederholung dieser angenehmen Empfindung. Wir kennen diesen Zustand unter dem Begriff Erfolgserlebnis.

Bild 6.1 Warum lesen Sie gerade dieses Buch? Motivation ist ein wichtiger Aspekt erfolgreichen Lernens

Ein so verstärktes Selbstbewusstsein erzeugt Motivation (als Anregung und Erhalt der Lust am Lernen). Die zentrale Frage ist dabei, wie Lehrende den Lernenden dabei helfen können.

Es ist erstaunlich, welche Kräfte in Menschen frei werden, die motiviert sind.

247

1 Motivation

1.1 Einführung

erworbene
Disposition
oder
angeborene
Veranlagung

Umgangssprachlich und auch in der älteren „Willenspsychologie" sind Motive bewusste **Beweggründe** für spezifisches Verhalten. In der „neueren Psychologie" sind Motive latente (verborgene) **Verhaltensbereitschaften** und **Dispositionen**. In der Kognitionswissenschaft umfasst der Begriff Motivation die Gesamtheit der Bedingungen und Prozesse, die einer **Handlungsbereitschaft** zugrunde liegen und ist neben der Verfügbarkeit relevanter Fähigkeiten und Fertigkeiten eine *notwendige* Voraussetzung für zielgerichtetes Handeln und Lernen (Bild 6.2).

Bild 6.2 Das Schema von Cattell (1957) für motivationales Handeln

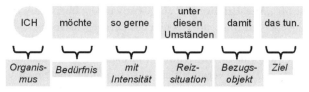

Unter Motivation werden **aktivierende, richtungsgebende** Vorgänge – die für Auswahl und Stärke der Aktualisierung von **Verhaltenstendenzen** bestimmend sind – zusammengefasst.

Motivationsvariablen

Motivationsvariablen sollen erklären, warum eine Person sich unter bestimmten Umständen gerade so und mit dieser Intensität verhält. Motivationsvariablen sind neben den Stimulus-Bedingungen die wichtigsten Verhaltensdeterminanten.

1.2 Hauptströmungen der Motivationstheorien

Tropismus = durch verschiedene Außenreize (z.B. Licht) verursachte, in Beziehung zur Reizrichtung stehende Orientierungsbewegung von Pflanzenteilen

Wie bei den Lerntheorien, gibt es auch hier verschiedenste Standpunkte. LEIBNITZ und LOCKE z.B. fassten Motive als **angeborene Antriebe** eines Individuums auf. DARWIN sah in diesem Begriff eine Zusammenfassung der **Instinkte** und FREUD sah (ausschließlich) **Triebe**. LOEB sah Motive als *Tropismen*: Orientierung des Verhaltens an **physikalischen Reizquellen**.

Mit dem Aufkommen verschiedener psychologischer Richtungen wurde der Motivationsbegriff unterschiedlichst interpretiert. Im Humanismus wurde die Gesamtheit aller Motive zur Sinn-, Lebens-, Bedeutungsverwirklichung zusammengefasst. Die Ethologen (Verhaltensforscher) sahen darin angeborene Verhaltensprogramme, die Naturalisten hingegen eingeleitete Aktivierungsprozesse abhängig von äußeren Stimuli und inneren Zuständen.

Auch die große Anzahl verschiedener Motivationstheorien kann in drei **Hauptströmungen** zusammengefasst werden:

- **polythematisch:** hierarchisch organisierte Antriebe und Bedürfnisse (typische Vertreter z.B. WILLIAM JAMES und ABRAHAM MASLOW);
- **monothematisch:** ein Motiv ist rückführbar auf einen einzigen Grundantrieb (z.B. Lust, Macht usw.; typische Vertreter sind z.B. ARISTIPPUS, EPIKUR und SIGMUND FREUD);
- **athematisch:** individuelle Daseins-Thematiken und Ziele (typische Vertreter sind z.B. THOMAE, ALLPORT und LERSCH).

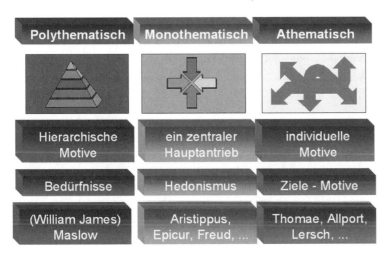

Bild 6.3 Einige Eigenschaften und Vertreter der Hauptströmungen in der Motivationsforschung (Hedonismus = Erzielung von Lust und Vermeidung von Schmerz)

Die eigentliche Problematik besteht in der Klassifikation der Motive, da noch nicht eindeutig feststeht, ob für das Handeln Triebe oder Anreize als Ursache zuständig sind.

Wurden Motivation (Wollen), Emotion (Fühlen) und Kognition (Denken) ursprünglich als drei voneinander abgrenzbare Forschungsbereiche betrachtet, so sind die Grenzen zwischen diesen Bereichen fließend geworden.

1.3 Historische Entwicklung

1.3.1 Triebtheorien

Historisch ist zuerst von genetisch bedingten Verhaltensdispositionen (Instinkte) ausgegangen worden. Später wurden psychoanalytische Theorien (z.B. FREUD) zur Erkärung herangezogen: Triebzustände sind **zielorientiert,** Triebziel ist **Befriedigung** (Aufhebung des Reizzustandes an der Triebquelle wird als lustvoll erlebt).

Psychoanalytische Triebtheorien

Die Behavioristen schlossen sich an das **Triebkonzept** an und sahen Trieb als *Energiequelle für das Verhalten.*

Monismus = „Alleinheitslehre" – im Ggs. zum Dualismus jede Auffassung, die nur auf einem Prinzip aufbaut

Bild 6.4 Hulls Versuchspersonen

HULL führte darauf das monistische Triebkonzept ein: Es existiert nur *ein* energetisierender Trieb, den er **Drive** nannte (Modul 3), und legte folgende Annahmen fest:

- Deprivation (Reizentzug) und aversive (widrige) Stimulierungen tragen zu einer *Erhöhung* der Drivestärke bei,
- Eine Reduktion der Triebstärke wird als *verstärkend* erlebt,
- Ein Verhalten R, das in einer Situation S zu einer Triebreduktion führt, wird verstärkt, seine Habit-Stärke (Gewohnheit) in der Situation S steigt,
- Die Triebstärke und die Habit-Stärke determinieren (bestimmen) das Verhaltenspotential für ein Verhalten R,
- Es gilt: $S_{ER} = S_{HR} \cdot D$ (das heißt: das Verhaltenspotential von R in S ist gleich der Habitstärke von R in S mal dem Drive – siehe Modul 3).

Natürlich wurde HULL für diese Aussagen sofort scharf kritisiert, vor allem weil seine Versuchspersonen ... Ratten waren!

Kognitive Motivationskonzepte

Die Kognitivisten dagegen (LEWIN, TOLMAN usw.) stellten u.a. eine Erwartungs-mal-Wert-Theorie auf: **Anreiz** (als Erwartung von Verhaltenskonsequenzen) und Emotionen werden betont. Die Grundidee dabei ist, dass von mehreren Optionen die gewählt wird, die den zu erwartenden Wert/Nutzen maximiert bzw. Schaden minimiert.

Dieses Prinzip wurde aus dem mathematischen Bernoulli-Prinzip abgeleitet und besagt, dass der Mensch das anstrebt, was als Produkt aus Nutzen und Auftretenswahrscheinlichkeit einen maximalen Wert ergibt.

Willenspsychologische Konzepte

Aus der Würzburger Schule der Denkpsychologie (ACH) – den so genannten Willenspsychologen – entstand die Grundidee, dass eine Willensbetätigung drei Phasen umfasst:

- Motivation: Wahlentscheidung,
- Willensakt: Intentionalität, nachdem eine Wahl getroffen wurde. Umfasst Zielvorstellung (was?) und Bezugsvorstellung (wie und wo?),
- Willenshandlung: Verwirklichung des Willensaktes.

Homöostaseprinzip (Balance, Equilibrium, Gleichgewicht)

Die Kybernetiker (z.B. CANNON (1935)) entwickelten schon sehr früh ein Homöostaseprinzip zur Erklärung physiologischer Vorgänge (Regelkreismodelle): Immer wenn ein psychologisches Bedürfnis besteht, existiert im Individuum ein „Spannungszustand". Gespannte Systeme tendieren zum **Spannungsausgleich,** zur Wiederherstellung des gestörten Gleichgewichts (Homöostase). Ein solcher Ausgleich kann nach KELLER (1981) auch durch Ausführung von „Ersatzhandlungen" herbeigeführt werden – auch wenn nur die Ausführung der ursprünglich beabsichtigten Handlung zur Spannungsreduktion führt.

1.3.2 Bedürfnispyramide von Maslow

Verbreitet ist der Ansatz von ABRAHAM MASLOW (1908 – 1970): Motivation kann auf **5 Ebenen** (Bild 6.5) erfolgen [W1]. Von oben nach unten sind das:

- **Selbstverwirklichungsbedürfnisse** (self actualisation): Entfaltung der eigenen Persönlichkeit.
- **Wertschätzungsbedürfnisse** (esteem, status): Anerkennung und Lob durch andere, Selbstvertrauen usw.
- **Zugehörigkeitsbedürfnisse** (social, affection): Kontakt mit anderen Personen, akzeptierter Platz innerhalb einer Gruppe.
- **Sicherheitsbedürfnisse** (safety, security, order): sicherer Arbeitsplatz, Schutz vor Krankheit, Sicherung des Erreichten usw.
- **Physiologische Grundbedürfnisse** (physiological needs): Hunger, Durst usw.

Bild 6.5 Die Bedürfnis-pyramide von Maslow [W2]

Die Bedürfnisse einer höheren Ebene treten erst auf, wenn die Bedürfnisse aller darunterliegenden Ebenen befriedigt sind.

Empirisch konnte diese Theorie allerdings nicht gestützt werden. MASLOWs *Leistung besteht daher vor allem im Aufzeigen einer sich im Zeitablauf verschiebenden Motivstruktur, wobei befriedigte Bedürfnisse sukzessive als Handlungsantrieb ausscheiden.*

1.3.3 Die zwei Faktorengruppen von Herzberg

HERZBERG (1959) geht von der Existenz zweier unterschiedlicher Gruppen von Motivationsfaktoren aus:

- **Satisfaktoren** (Motivatoren): erhöhen die Zufriedenheit (z.B. Anerkennung der Leistung durch andere, die Arbeit selbst (Arbeitsinhalt), Verantwortung, Aufstieg, Möglichkeit zur Selbstverwirklichung), und

Motivatoren

- **Dissatisfaktoren** (Hygienefaktoren): können allenfalls Unzufriedenheit abbauen, nicht jedoch Zufriedenheit erzeugen (Überwachung, Arbeitsbedingungen, Lohn, Unternehmenspolitik, Führung usw.)

Hygienefaktoren

Kritikpunkt ist v.a. der situative Charakter der Theorie, d.h. ein Faktor kann je nach Situation (Beruf, Hierarchieniveau, Alter, Geschlecht, ...) für eine Person als Motivator, für eine andere Person als Frustrator wirken.

HERZBERGs Leistung liegt in der Betonung von unterschiedlichen Konsequenzen unterschiedlicher Motive: Bestimmte Anreize lassen sich nur bis zu einer gewissen Grenze hin als Motivatoren einsetzen, darüber hinaus wirken sie *nicht* mehr.

251

1.3.4 Die Bedürfnisarten von McClelland

McClelland (1953) erklärt menschliches Verhalten aus dem Zusammenspiel des Strebens nach Leistung, Macht, Zugehörigkeit und Vermeidung:

Leistung

- **Leistungsmotiv:** zeigt sich im Setzen von Zielen, in der Befriedigung durch Zielerreichung, in Begeisterung an der Arbeit selbst sowie an der Bedeutung von Effizienz und Effektivitätskriterien. Typisch ist ein Streben nach innovativen Aufgaben, die ein kalkuliertes Risiko von Eigenverantwortung und schnellem Feedback mit sich bringen.

Macht

- **Machtstreben:** äußert sich im Versuch, eine Position der Überlegenheit gegenüber anderen Personen zu realisieren.

Zugehörigkeit

- **Bedürfnis nach Zugehörigkeit:** äußert sich in dem Wunsch, Bestandteil einer Gruppe zu sein und dort Sicherheit zu finden. Personen mit hohem Zugehörigkeitsstreben bevorzugen konfliktfreie Situationen und Interaktionen mit geringem Wettbewerb.

Vermeidung

- **Vermeidungsstreben:** ist auf eine Reduktion der Eintrittswahrscheinlichkeit für Versagen, Ablehnung, Misserfolg und Macht gerichtet. Vermeidungsstreben folgt aus der Erfüllung eines Grundmotives.

Nach McClelland existieren eine Vielzahl von möglichen Kombinationen aus Streben nach Leistung, Zugehörigkeit, Macht und Vermeidung. Diese Mischung ergibt sich aus einer Funktion aus **Situation,** persönlicher **Erfahrung** und **Kultur.**

1.4 Ordnungsgesichtspunkte

In der Motivationsforschung haben sich folgende vier Ordnungsgesichtspunkte etabliert:

somatisch = den Körper betreffend – im Unterschied zu Geist, Seele, Gemüt

- **somatische Ablaufprozesse** inklusive definierter Endhandlungen (Hunger, Durst usw.),
- **affektive Ablaufpozesse** ohne definierte Endhandlungen (Aggression, Angst, Furcht usw.),
- **Leistungsmotivation** (motivationale Ablaufprozesse),
- **Bindungsmotivation.**

Alle diese Motivationsarten sind grundsätzlich in *jedem* Menschen vorhanden. Die Stärke einzelner Arten ist aber von Person zu Person unterschiedlich (interindividuell) und hat jeweils die Eigenschaften eines Charakterzugs, kann also als weitgehend konstant angesehen werden.

Die Stärke einer Motivation in einem konkreten Einzelfall setzt sich über diese **Grundmotivation** hinaus aus zwei weiteren Faktoren zusammen:

- den **Erfolgsaussichten** und dem
- subjektiven **Wert** eines Ziels.

Beispielsweise kann der (subjektive) Wert eines Nobelpreises für manche sehr hoch sein. Dennoch ist deren Motivation, nach ihm zu streben, gering – wenn die Erfolgsaussichten als verschwindend klein eingestuft werden. Umgekehrt können die Erfolgsaussichten des Unterfangens, das Grazer Telefonbuch auswendig zu lernen, durchaus als hoch eingestuft werden, aber dennoch keine Motivation eintreten lassen – weil der subjektive Wert einer solchen Aktion sehr gering ist.

Für die Softwaretechnik ist interessant, dass sich sowohl die Einschätzung der Erfolgsaussichten eines Menschen für ein Ziel als auch der subjektive Wert dieses Ziels für diesen Menschen von außen *beeinflussen* lassen. Das kann z.B. erfolgen durch:

- entsprechende **Anreizmotivation** (Zielklarheit),
- durch Bereitstellung von **Hilfe** und
- Aussicht auf **Belohnung.**

1.5 Intrinsisch – Extrinsisch

Hinter jedem (Lern-)Ziel steht immer auch ein Grund, dieses Ziel erreichen zu wollen. Das ist das Motiv – das als Grundlage für die Motivation dient. Aus diesem Motiv heraus erwächst die eigentliche Motivation: der **Antrieb,** ein Ziel zu erreichen. Neugierde und Interesse stellen wesentliche Motive im Lernumfeld dar, die von der Person selbst kommen, und nicht von außen erzeugt werden: Dies wird als **intrinsische Motivation** bezeichnet.

Anders verhält es sich mit Gruppendruck oder Belohnungen. Dadurch wird Motivation von außen erzeugt. Es handelt sich um **extrinsische** Motivation.

Extrinsische Motivation
„von außen"
Erwartung von Belohnung
Produktorientiert
Zukunft
„ich muss"

Intrinsische Motivation
„von innen"
Persönliche Befriedigung
Prozessorientiert
Gegenwart
„ich will"

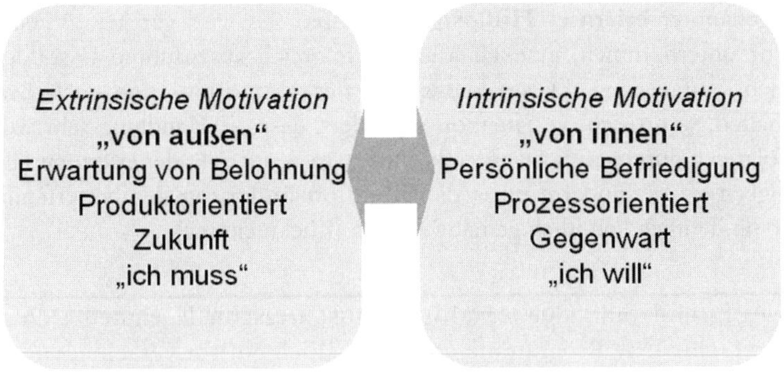

Bild 6.6 Die Gegenüberstellung von extrinsischer und intrinsischer Motivation

Intrinsische Motivation ist wirkungsvoller und dauerhafter als extrinsische Motivation.

Je mehr dieser Motive für eine Zielerreichung wirksam werden, desto stärker wird die Gesamtmotivation.

Mögliche intrinsische Motive sind Interesse an der Sache, Wettkampfgeist, Wissensdrang, Vollendungsstreben usw., die durchaus beim Entwurf einer Software berücksichtigt werden können.

Insbesondere extrinsische Motivation kann in Software leicht implementiert werden: Nichts ist motivierender als **Erfolg,** dieser sollte (nach SKINNER) durch *erreichbare* Teilziele oft erfahrbar gemacht werden.

Bild 6.7 Für die Anwendung in Software ist eine Kenntnis der wesentlichen Unterschiede zwischen intrinsisch und extrinsisch sehr wichtig

Als motivationales Feedback kann **Belohnung** wirken. Allerdings ist es sehr unterschiedlich, welche Belohnungsart (materiell, symbolisch, Tokens, verbales Lob usw.) am wirksamsten ist. Interessant ist die Tatsache dass ein mehrfaches Ausbleiben einer Belohnung bei wiederholter Ausführung einer Tat zum *Abnehmen* der Motivation führt (bis zum gänzlichen Ausbleiben dieser Handlung).

Effekt der erlernten Hilflosigkeit

Mehrfaches **Versagen** bei einer Handlung kann nach SELIGMAN (1980) zu so genannter **erlernter Hilfosigkeit** führen: Es wird gar kein Versuch mehr unternommen, eine Handlung erfolgreich auszuführen – sondern gleich   aufgegeben. Dieses Schwinden der Motivation kann auch dann anhalten, wenn sich die Situation so ändert, dass die Handlung sehr wohl erfolgreich durchgeführt werden könnte. Um den Effekt der erlernten Hilflosigkeit zu verhindern, muss die **Situationsänderung** der betreffenden Person deutlich kenntlich gemaht werden (Rückmeldung).

Aufgrund individueller Motivationsunterschiede eignen sich verschiedene Programme unterschiedlich gut für verschiedene Personen. Es empfiehlt sich, eine Eignung möglichst gezielt zu berücksichtigen (Zielgruppe – didaktische Analyse, Modul 5).

1.6 Neugierde

Neuheit, Ungewissheit und Komplexität von Objekten (Bild 6.8) fordern das menschliche **Explorationsbedürfnis** (sensation seeking) heraus und führen zum Bedürfnis, diese zu untersuchen (intrinsische Motivation). Ein gerichtetes **Neugierverhalten** (curiosity) entsteht, wenn ein optimaler Grad an **„Inkongruenz"** (mangelnde Übereinstimmung zwischen den wahrgenommenen Reizen und bereits vorhandenen Schemata, Bild 6.8) besteht.

Nach KELLER (1981) ergab sich in nahezu allen Untersuchungen zwischen den Reizvariablen (Neuheit, Ungewissheit, Komplexität usw.) und der Präferenz der Reize *kein* linearer, sondern ein umgekehrt U-förmiger Zusammenhang (Bild 6.9). Neuartige Stimuli erzeugen aber nicht nur Neugier, sondern auch Angst.

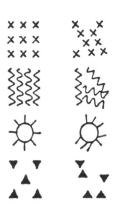

Bild 6.8 Visuelles Reizmaterial zur Weckung von Neugier, Beispiel: Unregelmäßigkeit in der Anordnung, verändert nach Keller (1981)

Ein zu hoher Grad an Inkongruenz führt dagegen zu Angst.

Das Explorationsbedürfnis (sensation seeking) nimmt mit wachsender Angst (aber gleichzeitig steigender Neuartigkeit einer Situation!) zuerst zu – später wieder ab. Wie beim Arousal (Kapitel 3) gibt es hier einen Bereich eines **optimalen Aktivierungsniveaus** (als Mittelmaß zwischen genügend großer Neuigkeit bei noch nicht zu großer Angst):

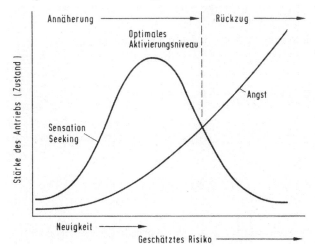

Bild 6.9 Sensation Seeking und Angst: Es existiert ein optimales Aktivierungsniveau – die Kenntnis dieses Sachverhalts ist für Softwareentwickler sehr wichtig, nach Zuckerman (1976), aus Keller (1981)

Einer der wichtigsten Faktoren von intrinsisch-motivierenden Umgebungen ist jener, mit dem Neugier geweckt, erhalten und befriedigt werden kann. Neugier entsteht, wenn Personen neuen, komplexen, inkongruenten Stimuli ausgesetzt werden.

1.7 Motivational Design

Vor allem innerhalb der Instruktionspsychologie wird von vielen Wissenschaftlern, z.B. von SPITZER (1996), gefordert, **Motivation als zentrales Element der Instruktion** anzusehen und explizit zu berücksichtigen.

Innerhalb von Lernumgebungen sollen Bedingungen geschaffen werden, die – zumindest für die meisten Lernenden – stimulierend und motivierend wirken.

Im wesentlichen existieren drei Modelle, die Motivation systematisch mit Instructional Design in Beziehung setzen. Dabei werden jeweils motivationale Elemente bzw. Faktoren identifiziert und zugehörige Strategien vorgeschlagen:

- das **ARCS-Modell** von KELLER (1983),
- der **Supermotivation-Ansatz** von SPITZER (1995) und
- der **Time-Continuum-Ansatz** von WLODKOWSKI (1985).

1.7.1 ARCS-Modell

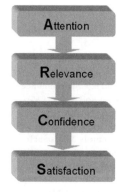

Bild 6.10 Das ARCS-Modell von Keller, siehe [W3]

Dabei handelt es sich um das bekannteste Modell. Es wurde 1983 von JOHN M. KELLER (nicht verwechseln mit JOSEF A. KELLER) vorgeschlagen und betrachtet die **vier Motivationsfaktoren:**

- Attention (Aufmerksamkeit gewinnen),
- Relevance (Relevanz, Bedeutsamkeit vermitteln),
- Confidence (Sicherheit und Erfolgszuversicht fördern) und
- Satisfaction (Befriedigung und Zufriedenheit durch Rückmeldungen).

Am Anfang einer Instruktion steht dabei – als wichtiger Teil einer intrinsischen Motivationsgenese (Genese = Entstehung) – die Gewinnung von **Aufmerksamkeit** (Kapitel 2), z.B. durch Förderung von Neugierde (Kapitel 1.6).

Die Lehrenden müssen die **Relevanz** des von ihnen vermittelten Stoffes verdeutlichen, z.B. durch Zielorientierung, praktische Beispiele usw.

Selbstvertrauen (confidence) bei den Lernenden ist dabei unabdingbar, um Misserfolgserwartungen aus dem Wege zu räumen, z.B. durch entsprechende Rückmeldungen durch die Lehrenden, Erfolgserlebnisse usw.

Schließlich sollte als Konsequenz eine **Befriedigung** (satisfaction) der Lernenden (Lernspaß, enjoyment) über die *eigenen* erbrachten Leistungen eintreten, z.B. durch positive Verstärkung und/oder externe Belohnungen.

1.7.2 Supermotivation

Der Supermotivation-Ansatz (z.B. [W4]) wurde von DEAN R. SPITZER (1995) entwickelt. Seine interessante (optimistische) Kernannahme lautet: „ ... *any activity can be made highly motivating if a motivating context is added to the basic task.*"

Jede Lernaktivität kann motivierend gestaltet werden, wenn der entsprechende Kontext (Zusammenhang) hinzugefügt wird

Je mehr **Motivatoren** im **Kontext** einer Lernaktivität vorkommen, um so motivierender wird sie empfunden. Er schlägt folgende Motivatoren vor:

- **Action** (Aktion): Aktive *Teilnahme* am Lernprozess; sowohl physischer als auch mentaler Art. Die **Interaktivität** des Lernsystems ist dabei einer der wesentlichsten Aspekte.
- **Fun** (Spaß): Dieser Bereich wird umgangssprachlich am häufigsten mit Motivation assoziiert. Spaß am Umgang mit einem Lernsystem kann durch Einsatz humorvoller, *überraschender* Elemente Motivation auslösen und Interesse wecken. Allerdings kann in einigen Fällen Humor übertrieben und lästig wirken (das Humorverständnis ist stark individuell und vor allem kulturell stark unterschiedlich, siehe Kapitel 2.3).
- **Variety** (Abwechslung): durch Verwendung unterschiedlicher Medien, Ressourcen und abwechselnde Tätigkeiten.
- **Choice** (Auswahl): Innerhalb eines Angebots an Medien, Ressourcen, Inhalten und Lernwegen sollten die Lernenden selbst auswählen.
- **Social Interaction** (soziale Interaktion): Auch Möglichkeiten der sozialen Interaktion, z.B. in Form von Gruppendiskussionen (chat, eMail), Arbeit in Teams (Videoconferencing) oder Beratung und persönliche Gespräche mit Lehrenden haben eine wichtige motivationale Funktion.
- **Error Tolerance** (Fehlertoleranz): Lernende machen Fehler. Das ist ein wichtiger Faktor beim Lernen. Gewisse Fehler sollen toleriert werden, ohne aber auf eine *Rückmeldung* zu verzichten.
- **Measurement** (Erfolgsmessung): SPITZER formuliert es sehr treffend: „ ... it is ironic that while nothing is more motivating in sports and games than scorekeeping, most people don't look forward to being measured while learning."

Während Erfolgsmessung im Sport voll akzeptiert wird, hat Leistungsmessung beim Lernen meist einen „bitteren Beigeschmack"

- **Feedback** (Rückmeldungen): sollten begleitend und stets positiv bzw. ermutigend erfolgen. Vorschläge zur Verbesserung sind besser als bloß der Hinweis auf Fehler.
- **Challenge** (Herausforderung): Die Aufgaben und Probleme sollten nicht trivial (zu leicht) sein, sondern eine angemessene und zielgruppenorientierte Herausforderung darstellen. Die meisten Lernenden wollen gefordert werden und entsprechende (angemessene) Hürden überwinden.
- **Recognition** (Anerkennung): Die Motivation kann erhöht werden, wenn der Lernfortschritt durch das Lernsystem oder durch andere Lernende oder Lehrende *anerkannt* wird.

1.7.3 Time-Continuum-Ansatz von Wlodkowski

Obwohl das ARCS-Modell von KELLER praktische Strategien zur Motivierung beschreibt, erklärt es nicht, wann im Instruktions-Prozess diese eingesetzt werden sollen. Bereits ab 1981 entwickelte WLODKOWSKI sein Modell, in dem er sechs Hauptmotivationsfaktoren (attitudes, needs, stimulation, affect, competence, reinforcement) einführt und diese in einem bestimmten **Zeitrahmen** (time frame) anwendet. Er unterteilt drei Zeitperioden für jede Instruktion (instructional episode):

*   Beginn (beginning),
*   Instruktionsverlauf (during) und
*   Ende (ending).

In der Phase „Beginn" sollte auf die Bedürfnisse der Lernenden eingegangen werden und eine positive Einstellung (attitude) gesichert werden. Ängste und Unsicherheiten sollten auf alle Fälle abgebaut bzw. vermieden werden.

In der Phase der Instruktion sollten die Lehrenden eine stimulierende, anregende und angenehme Lernumgebung schaffen. In dieser soll der Lernstoff vermittelt werden.

In der Phase „Ende" sollten vor allem Kompetenz und Selbstsicherheit (self-confidence) der Lernenden gefestigt werden und entsprechende (positive) Rückmeldungen (feedback) gegeben werden.

Während sich das ARCS-Modell lediglich auf die Auswahl bestimmter Strategien beschränkt, berücksichtigt das Time-continuum-Modell auch die zeitliche Abfolge (sequence) dieser.

1.8 Motivation mit Multimedia

Die Annahme, allein die Verwendung neuer Technologien sei motivierend, ist mit dem Konzept der Neugiermotivation zwar erklärbar, kann jedoch kaum als dauerhaft angesehen werden.

Hawthorne-Effekt: tritt auf alleine durch die Tatsache, dass ein Experiment oder Beobachtung durchgeführt wird

Ein innovatives (neues) Medium wird zunächst immer als vorteilhaft eingestuft – da es wegen seines Neuigkeitsgrads als interessant empfunden wird. Dieser **Hawthorne-Effekt** – der auch die Ergebnisse von Evaluationsstudien beeinflusst – nimmt nach SCHULMEISTER (1996) jedoch mit der Zeit ab.

Auch WEIDENMANN (1997) kritisiert die naive Annahme, dass Multimedia per se (an sich) die Lernenden „motiviert". Er weist darauf hin, dass die

„Abwechslung" des neuen Mediums sich manchmal durchaus negativ auf die Verarbeitung des Lernmaterials auswirken kann.

Aus einem (subjektiv) „angenehmen Gefühl" beim Lernen kann noch nicht auf dessen Effektivität geschlossen werden.

Zur Erklärung wird nach WEIDENMANN (1993) die **Unterschätzungsthese** herangezogen. Danach hat die „investierte mentale Anstrengung" bei der Auseinandersetzung mit dem Lernmaterial einen positiven Einfluss auf den Lernerfolg. Als „leicht" betrachtete Medien (z.B. Fernsehen) werden unterschätzt, die Lernenden *halten* es für einfacher, damit zu lernen: Entsprechend wird **weniger Anstrengung** investiert – und weniger tiefgehend gelernt.

Motivation kann auch nicht mit einer Reduzierung der Instruktion auf „Edutainment" gleichgesetzt werden: Motivation ist *nicht* Unterhaltung.

Edutainment = „Education" + „Entertainment" (Unterricht und Unterhaltung)

Aus Aussagen von Lernenden, dass sie ein Lernsystem als „interessant „empfunden haben, ist noch nicht ableitbar, dass tatsächlich auch ein Lernerfolg erzielt wurde.

Selbstgesteuertes Lernen stellt in Lernumgebungen hohe Ansprüche an die **Frustrationstoleranz** der Lernenden. In den Bereichen Challenge, Choice, Action und auch Fun (nach SPITZERS Supermotivations-Theorie) schneidet Hypermedia generell gut ab, da interessante und komplexe Aufgabenstellungen präsentiert werden können und eine Exploration mit selbstbestimmtem Tempo und eigenen Schwerpunktsetzungen ermöglicht wird.

Ein angemessen hoher Interaktivitätsgrad sollte bei der Entwicklung hypermedialer Lernsysteme immer angestrebt werden. Humorvolle Elemente sind auch durch die Kombination unterschiedlicher Darstellungsformen recht einfach zu integrieren.

Auf der anderen Seite wird meistens relativ wenig **Feedback** und vor allem **Anerkennung** gegeben, da auf eine Beobachtung der Lernfortschritte meist verzichtet wird. Ein zu hoher Grad an Desorientierung kann dazu führen, dass nur wenig gelernt wird bzw. die Lernenden das Programm abbrechen.

Intrinsisch Motivierte (mit hohem Grad an Selbststeuerung) gehen mit Hypermedia besser um als extrinsisch Motivierte.

Extrinsisch Motivierte haben ein Bedürfnis nach didaktischer Führung.

Lernen ohne „Aufsicht" kann bei extrinsisch Motivierten dazu führen, dass gar nicht mit dem Lernsystem gearbeitet wird.

---

2 Aufmerksamkeit

Aufmerksamkeit wird von ENGLISH & ENGLISH (1976) als „... *exclusive and persistent attention to a limited object or aspect of an object ...* " definiert.

Auf der Suche nach einem theoretischen Modell für das Phänomen der Aufmerksamkeit, wurden mehrere Varianten in Erwägung gezogen:

BROADBENT (1958) meinte, dass es einen **Filter im Aufnahmesystem** gebe, der jeweils nur einem **Kanal** Aufmerksamkeit schenken könne (Psychophysik, Band 1). Dies wurde später widerlegt, da gezeigt wurde, dass Informationen auch über *mehrere Kanäle gleichzeitig* aufgenommen und sinnvoll verarbeitet werden können.

TREISMAN (1960) erstellte ein Modell, nach dem die Filter (die BROADBENT vorgeschlagen hatte) in der Art arbeiten, dass einige Informationen unterdrückt, andere verstärkt werden – aber nicht aber ganz ausblendet werden. Er sprach den Filtern dadurch nicht nur physische Funktionsweise, sondern auch inhaltliche **Qualitätsgewichtung** zu.

KAHNEMANN (1973) schlug vor, dass Aufmerksamkeit *kein* Filtermechanismus, sondern eine **Kapazität geistiger Arbeit** sei. Dadurch kann Aufmerksamkeit in der Intensität schwanken und auf verschiedene Reize aufgeteilt werden.

Aufmerksamkeit wird stets auf **neue, bewegte** oder (subjektiv) **bedeutungsvolle** Stimuli gerichtet.

Momentane Absichten ziehen absichtliche Aufmerksamkeit mit sich – man kann sich auf die Information in einem Ohr konzentrieren. Wenn die Anforderungen des Reizes zu hoch sind, geht der Grad der Aufmerksamkeit zurück, so dass sich Menschen bei Gefahr kognitiver Überlastung abwenden (vgl. Kapitel 2.4.4 in Modul 4).

Nach POSNER (1982) sind vier Ideen für *alle* Theorien bezüglich Aufmerksamkeit zutreffend:

- Alle geistigen Vorgänge – die mit Aufmerksamkeit im Zusammenhang stehen – benötigen *Verarbeitungszeit*.
- Schnell aufeinanderfolgende Signale werden nacheinander bearbeitet: Die Zeit *dazwischen* wird als Maß für die Kapazität genutzt.
- Interne (kognitive) Abläufe können darüber studiert werden, wie sie andere Abläufe *fördern oder verhindern*.
- Vorgänge mit Aufmerksamkeit unterstützen den *Wechsel* zu einem neuen Stimulus.

NAVON & GOPHER (1979) sind der Ansicht, daß Aufmerksamkeit *unterschiedliche Mechanismen* nutzt – abhängig von der jeweils gestellten Aufgabe. Diese Mechanismen sind zahlenmäßig beschränkt. Je nach benötigtem Aufwand, wird intern entschieden, ob anstehende Aufgaben *parallel* oder *sequentiell* (nacheinander) bearbeitet werden.

Allgemein werden 6 Qualitäten von Aufmerksamkeit unterschieden:

- **Aufmerksamkeitsrichtung** (bestimmt den lokalen Zielpunkt),
- **Aufmerksamkeitsumfang** (begrenzte Menge (rund 7, vgl. Chunking im Modul 1) an gleichzeitig Bewältigbarem),
- **Aufmerksamkeitsdauer** (begrenzte zeitliche Ausdehnung),
- **Aufmerksamkeitsdiskriminanz** (Heraushebung minimaler Unterschiede, um sie gegeneinander gerade noch unterscheiden zu können),
- **Aufmerksamkeitsthematik** (begrenzte inhaltliche Interessen) und
- **Aufmerksamkeitsintensität** (Stärke der Aufmerksamkeitsleistung).

Insbesondere die Aufmerksamkeitsintensität kann unterteilt werden in:

- **Tenazität** (Aufmerksamkeit höchster Anspannung und Verarbeitungsintensität, z.B. bei Astronauten in der Wiedereintrittsphase, oder Piloten im Landeanflug: Abschweifungen müssen völlig vermieden werden, nur für kurze Zeit möglich).
- **Vigilanz** (Daueraufmerksamkeit, sustained attention, z.B. Konzertpianisten, Dirigenten, langanhaltende hohe Aufmerksamkeit, die bei schwierigen Stellen (kurzzeitig) zur Tenazität übergeht).
- **Selektive Aufmerksamkeit** (Konzentration auf ein spezifisches Objekt, relevante Reize werden verarbeitet, irrelevante Reize ausgeblendet).
- **Scanning** (schweifende Aufmerksamkeit, Vagation, ein Objekt wird nicht gezielt beobachtet, aber konsequent nach „Neuem" abgetastet).
- **Visuo-räumliche Aufmerksamkeit** (räumlich selektives Scanning).
- **Geteilte Aufmerksamkeit** (Ausrichtung auf mehrere Arten verhaltensrelevanter Reize bei räumlicher oder zeitlicher Einbettung in verhaltensirrelevante Reize).
- **Relaxation** (zwar herrscht Wachheit und „reizaufnahmebereit", ist aber entspannt, z.B. in Wartesituationen).
- **Somnolenz** (leichtestes Hypnosestadium, bei der zwar eine Benommenheit da ist, eine Erinnerung aber möglich ist).
- **REM-Schlaf** (verschieden hohe Erlebnisgrade beim Träumen).
- **Koma** (Unansprechbarkeit, z.B. bei epileptischen Schocks usw.).

Die Fähigkeit zur Aufmerksamkeit verhindert, dass wir im Chaos ständiger Reizüberflutung „untergehen".

2.1 Konzentration

Häufig werden die beiden Begriffe Aufmerksamkeit und Konzentration zusammen verwendet.

> Mit Konzentration wird die Sammlung – die **Ausrichtung der Aufmerksamkeit** – auf ein eng begrenztes Gebiet bezeichnet, in dem optimale Leistungen erbracht werden sollen.

Als Ergebnis einer Vielzahl von beteiligten Prozessen ist Konzentration somit nicht eine konstante Fähigkeit, sondern verschiedenen Einflüssen und Schwankungen unterworfen, die sich nicht nur tageszeitlich sondern auch innerhalb kürzeren Zeitintervallen bemerkbar machen.

Fasst man Konzentration als willkürliche Einengung des Aufmerksamkeitsfeldes auf, so impliziert dies gleichzeitig, dass nicht nur eine gezielte Zuwendung auf bestimmte Objekte oder Inhalte stattfindet, sondern insbesondere eine Unterdrückung störender Aspekte (z.B. Umweltreize).

2.2 Orientierung

Bei der Verwendung von Hypertext und Hypermedia treten im Allgemeinen folgende Navigationsstrategien auf:

* **Browsing:** die Benutzer folgen einem **Pfad,** bis das Ziel erreicht ist.
* **Searching:** es wird explizit nach einem (vorgegebenen) **Ziel** gesucht.
* **Scanning:** ein großes **Gebiet** wird oberflächlich „durchkämmt".
* **Exploring:** es wird versucht den **Umfang** der verfügbaren Information herauszufinden.
* **Wandering:** orientierungsloses und unstrukturiertes Navigieren.

Zu viele Navigationsmöglichkeiten können schnell zu **Desorientierung** der Lernenden führen. Besonders im Zusammenhang mit Hypertext und Hypermedia-Systemen taucht immer wieder das Problem des **Lost-in-Hyperspace** auf (siehe Kapitel 4, Modul 3).

> Um Desorientierungsproblemen vorzubeugen, sollte ein Lernsystem dem Benutzer stets **Orientierungshilfen** anbieten.

Dies können klassische Komponenten wie z.B. Inhaltsverzeichnis, Glossar oder Index sein. Es können aber auch Hilfsmittel eingesetzt werden, die speziell für multimediale Lernprogramme geeignet sind (z.B. site maps).

Hypertexte können auch als Mind Maps (grafische Netzwerke) repräsentiert werden, die den Benutzern sogar anzeigen können, in welchem Teil des Programmes sie sich gerade befinden.

Auch die Verwendung von **Bookmarks** – die den Benutzern erlauben, zu vorher markierten Stellen zurück zu springen – sind sehr hilfreich.

Das Anbieten von **Guided Tours** (Lernpfaden) hat sich ebenfalls sehr bewährt.

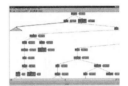

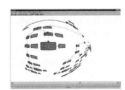

Eine andere Methode, die das Orientierungsproblem reduziert, ist das so genannte **„Fish-eye view"**. Darunter werden Betrachtungsweisen verstanden, die ein *verzerrtes* Abbild der Umwelt zeigen: analog zu einer Linse mit sehr großem Winkel (Fischauge). Es wird sowohl die nahe als auch die weitere Umgebung dargestellt („focus" und „context"), wobei die nahe Umgebung sehr detailliert und die vom aktuellen Betrachtungspunkt weiter entfernt liegenden Objekte weniger detailliert dargestellt werden (Bild 6.11)

Bild 6.11 Oben: Normale Darstellung, unten: Fish-eye view [W6]

2.3 Humor

Die noch sehr junge Wissenschaft „Gelotologie" (Lachforschung) bringt ständig Beweise (z.B. TYSON (1998), RUCH u.a. (1997)), dass Humor positive Auswirkungen hat: Positive Einflüsse auf das Immunsystem, Stressabbau, Förderung der Durchblutung (der Wangenmuskeln – jetzt bitte lachen!), Förderung der Verdauung und sogar Senkung des Blutdrucks.

HURLEY (1985) bringt es auf den Punkt: *„Humor does not replace good teaching: it should be used to enhance the subject matter as herbs and spices are used to make the flavor of food more interesting".* [W7]

Nach SALAMEH (1993) lassen sich drei Dimensionen der psychologischen Wirkung des Humors unterscheiden:

Humor ersetzt zwar keinen „guten Unterricht", aber richtig eingesetzt trägt er wesentlich zur Verbesserung des „Lernklimas" bei

- **Emotional:** Humor löst Hemmungen, reaktiviert verdrängte Affekte, ermöglicht einen unmittelbaren und erlaubt einen spontaneren Austausch menschlicher Gefühle.
- **Kognitiv:** Humor regt kreative Potentiale an, aktiviert Entscheidungsprozesse und Perspektivenwechsel, sensibilisiert für neuartige Zusammenhänge, fördert eine explorierende Haltung gegenüber scheinbar unumstösslichen Gegebenheiten und hilft, rigide Verhaltensmuster durch flexiblere zu ersetzen.
- **Kommunikativ:** Humor wirkt erfrischend, entspannend und anregend und trägt zu einer freundlich konstruktiven Beziehung bei. In Arbeitsteams festigt Humor die Zusammenarbeit.

3 Arousal

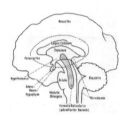

Unter Arousal (Aktivation) werden Anregungs- und Aktivierungsprozesse zusammengefasst, die wesentlichen Einfluss auf Konzentration und Aufmerksamkeit und dadurch wieder Einfluss auf das Lernen haben.

Bild 6.12 Der schraffierte Bereich ist die Formatio reticularis und ist für Motviation um Emotion zentral, verändert nach Keller, 81, 32

Arousal ist nach BERGIUS (1994) eine messbare **Aktivierung** und kann als **Erregung** von neuralen und psychischen Prozessen durch innere und äußere **Reize** angesehen werden.

Die netzartig angelegte **Formatio reticularis** (im Mittelhirn, Bild 6.12) mit diffusen Kerngebieten reicht von der Medulla Oblongata bis zum Diencephalon (Modul 1). Durch die so genannten bremerschen Schnitte konnte nachgewiesen werden, dass die Formatio reticularis für die **Aktiviertheit** zuständig ist:

Bild 6.13 Die Formatio reticularis (FR) ist zuständig für die Aktivation

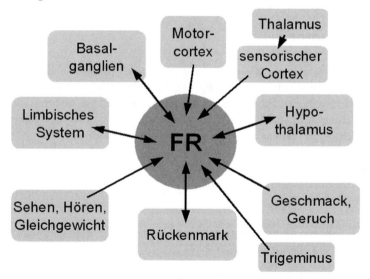

ARAS = aszendierendes retikuläres Aktivations-System

Die Formatio reticularis erhält sensorische Einströme von allen Reizen. Sie erhält Infos und Impulse aus allen möglichen Regionen des Gehirns. Die FR wird als das Substrat des Aktivationssystems bezeichnet (aszendierendes retikuläres Aktivations-System ARAS oder RAS).

Überträgt man die allgemeine Definition auf uns interessierende Lernprozesse, so lässt sich feststellen, dass *jegliches* Lernen von Aktivation begleitet ist bzw. auch umgekehrt in Wechselwirkung die Aktivation durch den Lernprozess beeinflusst werden kann. Hierbei kann es sich neben körperlichen auch um geistige, emotionale und motivationale Aktivierungszustände handeln. Folglich stellt sich die Frage, ob durch die Steigerung des Aktivierungs-niveaus auch *automatisch* eine Leistungssteigerung einhergeht. Dies ist *nicht* der Fall:

• Beim Lernen eines Lernstoffs kann man entweder **untererregt** sein, also z.B. zu müde, und wird folglich weniger gut lernen als z.B. im ausge-schlafenen Zustand.
• Auf der anderen Seite kann man **übererregt,** also z.B. unmittelbar vor einer Prüfung sehr aufgeregt sein und in der Folge den Stoff schlechter erlernen als in einem ausgeglicheneren Zustand.

Dieser Zusammenhang wird durch das **Yerkes-Dodson-Gesetz** (1908) beschrieben und folgendermaßen dargestellt:

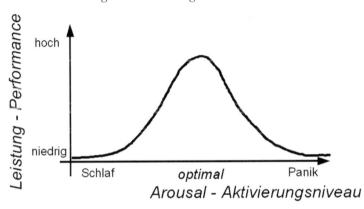

Bild 6.14 Zusammen-hang zwischen Aktivati-on und kognitiver Leistung

Die Aktivierung der Lernenden wird auch durch **Aufgabenanforderung** beeinflusst (Bild 6.15). Bei *einfachen* Problemen liegt das **optimale Erre-gungsniveau** sehr hoch, bei steigendenden Aufgabenanforderungen sinkt es immer mehr ab. Übertragen auf die reale Lernsituation heisst das, dass man beispielsweise schwierige Lernprobleme „in Ruhe" angehen sollte:

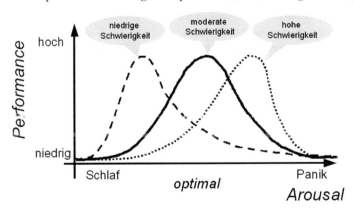

Bild 6.15 Zusammen-hang zwischen Aktivati-on, Leistung und Aufgabenschwierigkeit

4 Stress

Stress ist **stimulusgebunden.** Es gibt nicht die *Stressreaktion,* sondern es handelt sich um einen Prozess, der mit **organischer Mobilisierung** über Tage und Stunden einhergeht. Die auftretenden Emotionen sind nicht einheitlich.

Stress löst **Informationsverarbeitungsprozesse** aus, um eine Verminderung der Diskrepanz zwischen Ist- und Sollwert zu erzielen.

Solche gegenregulatorischen Maßnahmen lassen sich auf organismischer Ebene nachweisen, vgl. z.B. KELLER *(1981), S. 39.*

Bei Stress werden drei Variablen unterschieden:

Intervenierende Variablen sind dazwischen tretende, nicht direkt beobachtbare Variablen

- unabhängie Variable (UV) = Stressoren wie z.B. Lärm, Deprivation,
- intervenierende Variable (IV) = zwischen Stressoren und Reaktion liegende psychophysiologische Prozesse, und
- abhängige Variable (AV) = die Stressreaktion des Individuums selbst.

Stress ist ein psychophysiologischer **Prozess,** der als Resultat einen **Zustand** (Stresssyndrom) bewirkt.

JANKE (1995) nahm folgende Klassifikation von Stress vor:

- **Aufmerksamkeitsstressoren** wie Licht, Lärm und durch sensorische Deprivation (Reizentzug, z.B. in völlig ruhiger Umgebung),
- Reize, die zur **Deprivation primärer Bedürfnisse** führen (Behinderung des Schlafes, Verhinderung von Nahrungsaufnahme),
- **Leistungsstressoren** (Prüfung, monotone und anstrengende Arbeit),
- **soziale Stressoren** (Isolation, Density = Dichte, z.B. Bevölkerungsdichte, interpersonale Probleme),
- **andere Stressoren** (Entscheidungskonflikte, Zukunftsungewissheit).

Disstress = negativer Stress, Eustress = positiver Stress

Inwieweit belastende Situationen zu einem **negativen Stress** werden, kann auch davon abhängig sein, mit welchen Einstellungen und Bewertungen man diesen Stressoren begegnet.

Das Ausmaß der tatsächlichen Belastung und Stressempfindung hängt häufig mit einer Übersteigerung der eigenen Ansprüche an sich selbst zusammen. Viele Stressgeplagte erwarten von sich, immer 100% Leistung und mehr bringen zu müssen (Muss-Denken).

Durch einen überhöhten Selbstanspruch kann ein **innerlicher Druck** entstehen, der letztendlich zu einer **Abnahme** der eigenen Leistungsfähigkeit führt. Dieser Zusammenhang kann wieder anschaulich mit dem Yerkes-Dodson-Gesetz erklärt werden:

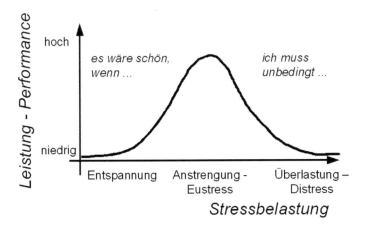

Bild 6.16 Das Yerkes-Dodson-Gesetz ist auch bei der Erklärung von Stress hilfreich und zeigt, dass auch hier ein optimales Erregungsniveau existiert

Lernen gelingt am besten in einer stressarmen Atmosphäre
Ein (gesunder) Eustress ist aber dem Lernen förderlich.

Studien zeigten [W7] dass der generelle Stresslevel höher ist, wenn computerunterstützter Unterricht eingesetzt wird. Die Erfahrung mit Computern hat dabei wesentlichen Einfluss. Das ist nicht erstaunlich, weil Neues und Ungewohntes stressauslösend wirkt.

5 Soziale Effekte

5.1 Einstellung

„Computer sind doof, brauche ich nicht, bin ja kein Informatiker". Eine Einstellung (attitude) ist eine Haltung einer Person gegenüber einer anderen Person, Sache oder Idee, verbunden mit einer **Wertung** und/oder einer **Erwartung** (Beispiel für einen Einstellungs-Fragebogen unter [W9]).

Nach MITTENECKER (1964) ist eine Einstellung nicht sehr scharf von einer **Meinung** (opinion) abgrenzbar (vgl. Modul 2, Kapitel 2.1).

Seit der PC seinen Siegeszug startete, begannen auch Diskussionen über die psychologischen Implikationen (Auswirkungen) der steigenden Computerisierung des Alltags. Naturgemäß bildeten sich zwei Gruppen: Die eine sah euphorisch den Computer als Möglichkeit der kognitiven Förderung und Erweiterung des Denkhorizonts (z.B. PAPERT).

Die andere Gruppe warnte, beispielsweise die Persönlichkeit nicht aufzugeben (z.B. WEIZENBAUM, POSTMAN). NORBERT MÜLLERT (1984) meint in seinem Buch „Wenn die Welt auf den Computer zusammenschrumpft", dass zwischenmenschliche Beziehungen veröden, die verbalen und nonverbalen Ausdrucksformen verkümmern und Aggression und Sucht sich weiter ausbreiten werden.

Empirische Untersuchungen zur **Akzeptanz** der neuen Technologien zeigten, dass die Einstellung zum Computer positiv beeinflusst wird, wenn **Erfolgserlebnisse** und **positive Erfahrungen** gemacht werden [vgl. z.B. LANGE (1984)].

Computer-Nutzer sind positiver eingestellt als Nicht-Nutzer.

Computerlaien sehen in den neuen Technologien eine Bedrohung ihrer Arbeitsplätze.

Die jüngeren Generationen sind tendenziell aufgeschlossener gegenüber den neuen Technologien und haben weniger Vorbehalte gegenüber Computer und der Arbeit am Computer.

5.2 Interaktion in Gruppen

Eine **soziale Gruppe** ist eine Anzahl verschiedener Menschen, die sich miteinander identifizieren und deren Interaktion anhand informeller Strukturen auf gemeinsamen Einstellungen, Werten, Normen und Zielen beruht. Eine soziale Gruppe kann in einer **formalen Organisation** zusammengefasst sein, deren Aktivitäten von der Ausführung explizit festgelegter Ziele bestimmt wird.

Fünf Schlüsselbegriffe kennzeichnen die Struktur sozialer Gruppen:

- Gruppengröße
- Machtverteilung
- Autorität
- Regeln
- Arbeitsteilung

Vier typische Merkmale machen eine soziale Gruppe aus:

- regelmäßige Interaktion (Kommunikation),
- strukturierte Interaktion (Rollenverteilung innerhalb der Gruppe),
- Übereinstimmung in Normen, Werten und Zielen der Gruppe,
- Gefühl gemeinsamer Identität – in Abgrenzung zur „Außenwelt".

> Als Gruppendynamik werden wiederkehrende Muster sozialer Interaktion innerhalb der Gruppenmitglieder bezeichnet.

Gruppendynamik wird von folgenden Faktoren beeinflusst:

- Gruppengröße,
- Gruppenkonformität (Gruppenkontrolle),
- Gruppenführung.

Gruppentypen können sich folgendermaßen herausbilden:

- **In-Group:** Identifizierung, Zugehörigkeitsgefühl,
- **Out-Group:** keine Identifikation, Außenseitergefühl,
- **Vorbild-Gruppe** (Referenz-Gruppe mit normativem Charakter)

Eine virtuelle Gruppe kann im Gegensatz zu direkter Face-to-face-Gruppe folgende Eigenschaften haben:

- es erfolgt indirekte Interaktion (asynchron via eMail, synchron via chat, Videoconferencing usw.),
- der Gesprächscharakter kann während der Interaktion angeglichen oder verändert werden,
- die primäre Beziehung kann abgelöst werden (ein gutes Beispiel dafür ist das Homebanking, oder generell eCommerce),
- bildet eine eigene Sprache, fördert die Bildung einer In-Group,
- „Anonymität" ermöglicht, dass die Verbindlichkeitsstufen der Kommunikation gering gehalten werden.

> Computergestützte Kommunikation erleichtert die Gruppenaktivitäten in virtuellen Teams – mit weltweit entfernten Gruppenteilnehmern.

5.3 Soziale Motivation

Innerhalb der Motivationsforschung kristallisierten sich einige „soziale" Bedürfnisse heraus:

- Bedürfnis nach **Kompetenz,**
- sozialer **Wirksamkeit** und
- **Autonomie,**
- **soziale Eingebundenheit** und
- **soziale Zugehörigkeit.**

> Der Mensch wird mit einer angeborenen Tendenz zu sozialer Verbundenheit mit anderen Menschen verstanden. In einem gegebenen sozialen Milieu versucht er effektiv einzugreifen – will dabei aber gleichzeitig auch möglichst autonom sein.

Es wird angenommen, dass **soziale Umweltfaktoren**, die die Befriedigung nach Kompetenz, Autonomie und sozialer Eingebundenheit ermöglichen, zur Ausbildung einer intrinsischen Motivation und Integration extrinsischer Motivation förderlich sind (siehe Kapitel 1.5).

> Das Fehlen sozialer Umweltfaktoren hemmt die Ausbildung von Motivation.

Die Tatsache, dass in einem Arbeitsteam mit der Größe der Gruppe der Betrag der Eigenleistung eines Gruppenmitgliedes immer schwerer identifizierbar wird, führt zu **Motivationsverlust.** In extremen Fällen kommt es zu dem so genannten „Trittbrettfahrereffekt".

Mit zunehmender Gruppengröße entsteht noch ein weiteres Problem: Es treten **Koordinationsverluste** auf (z.B., dass Gruppenmitglieder nicht auf dieselben Ziele hinarbeiten).

Die Produktivität einer Gruppe ergibt sich aus der potentiellen Produktivität minus der Motivationsverluste und der Koordinationsverluste.

5.4 Soziale Aktivierung

Nach ZAJONC (1965) führt die Anwesenheit anderer Personen zu einer Leistungsverbesserung (sozialer Aktivierung, social facilitation), wenn die beobachteten Personen an einfachen (gut geübten) Aufgaben arbeiten. Sie führt allerdings zu einer Leistungsverschlechterung (soziale Hemmung), wenn es sich um schwierige Probleme handelt.

> Die Anwesenheit von „Publikum" bewirkt eine Erhöhung des allgemeinen Aktivationsniveaus (Arousal, siehe Kapitel 3) und führt zu einer Verbesserung einfacher, aber zu einer Verschlechterung komplizierter Tätigkeiten.

Die Anwesenheit anderer hemmt praktisch immer die Leistung in komplexen Aufgabensituationen und erleichtert die Lösung einfacher Aufgaben aber nur dann, wenn der positive Effekt der Aktivationssteigerung den negativen Effekt der Ablenkung überwiegt.

6 Modulkurzzusammenfassung

Unter Motivation werden **aktivierende Vorgänge** zusammengefasst. Drei Erklärungsansätze sind verbreitet: Die **Bedürfnispyramide** von MASLOW, die **zwei Faktorengruppen** von HERZBERG und die **Bedürfnisarten** von MCCLELLAND. **Intrinsische** Motivation („von innen") ist wirkungsvoller und dauerhafter als **extrinsische** Motivation.

Neuheit, Ungewissheit und Komplexität von Objekten fordern das **Explorationsbedürfnis** heraus, ein zu hoher Grad an **Inkongruenz** führt dagegen zu Angst. Innerhalb der Instruktionspsychologie wird Motivation als *zentrales* Element gesehen.

Das **ARCS-Modell** betrachtet vier Motivationsfaktoren (Attention, Relevance, Confidence, Satisfaction), der **Supermotivation-Ansatz** betont eine große Anzahl von Motivatoren (Action, Fun, Variety, Choice usw.) und der **Time-Continuum-Ansatz** berücksichtigt auch die zeitliche Abfolge der Instruktionsphasen.

Die Annahme, allein die Verwendung neuer Technologien ist motivierend, ist mit **Neugiermotivation** erklärbar, ist aber nicht sehr dauerhaft.

Aufmerksamkeit wird stets auf neue, bewegte oder bedeutungsvolle Stimuli gerichtet. Bei der **Aufmerksamkeitsintensiät** wird zwischen den Extremen **Tenazität** (höchste Aufmerksamkeit und Verarbeitungsintensiät – z.B. bei Astronauten in der Wiedereintrittsphase) und **Koma** (Unansprechbarkeit – z.B. bei Schocks) unterschieden. **Konzentration** ist die Ausrichtung der Aufmerksamkeit auf ein eng begrenztes Gebiet.

Humor regt kreative Potentiale an, aktiviert Entscheidungsprozesse und trägt zu einer freundlich konstruktiven Beziehung bei.

Arousal ist eine messbare **Aktivierung** und wird als Anregung durch Reize gesehen. Der Zusammenhang zwischen Aktivierung und kognitiver Leistungsfähigkeit wird durch das **Yerkes-Dodson-Gesetz** beschrieben.

Stress ist ein Prozess mit organischer Mobilisierung. Lernen gelingt am besten in einer stressarmen Atmosphäre – ein (gesunder) **Eustress** ist aber dem Lernen förderlich.

Einstellung (attitude) ist eine Haltung einer Person gegenüber einer anderen Person, Sache oder Idee, verbunden mit einer **Wertung** bzw. einer **Erwartung.**

7 Modulanhang

7.1 Literatur

7.1.1 Bücher

BRUNER, JEROME S. (1974): *Lernen, Motivation und Curriculum. Ein Konferenz-Bericht.* Frankfurt am Main: Fischer.

FÜRNTRATT, ERNST (1976): *Motivation schulischen Lernens.* Weinheim, Basel: Beltz.

HECKHAUSEN, HEINZ (1980): *Motivation und Handeln.* Berlin, Heidelberg, New York: Springer-Verlag.

HERKNER, WERNER (1993): *Lehrbuch Sozialpsychologie.* Bern: Huber.

JERUSALEM, MATTHIAS; PEKRUN, REINHARD, Hrsg. (1999): *Emotion, Motivation und Leistung.* Göttingen u.a.: Hogrefe.

KELLER, JOSEF A. (1981): *Grundlagen der Motivation.* München, Wien, Baltimore: Urban & Schwarzenberg.

RICKENBACHER, RICHARD (1975): *Lernen und Motivation als relevanzgesteuerte Datenverarbeitung. Ein Computer-Simulationsmodell elementarer kognitiv-affektiver Prozesse.* Basel u.a.: Birkhäuser.

THIEDEKE, UDO, Hrsg. (2000): *Virtuelle Gruppen. Charakterstika und Problemdimensionen.* Opladen, Wiesbaden: Westdeutscher Verlag.

THOMAE, HANS, Hrsg. (1983): *Enzyklopddie der Psychologie. Themenbereich C. Theorie und Forschung, Serie 4: Motivation und Emotion. 1. Theorien und Formen der Motivation.* Göttingen, Toronto, Zürich: Hogrefe.

VESTER, FREDERIC (1998): *Phänomen Stress.* München: dtv.

WEIDENMANN, B.; KRAPP, A., HOFER, M., HUBER, G., MANDL, H. (1993): *Pädagogische Psychologie.* Weinheim, Basel: Beltz Psychologie-Verlags-Union.

7.1.2 Artikel

HECKHAUSEN, H. (1977): Motivation. Kognitionspsychologische Aufspaltung eines summarischen Konstrukts. *Psychologische Rundschau, 28,* 175-189.

JANKE, W.; WOLFFGRAMM, J. (1995): Biopsychologie von Stress und emotionalen Reaktionen: Ansätze interdisziplinärer Kooperation von Psychologie, Biologie und Medizin. In: G. Debus, G. Erdmann & K.W. Kallus (Hrsg.), *Biopsychologie von Stress und emotionalen Reaktionen.* Göttingen: Hogrefe.

Lange, Klaus (1984): Was wir Deutschen vom Computer halten. *Bild der Wissenschaft,* 21, (1), 63-66, 70-72.

MEUTSCH, D. (1993): Kognitive Prozesse beim Lernen. In: Seidel, C., Hrsg.: *Computer Based Training: Erfahrungen mit interaktivem Computerlernen,* 149-180; Stuttgart:Verlag für Angewandte Psychologie.

MITTENECKER, ERICH (1964): Subjektive Tests zur Messung der Persönlichkeit. In: Handbuch der Psychologie, Band 6.

7.1.3 Books in English

AJZEN, I. (1988): *Attitudes, Personality and Behavior.* Milton Keynes (UK): Open University Press.

ANDERSON, JOHN ROBERT (1985): *Cognitive psychology and its implications.* 2nd Ed.; San Francisco: Freeman.

AJZEN, I., FISHBEIN, M., Eds. (1980): *Understanding Attitudes and Predicting Social Behavior.* Englewood Cliffs (NY): Prentice-Hall.

BANDURA, A. (1986): *Social Foundations of Thought and Action. A Social Cognitive Theory.* Englewood Cliffs (NY): Prentice-Hall.

BERLYNE, D. (1960): *Conflict, Arousal, and Curiosity.* New York: McGraw-Hill.

BROADBENT, D. (1958): *Perception and Communication.* London: Pergamon Press.

BUCK, ROSS (1988): *Human motivation and emotion.* 2. ed. New York u.a.: Wiley.

DRISCOLL, MARCY (1993): *Psychology of learning for instruction.* Needham Heights (MA): Allyn & Bacon.

EYSENCK, M. (1982): *Attention and Arousal.* New York: Springer-Verlag.

FISHBEIN, M., AJZEN, I. (1975): *Belief, Attitude, Intention and Behavior. An Introduction to Theory and Research.* Reading (MA): Addison-Wesley.

FRY,W. F.; SALAMEH, W.A., Eds. (1993): *Advances in humor and psychotherapy.* Sarasota (FL): Professional Resource.

HEIDER, F. (1958): *The Psychology of Interpersonal Relations.* New York: Wiley.

HERZBERG, F.; MAUSNER, B.; SNYDERMAN, B. B. (1959). *The Motivation to Work.* 2nd ed. New York: John Wiley.

KAHNEMAN, D. (1973): *Attention and Effort.* Englewood Cliffs (NY): Prentice-Hall.

MANDLER, G. (1984): *Mind and Body.* New York: Norton.

MASLOW, ABRAHAM H. (1954): *Motivation and Personality*. New York: Harper.

MCCLELLAND, DAVID C. (1953): *Human motivation*. Cambridge University Press.

NEISSER, U. (1967): *Cognitive Psychology*. New York: Appleton-Century-Croft.

NORMAN, D. (1967): *Memory and Attention*. New York: Wiley.

PAIVIO, ALLAN (1986): *Mental representations: A dual coding approach*. New York: Oxford University Press.

RUCH, WILLIBALD (1998): *Sense of Humor (Humor Research 3)*. Berlin: de Gruyter.

SMITH, M. J.; CONWAY F. T.; KARSH B.-T. (1999): Occupational stress in human computer interaction, *Industrial Health*, Volume 37, Issue 2, 1999, 157-173.

SPITZER, DEAN R. (1995): *Supermotivation: A Blueprint for Energizing your Organization from Top to Bottom*. Amacom.

TRABASSO, T.; BOWER, G. (1968): *Attention in Learning*. New York: Wiley.

WLODKOWSKI, R. J. (1985): *Enhancing adult motivation to learn*. San Francisco, Washington, London: Jossey-Bass.

7.1.4 Articles in English

BANDURA, A. (1965): Influence of model's reinforcement contingencies on the acquisition of imitative responses. *Journal of Personality and Social Psychology*, 1, 589-595.

BARSOUX, JEAN-LOUIS (1996): Why Organisations Need Humour, *European Management Journal*, Volume 14, Issue 5, October 1996, 500-508.

BERLYNE D. E. (1969): Laughter, humor and play. In: G. Lindzeye Ed E. Aronson: *The handbook of social psychology*, Boston (MA): Addison-Wesley.

FISHBEIN, M. (1967): Attitude and the prediction of behavior. In: Fishbein, M. (ed.), *Readings in Attitude Theory and Measurement*, 477-492, New York: Wiley.

FISHBEIN, M., AJZEN, I. (1972): Attitudes and opinions. *Annual Review of Psychology*, 23, 487-544.

FISHBEIN, M., AJZEN, I. (1974): Attitudes toward objects as predictors of single and multiple behavior criteria. *Psychological Review*, 81, 59-74.

KELLEY, H. H. (1967): Attribution theory in social psychology. In: Levine, D. (ed.): *Nebraska Symposium on Motivation*, Vol. 15, 192-238. Lincoln: Univ. of Nebraska Press.

LEWIN, KURT (1947): Behavior and development as a function of the total situation. In: Carmichael, L. (ed.): *Manual of Child Psychology*, 791-844, New York: Wiley.

MALONE, T. W. (1981): Toward a theory of intrinsically motivating instruction. *Cognitive Science,* 4, 333-369.

MASLOW, ABRAHAM H. (1943): A theory of human motivation. *Psychological Review,* 50, 370-396.

MEANS, T.; JONASSEN, D.; DWYER, F. (1997): Enhancing Relevance: Embedded ARCS Strategies vs. Purpose. *Educational Technology Research and Development,* 45, 5-17.

RASMUSSEN, K.; DAVIDSON-SHIVERS, G. (1998): Hypermedia and Learning Styles: Can Performance Be Influenced? *Journal of Educational Multimedia and Hypermedia,* 7, 291-308.

RUCH, WILLIBALD; KÖHLER, GABRIELE; VAN THRIEL, CHRISTOPH (1997): To be in good or bad humour: construction of the state form of the state-trait-cheerfulness-inventory-STCI, *Personality and Individual Differences,* Vol. 22, Iss. 4, April 97, 477-491.

ROTTER, J. B. (1966): Generalized expectancies for internal versus external control of reinforcement. *Psychological Monographs,* 609, 80.

SHNEIDERMAN, BEN (1998): Relate – Create – Donate: A teaching/learning philosophy for the cyber-generation. *Computers & Education,* 31, 25-39.

SPITZER, DEAN R. (1996): Motivation: The neglected factor in instructional design. *Educational Technology,* May-June 1996.

TYSON, PAUL D. (1998): Physiological arousal, reactive aggression, and the induction of an incompatible relaxation response, *Aggression and Violent Behavior,* Volume 3, Issue 2, Summer 1998, 143-158.

ZIZI, M. (1996): Interactive dynamic maps for visualisation and retrieval from hypertext systems. In: M. Agosti & A. F. Smeaton. eds.: *Information retrieval and hypertext,* 203-224, Boston (MA): Kluwer Academic Publishers.

7.1.5 Journals

Issues in Education (ISSN: 1080-9724) | Elsevier

Learning and individual differences (ISSN: 1041-6080) | Elsevier

Learning and Motivation (ISSN: 0023-9690; electronic:1095-9122)| Academic Press

Motivation and Emotion (ISSN: 0146 7239; electronic:0146 7239; combined:0146 7239) | Plenum

Work and Stress (ISSN 0267-8373 electronic: 1464-5335) | Taylor & Francis

7.2 Internet-Links:

[W1] http://www.maslow.com (Offizielle Maslow Homepage, USA)

[W2] http://sol.brunel.ac.uk/~jarvis/bola/motivation/masmodel.html (Maslow-Pyramide, Chris Jarvis, Brunel University, Middlesex, UK)

[W3] http://www.ittheory.com/keller1.htm (Homepage von John Keller, Instructional Design Global Network, Detroit, MI, USA)

[W4] http://www.usask.ca/education/coursework/802papers/Frith/Motivation.htm (Lernmotivation, University of Saskatchewan, Saskatoon, CAN)

[W5] http://www.humanities.ualberta.ca/TLC/Teaching/motivation/motivation.htm (Time-continnum-Ansatz von Wlodkowski, Alberta, CAN)

[W6] http://www.absint.de/aisee (Fish-Eye-View, Absint, Angewandte Informatik, Uni des Saarlandes, Saarbrücken, D)

[W7] http://www.uis.edu/~ctl/motive.html (Humor, Motivating Students: a practical guide, Universtiy of Illinois, Springfield, IL, USA)

[W8] http://www.library.cornell.edu/cts/stresstu.htm (Studie über Computer-Stress, Cornell University, Ithaka, NY, USA)

[W9] www.ikarus.uni-dortmund.de/Sem_MJN/sitzung_06/einstellung/fbgeinst.htm (Fragebogen, Einstellung zu Computern, IKARUS, Uni Dortmund, D)

7.3 Prüfungsfragen

Fragen-Typ 1: Dichotome Ja/Nein-Entscheidungen:

01	Motivation ist ein aktivierender und richtungsgebender Vorgang und für Verhaltenstendenzen maßgeblich.	❏ Ja ❏ Nein	
02	Nach MASLOW geht Motivation von zwei Faktorengruppen aus: Satisfaktoren (Hunger, Durst) und Dissatisfaktoren (Status, Lob).	❏ Ja ❏ Nein	
03	Extrinsische Motivation ist wirkungsvoller und dauerhafter als intrinsische Motivation.	❏ Ja ❏ Nein	
04	Inkongruenz fordert das Explorationsbedürfnis heraus, aber ein zu hoher Grad an Inkongruenz führt zu Angst.	❏ Ja ❏ Nein	
05	Das ARCS-Modell von KELLER betrachtet vier Motivationsfaktoren und berücksichtigt auch die zeitliche Abfolge (sequence).	❏ Ja ❏ Nein	
06	Ein innovatives (neues) Medium wird, basierend auf dem so genannten Hawthorne-Effket, anfangs immer als vorteilhaft eingestuft.	❏ Ja ❏ Nein	
07	Intrinsisch Motivierte gehen mit Hypermedia besser um, als extrinsisch Motivierte.	❏ Ja ❏ Nein	
08	Aufmerksamkeit wird automatisch auf neue, bewegte oder (subjektiv) bedeutungsvolle Stimuli gerichtet.	❏ Ja ❏ Nein	
09	Tenazität ist das leichteste Hypnosestadium und ermöglicht trotzdem die Ausrichtung der Aufmerksamkeit auf ein einzelnes Objekt.	❏ Ja ❏ Nein	
10	Humor ist von der kognitiven Seite sehr wichtig, er regt kreative Potentiale an und aktiviert Entscheidungsprozesse.	❏ Ja ❏ Nein	

276

Fragen-Typ 2: Mehrfachauswahlantworten (Multiple Choice):

01	In der Bedürfnispyramide von MASLOW ... ☐ a) ... wird Motivation in fünf verschiedenen Hierarchien von Antrieben erklärt. ☐ b) ... stehen an der Spitze die physiologischen Grundbedürfnisse. ☐ c) ... ist das Sicherheitsbedürfnis stärker als das Wertschätzungsbedürfnis. ☐ d) ... sind Zugehörigkeitsbedürfnisse am stärksten ausgeprägt.	
02	Intrinsische Motivation ... ☐ a) ... kommt stets „von außen". ☐ b) ... ist produktorientiert und nicht prozessorientiert. ☐ c) ... kann z.B. in Simulationen Neugierde wecken. ☐ d) ... ist z.B. Interesse an der Sache, Wettkampfgeist, Wissensdrang usw.	
03	Im Supermotivation-Ansatz von SPITZER ... ☐ a) ... sollen Rückmeldungen stets positiv (ermutigend) erfolgen. ☐ b) ... dürfen die Aufgaben und Probleme nicht zu leicht (trivial) sein. ☐ c) ... werden vier Motivationsfaktoren betrachtet. ☐ d) ... wird eine zeitliche Abfolge von „Instruktions-Phasen" berücksichtigt.	
04	Motivation mit Multimedia ... ☐ a) ... ist in den Bereichen Challenge, Choice, Action und Fun gut möglich. ☐ b) ... erfolgt vor allem bei intrinsisch motivierbaren Lernenden gut. ☐ c) ... erfolgt bei extrinsisch motivierbaren Lernenden noch besser. ☐ d) ... erfolgt am Anfang mit Neugiermotivation, die aber abnehmen kann.	
05	Die Fähigkeit zur Aufmerksamkeit ... ☐ a) ... ist zeitlich unbegrenzt. ☐ b) ... verhindert, dass wir im Chaos ständiger Reizüberflutung „untergehen". ☐ c) ... ermöglicht einen Spannungsausgleich zur Herstellung von Homöostase. ☐ d) ... kann in der Intensität stark schwanken.	
06	Unter Arousal ... ☐ a) ... werden Anregungs- und Aktivierungsprozesse zusammengefasst. ☐ b) ... wird der Grad verstanden, mit dem ein neuer Reiz einwirkt. ☐ c) ... werden intrinsische und extrinsische Motivatoren zusammengefasst. ☐ d) ... wird messbare Aktivierung durch Erregung neuraler Prozesse verstanden.	
07	Das Yerkes-Dodson-Gesetz besagt ... ☐ a) ... dass für schwierige Aufgaben ein höheres Arousal notwendig ist. ☐ b) ... leichte Aufgaben auch mit geringem Arousalniveau bewältigt werden. ☐ c) ... Panik generell die Lernleistung heruntersetzt. ☐ d) ... es ein optimales Arousalniveau gibt, bei dem ideal gelernt werden kann.	
08	Stress ... ☐ a) ... ist ein Prozess, der mit organischer Mobilisierung einhergeht. ☐ b) ... führt zu so genannter erlernter Hilflosigkeit. ☐ c) ... entsteht ausschließlich von physikalischen Reizquellen. ☐ d) ... ist als Eustress dem Lernen förderlich.	

7.4 Lösungen

Lösungen zu Fragen-Typ 1:

01 Ja; 02 Nein; 03 Nein; 04 Ja; 05 Nein; 06 Ja; 07 Ja; 08 Ja; 09 Nein; 10 Ja;

Lösungen zu Fragen-Typ 2: Richtig sind: 01 a) c); 02 c) d); 03 a) b); 04 a) b)
d); 05 b) d) 06 a) d); 07 a) b) c) d); 08 a) d)

7.5 Timeline: Einflüsse

1890 WILLIAM JAMES vertritt die instinktheoretische Tradition: Instinkte sind genetisch bedingte Verhaltensdispositionen.

1905 Die willenspsychologische Tradition (Würzburger Schule) sieht Motivation als Entscheidung zwischen Alternativen, Willensakt und Willenshandlung.

1908 YERKES und DODSON stellen ihr Arousal-Gesetz auf.

1915 SIGMUND FREUD stellt das Lustprinzip als Hauptantrieb beim Menschen auf.

1918 WOODWORTH unterstützt die behavioristische Tradition: Trieb ist eine Energiequelle für jedes Verhalten

1920 HULL stellt sein monistisches Triebkonzept auf.

1932 CANNON leitet die kybernetische Tradition ein: Homöostaseprinzip als Streben nach Wiederhertellung eines Gleichgewichtszustandes (Regelungsvorgang).

1933 MCDOUGALL versucht Klassen motivierten Verhaltens zu inventarisieren, indem er Grundinstinkte (Flucht-, Abwehr-, Kampfinstinkt, Neugier, elterlicher Pflegeinstinkt, Selbsterhaltung, Selbsterniedrigung) zuordnet.

1943 HULL versucht bezüglich der Motivation zwischen wenigen, primären, angeborenen Trieben und einer großen Anzahl sekundärer, erworbener (d.h. erlernter) Triebe zu unterscheiden.

1954 MASLOW spricht in seinem humanistischen Ansatz von zwei Motivationsformen: Mangelmotivation und Wachstumsmotivation.

1955 ROTTER meint, dass die Wahrscheinlichkeit, dass ein bestimmtes Verhalten gezeigt wird, von der Erwartung, dass das angesteuerte Ziel durch die Aktivität erreicht wird und den persönlichen Wert des Zieles ab.

1959 HERZBERG geht von der Existenz von so genannten Satisfaktoren und Dissatisfaktoren aus.

1961 PASCAL und BERNOULLI stellen ihre Erwartungs-mal-Wert-Theorie vor und sehen Erwartung von Verhaltenskonsequenzen als zentrale Motivation.

1983 JOHN M. KELLER schlägt in seinem ARCS-Modell vier Motivationsfaktoren (Attention, Relevance, Confidence und Satisfaction) vor.

1985 WLODKOWSKI stellt seinen Time-Continuum-Ansatz, aufbauend auf dem ARCS-Modell, vor.

1995 DEAN R. SPITZER veröffentlicht seinen (sehr optimistischen) Supermotivation-Ansatz.

Stichwortverzeichnis

A

B

B

C

C

D

D

E

E

H

I

I

inzidentielles Wissen 230
Item, merkbares Element 38

J

James, William 38, 67, 135, 249
Java 231
Johnson-Laird 75
Jonassen 190
jump 192

K

Kahnemann 260
Kamlah 148
Kannibalen-Missionare-Problem 77
Kapazität geistiger Arbeit 260
Karten-Datenmodell 201
Katalogdienste 83
Kategorie 69
Kay 198
Keller 250, 255, 256, 266
Kemmis, Atkin & Wright 223
Kerres 221, 222, 233, 235, 237
Kintsch 68
Klassenhierarchie bei Suchmaschinen 83
Kleinhirn, little brain, cerebellum 33
Klimsa 147, 148
Knoten 187
knowledge engineers 92
Koffka 135
Kognition 133, 249
kognitive Einheiten 68
kognitive Plausibilität 190
kognitive Wende 135
Köhler 64, 135
Koma 261
Kommunikationskomponente 196
Kommunikationsstrategie (in der Werbung) 234
Kompetenz (Sachverstand) 57, 163
Konnektionismus 118
Können, coping behaviour 57

L

M

M

N

O

P

Q

R

T

T

U

V

W

[Fachwissen griffbereit]

Multimedia

Andreas Holzinger

Basiswissen Multimedia

Band 3: Design

1. Auflage 2000
ISBN 3-8023-1858-7

Multimedia Design (MMD) behandelt schließlich entwicklungstechnische Grundlagen multimedialer Systeme. Die Themen umfassen:

- **Software Engineering und Projektmanagement**
  Grundlagen Software Engineering, Entwicklungswerkzeuge, Projektmanagement, Qualitätssicherung bei Multimedia-Projekten

- **Usability und Software-Ergonomie**
  Mensch-Maschine-Interaktionen, Optimierung der Arbeitsgestaltungen, Benutzeroberfläche

- **Typografie und Bildgestaltung**
  Schriftarten, Schriftgröße, typografische Konzepte, Schrift und Farbe, Hintergrund, Gestaltgesetze, Farben, Visualisierung, Bewegung, räumliche Bildwirkung

- **Audiogestaltung**
  Soundeffekte, Musik, Sprache

- **Interaktion**
  Klassische Interaktion, sprachbasierte Interaktion, WYSIWYG, interaktive Systeme im Web, Werkzeuge zur Gestaltung von WWW-Interaktionen, adaptive Systeme, Agentensysteme

- **Beurteilung von Software (Evaluation)**
  Technologische Konzepte, Mensch-Maschine-Aspekte, multimedialer Hintergrund, didaktischer und lernpsychologischer Hintergrund, kognitionspsychologischer Hintergrund

VOGEL

Vogel Buchverlag, 97064 Würzburg, Tel. (09 31) 4 18-24 19
Fax (09 31) 4 18-26 60, http://www.vogel-medien.de/buch

03043-060

Basiswissen Multimedia
Band 1: Technik

Technologische Grundlagen multimedialer Informationssysteme

Modul 0: Einführung

Einige Fragen zuerst: Was ist Multimedia? Wer braucht „Wissen" über Multimedia? Warum? Wozu Multimedia? Wozu Multimedia über das Internet?

Modul 1: Information und Kommunikation (IuK)

Information (Signale – Daten – Information – Wissen) – Informationstheorie (Informationsgehalt – Entropie – Redundanz – Informationsfluss – Kanalkapazität – Informationsquader) – Kommunikation (Semiotik als Basis – Kommunikations-prozesse – Kommunikationsarten)

Modul 2: Signale und Codierung

Signale (Signalarten – Digitale Signalverarbeitung – Abtastung und Quantisierung) – Codierung (Allgemeines - PCM - DPCM)

Modul 3: Audiotechnik

Audio-Grundlagen (Von der Akustik zur Audiotechnik – Psychophysik – Audiotech-nische Grundlagen) – Unser Ohr als akustischer Sensor (Psychophysik des Hörens - Auditive Wahrnehmung) – Menschliche Sprache (Sprachausgabe - Spracherken-nung) – Computerrepräsentation von Audio (Rohsound – PCM – ADPCM – GSM – MU-Law – WAV – MIDI – AU – MPEG) – Schnittstelle zwischen Mensch und Com-puter (Lautsprecher – Mikrofone – Soundkarten)

Modul 4: Bildtechnik und Kompression

Das Auge als Bildaufnehmer (Auge und Sehsinn – Bilderzeugung – Das Sehen – Farbensehen) Bild und Grafik (Bildarten – Farbtiefe – Farbmodelle – Indizierung und Dithering – Auflösung) Bild-File-Formate (Vektorgrafiken – PS – EPS – DXF – Bitmapbilder – BMP – MAC – RAS – TIFF – Metafiles – WMF – CGM – PICT) Konzept Kompression (Nicht-verlustbehaftete Verfahren – RLE – LZW – Huffman – Verlust-behaftete Verfahren – JPEG – Fraktale – Wavelet – Komprimierte Dateiformate – JPEG – GIF – PNG) Schnittstelle Mensch und Computer (Monitore – Grafikkarten)

Modul 5: Videotechnik

Video-Grundlagen (Analoge Aufzeichnungsformate – Digitale Aufzeichnungsver-fahren – Übertragungsstandards – Videosignale – Codecs – Digitales Video) Video-formate (MPEG – M-JPEG – MPEG-1 – MPEG-2 – MHEG – AVI – QuickTime) Video-Speichermedium DVD

Modul 6: Multimedia via Internet

Internet-Grundlagen (Ursprung, Netzwerk-Schichtenmodell, Netzwerkkomponen-ten – Netzarchitekturen – Dienste – Domain-Konzept – Protokolle) Multimedia im WWW (Bandbreitenproblem und Lösungen: Breitbandtechnologien – xDSL, ADSL, TV-Kabel, Powerline, ATM, Richtfunk, Mobilfunk, Satellitenverbindungen) Text im Web – Audio im Web (RealAudio, MP3) Bilder im Web - Video im Web (Streaming, RealVideo, MPEG, SMIL - Virtual Reality im Web - VRML - Interaktion im Web)